Michael Geitner  ·  Be strict im Sattel

Michael Geitner

# *Be strict –*
## *im Sattel*

## Mit Konsequenz
## zum sicheren Pferd

Müller
Rüschlikon

Einbandgestaltung: Kornelia Erlewein
Titelbild: CAVALLO, Stuttgart (Fotograf: Holm Wolschendorf)


Bildnachweis:
CAVALLO, Stuttgart (Fotograf: Holm Wolschendorf): S. 8, 9, 10/11, 16, 22/23, 25 unten, 30, 41, 44, 48, 51, 55, 56/57, 58, 61, 63, 67, 68, 69, 70, 73, 74/75, 79, 80, 81, 82, 83, 86, 93, 95, 98, 99 oben, 100, 102, 103, 104, 106/107, 112, 114, 115, 116, 119, 120, 121, 122, 125, 126, 129, 133, 134/135, 156, 157
Müller Rüschlikon, Cham (Fotografin: Katrin Sdun): S. 62, 71, 96, 99 unten
SORREL Gabi Kärcher, Aichhalden: S. 25 oben, 29, 33, 34, 36, 38, 42, 46, 47, 53, 64, 76, 89, 90
Kerstin Diacont: S. 155

Alle Angaben in diesem Buch erfolgen nach bestem Wissen und Gewissen. Sorgfalt bei der Umsetzung ist dennoch geboten. Eine Haftung des Autors oder des Verlages und seiner Beauftragten für Personen-, Sach- oder Vermögensschäden ist ausgeschlossen.

ISBN 978-3-275-01478-1

Copyright © by Müller Rüschlikon Verlag, Postfach 103743, 70032 Stuttgart
Ein Unternehmen der Paul Pietsch Verlage GmbH & Co. KG

7. Auflage 2019

Sie finden uns im Internet unter www.mueller-rueschlikon-verlag.de

Lektorat: Claudia König
Text: Kirstin Rinne
Innengestaltung: Marit Wolff
Reproduktionen: Schwabenverlag mediagmbh, 73760 Ostfildern-Ruit
Druck und Bindung: Graspo CZ, 76302 Zlin
Printed in Czech Republic

# Inhalt

## Powered by emotion                                            42

## Kommunkation – Der »heiße Draht«
## zu Ihrem Pferd                                                56

## Vertraust Du mir, vertraue ich auch Dir    74

## Zurück zu den Wurzeln!
## Rangorientiertes Reiten ist sicheres Reiten!   106

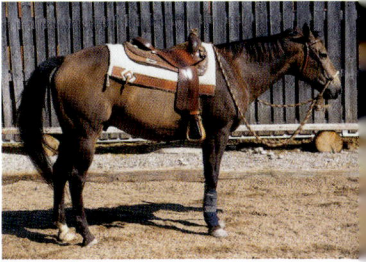

# Vorworte

Seit über 25 Jahren betreibe ich mit meinen Pferden Leistungssport in der Disziplin Vielseitigkeit. Ständig habe ich daran gearbeitet, unsere Leistung (Reiter und Pferd) im Wettkampf zu optimieren.
Ich habe abwechslungsreiche Trainingspläne entworfen, die Fütterung für jedes Pferd ausgeklügelt und zusammen mit Spezialtrainern versucht, meinen Reitstiel zu verbessern.
Dieses Jahr stieß ich bei meinem Pferd »Night train« auf ein Problem, mit dem ich nicht fertig wurde. Die Stute ließ sich nicht mehr verladen. In meiner Not wendete ich mich an Michael

Geitner, der mir half, die Stute auf seine Methode »Be strict« zu trainieren.
Nach ca. zwei Wochen Training klappte es nicht nur mit dem Verladen besser, sondern »Night train« war auch im Wettkampf stabiler, wenn es um stressige Situationen ging. Ich konnte ihre Leistung in allen Disziplinen besser abrufen und sie zeigte hervorragende Leistung.
Mit diesem Buch von Michael Geitner wird Pferdebegeisterten eine Hilfe an die Hand gegeben. Sie werden besser verstehen und trainieren.

Dr. Matthias Baumann

■ **Dr. Matthias Baumann und Michael Geitner mit dem erfolgreichen Vielseitigkeitspferd »Night train«.**

Das theoretische Wissen und praktische Können ist entscheidend für die Entwicklung und Arbeit mit Pferden.

Lebensräume und natürliche Verhaltensweisen sind der Schlüssel für die Ausbildung und Erziehung unseres Partners im Pferdesport.

Mit diesem vorliegenden Werk sollte das Angebot von Basiswissen für den Pferdesportler und Halter zur Verfügung stehen, einen gangbaren Weg zu finden und aus einer gezielten Boden-

arbeit eine Überleitung in den Sattel zu schaffen. Ganz gleich, ob Du Schüler oder Trainer bist, Du wirst in diesem Buch wertvolle Hilfe für viele Situationen über die Entwicklung und Ausbildung für Dein Pferd entdecken.

Ich wünsche Dir beim Lesen viele neue Erkenntnisse für das Umsetzen in den Fortschritt und Erfolg bei der Förderung Deines Pferdes.

Roger Kupfer

■ **Westerntrainer Roger Kupfer.**

# Be strict – Entwicklungen

## Ein Rückblick

Als ich Mitte der 90er-Jahre damit begann, meinen eigenen Weg im Umgang mit Pferden zu gehen, hätte ich niemals damit gerechnet, wie sich das Ganze einmal entwickeln sollte. Wenn mir damals jemand prophezeit hätte, dass ausgerechnet die – einst so unliebsamen – Pferde einmal einen sehr wichtigen Platz in meinem Leben einnehmen würden, hätte ich diesem Menschen garantiert »einen Vogel gezeigt«.

Allein die Tatsache, dass ich – aufgrund meiner Prägung in frühester Jugend – mit Pferden eigentlich nichts »am Hut« hatte, ist sicher schon ungewöhnlich genug; als noch ungewöhnlicher betrachte ich deshalb die Entwicklung meines erarbeiteten Konzeptes.

Trotz meiner glücklichen Kindheit auf der Westernranch meiner Eltern, bedeuteten Pferde für mich in erster Linie nur Arbeit und waren mehr mit Unannehmlichkeiten als mit Vergnügen verbunden. Erst als sich viele Jahre später meine Frau dazu entschloss, Reitunterricht zu nehmen, begann ich (zuerst widerwillig) damit, mich ernsthaft mit Pferden zu beschäftigen. In dem Zeitraum mehrerer Jahre, in dem ich viel Unterstützung aus dem Familien- und Freundeskreis sowie von erfahrenen Ausbildern und Trainern erhielt, begann ich, meinen eigenen Weg zu entwickeln.

Mit dem Erscheinen meines ersten Buches (»Be strict – Denken wie ein Pferd«), das sich schwerpunktmäßig mit natürlichem Pferdeverhalten sowie mit der Mensch – Pferd – Beziehung am Boden beschäftigt, ist mein Konzept einer breiten Masse an Pferdemenschen aus allen Sparten der Reiterei zugänglich gemacht worden.

Mit großer Freude nehme ich seither das – fast durchweg – positive Feedback auf das erste Buch wahr, welches bislang einen ganzen »Rattenschwanz« an weiteren Ereignissen nach sich gezogen hat, die die Be-strict-Methode nachhaltig positiv beeinflusst und weiter geprägt haben.

## Ein bewegtes Jahr

Fast zeitgleich mit dem Erscheinen des ersten Buches habe ich mit meiner Familie unsere erste, eigene Ranch bezogen und uns damit den Wunsch erfüllt, auf selbstständiger Basis nach eigenen Vorstellungen und auf eigenem Grund und Boden arbeiten zu dürfen und damit die Arbeit meiner Eltern auf gewisse Weise fortzuführen.

Wie Sie aus dem ersten Buch vielleicht wissen, haben unsere Pferde bis zum Sommer 2000 einen kleinen, gepachteten Stall in der Nähe des Landkreises Ebersberg bewohnt. Der Nachteil bestand darin, dass wir dreimal täglich eine Fahrstrecke von ca. vierzig Kilometern zurücklegen mussten, um die Pferde anständig zu versorgen.

Im Mai 2001 wurde uns ein Bauernhof angeboten, das Angebot klang bereits am Telefon mehr als verlockend. Als meine Frau Sabine und ich das Anwesen zum ersten Mal sahen, stand für uns fest: »Super! Das ist genau das, was wir immer gesucht haben. Der Hof hat die richtige Größe, die Verkehrsanbindung ist nahezu ideal und in einem allzu schlechten Zustand scheint das Anwesen auf den ersten Blick auch nicht zu sein … perfekt.«

Beinahe »über Nacht« überzeugten wir die Bank davon, dass dieser Hof unsere Zukunft sein wird und kauften ihn. In der Zeit zwischen Mitte Juli und ungefähr Ende November wurde unser neues Domizil von »A bis Z« renoviert; das Dach musste erneuert, der ganze Hof neu verputzt und die 35 Pferdeboxen hergerichtet werden. Wir haben geschuftet bis zum Umfallen; jeden Tag – von morgens um sechs bis zum Einbruch der Dunkelheit.

Ohne die Hilfe meiner Familie, ohne die tatkräftige Unterstützung von Alois und meinem Freund Robert hätte die Ranch niemals so schnell bezogen werden können. Deshalb möchte ich die Gelegenheit nutzen, um mich bei meiner Familie zu bedanken, die immer hinter mir steht. Mein weiterer Dank gilt Alois für

seine große Unterstützung und einen beson-
deren Dank richte ich hiermit an Robert, der
sogar sechs Wochen seines Urlaubs geopfert
hat, um uns von früh bis spät auf der Baustelle
zu helfen.
Dank dieser Hilfe konnten meine Frau, unsere
Kinder und ich die Ranch in der letzten Novem-
berwoche beziehen. Zum ersten Dezember
kamen schließlich die ersten Einstellpferde.
Heute – nur eineinhalb Jahre später –, sind die
Boxen ausgebucht und die Warteliste für Ein-
steller wird immer länger. Wir haben einen gut
laufenden Reit- und Ausbildungsbetrieb mit
überdachtem Round Pen, einen Reitplatz und
ein nettes »Stüberl«, in dem die Gäste sich auf-
halten können. Die Be-strict-Methode hat auf
unserem Hof also eine »Basisstation« gefunden; von hier aus wird trainiert, Wissen gefes-
tigt und »verfeinert«.
Auch wenn sich viele Trainer und Ausbilder
manchmal wünschen mögen, bloß nicht mit
ihren Pferden Tür an Tür leben zu müssen,
halte ich gerade diesen Aspekt für besonders
wichtig. Wer seine Pferde tagtäglich »hautnah«
erlebt, kann Verhaltensweisen entdecken, die
für das Training und den gesamten Umgang mit
den Pferden nützlich sind. Solche Beobachtungen stärken und bestätigen fast täglich meine
Theorien, sodass ich jeden Tag daran erinnert
werde, dass sich diese – manchmal mühevolle
Arbeit – wirklich lohnt!
Noch während wir damit beschäftigt waren,
uns um die Feinheiten beim Aufbau des Hofes
zu kümmern, häuften sich die Kursnachfragen.
Viele Menschen hatten Interesse daran, sich
mit mir über ihre Pferdeprobleme zu unterhalten und auch in meinem Internet-Forum gab es
einen enormen Zulauf.
Ich dachte: »Wow! Wenn das so weiter geht,
muss ich aufpassen, dass ich nicht ›abhebe‹.«
Doch zum »Abheben« blieb mir gar keine Zeit.
Mit dem wachsenden Interesse der Öffentlichkeit an meiner Arbeit, kamen plötzlich Ereignis-
se auf mich zu, an die ich noch wenige Wochen
zuvor nicht einmal im Traum gedacht hätte.

So erhielt ich beispielsweise die Gelegenheit,
mein Konzept auf großen Pferdemessen (wie
der »Americana« und der »Pferd internatio-
nal«) vorzustellen. Obwohl mir bis dato für
Großveranstaltungen dieser Art das Know-
how noch fehlte und ich relativ unbedarft an
die Sache heranging, war die Resonanz mehr
als zufrieden stellend.
Ich kam zu der Erkenntnis, dass die Be-strict-
Methode auch für eine große Masse an Zuschauern wirklich so einfach nachzuvollziehen
ist, dass 20 bis 50 Minuten ausreichen, um
interessierten Pferdemenschen ein umfassen-
des Bild zu vermitteln.
Sowohl bei den Kursen als auch während Großveranstaltungen dieser Art verzichte ich gänz-
lich auf Showeffekte und präsentiere meine
Arbeit genau so, wie ich sie daheim mit meinen
eigenen und meinen Trainingspferden verrich-
te. Die Ergebnisse sind dann – auch für Außen-
stehende – sehr schnell ablesbar. Insbesondere
auf den Messen erhalte ich inzwischen immer
wieder die Bestätigung, dass die Be-strict-Methode auch in den Fachkreisen der unterschiedlichen Reitweisen zunehmend Anerkennung findet.

## »Zesel«, das etwas andere Pferd ...

Besonders innerhalb des letzten Jahres habe
ich unter anderem auf unserem Hof eine Viel-
zahl an Erfahrungen mit den unterschiedlichsten Trainingspferden aus allen erdenklichen
Reitweisen sammeln dürfen.
Im Laufe der Zeit habe ich, häufig in Zusammenarbeit mit meinem Freund und Partner Robert
Greska, Spring- und Dressurpferde bis zur »Leis-
tungskategorie S« trainiert, habe mit Freizeit-,
Western- und Barockpferden gearbeitet und
kann dank dieser Vielzahl an unterschiedlichen
Trainingsmöglichkeiten heute auf ein großes
Repertoire an Erfahrungen zurückgreifen.
Die – zweifelsohne – »tierischste« Erfahrung
des Jahres 2002 bescherte mir »Zesel«, der

■ Zesel – durch konsequentes Training mit Be Strict entwickelte sich eine echte Partnerschaft zwischen Mensch und Tier. Aufhalftern und Führen waren früher undenkbar und sind heute eine leichte Übung.

gestreifte Zebra-Pony-Mix aus dem Taunus bei Usingen. »Zesel« ist das Ergebnis eines »Fortpflanzungsunfalls« im Zirkus, war mit Menschen bislang kaum in Berührung gekommen, lebte seit einiger Zeit in einem Privatzoo und hatte den Ruf, nur mit äußerster Vorsicht zu genießen zu sein.

Im vergangenen Jahr trat die Redaktionsleitung der »CAVALLO« (Magazin für aktives Reiten) mit der Idee an mich heran, die Zebra-Pony-Dame zu mir in die Ausbildung zu schicken. Seither hat mich »Zesel« Vieles gelehrt, denn sie weist die gleiche »genetische Programmierung« wie ein Pferd auf, trägt diese aber sehr viel extremer nach außen. »Zesel« verdeutlicht mir tagtäglich, dass Menschen im Allgemeinen erst einmal als nicht einzuordnender Unsicherheitsfaktor betrachtet und entsprechend behandelt werden.

Wenn man den vorherrschenden Grundgedanken eines von unauslöschlichen Instinkten geleiteten Tieres ein Motto verpassen müsste, so

würde es wohl lauten: »Wenn ich mich auf einen Zweibeiner verlasse, bin ich verlassen. Vielleicht sogar tot.« Es ist das gleiche Kernproblem, das die Pferde mit uns haben; und solange wir das Tier nicht vom Gegenteil überzeugen, wird es – aufgrund mangelnden Vertrauens – seine eigenen Entscheidungen treffen (im Hauptteil des Buches mehr dazu).

Irgendwann im Laufe des Jahres stellte ich fest, dass der Tag einfach zu wenig Stunden hat, um all das zu bewältigen, was ich mir vorgenommen hatte. Zwischen Boxen ausmisten, dem normalen Arbeitsalltag in meiner Firma, den Wochenendkursen und dem Arbeiten mit den Trainingspferden, führte ich noch etliche Telefonate. Trotz tatkräftiger Unterstützung aus dem Familien- und Freundeskreis wurde ich nach einiger Zeit ein wenig »flügellahm«.

So kam es, dass mein Internet-Forum, in dem ich Lösungen für »Pferdeprobleme« anbiete, aus zeitlichen Gründen neu gestaltet wurde. Im Zuge dessen (und weil verschiedene Forumbesucher es angeregt hatten) hat sich die Qualität der Internetseite deutlich verbessert. Unter anderem wurde der »Be-strict-Club« ins Leben gerufen, um interessierten Pferdemenschen die Gelegenheit zu bieten, die Vorteile einer Mitgliedschaft zu nutzen. Des Weiteren haben dort aber auch Nicht-Mitglieder die Möglichkeit, im »offenen Teil« des Forums miteinander in Kontakt zu treten und sich auszutauschen. Auch das Trainingshalfter erfreut sich mittlerweile großer Beliebtheit (auch beim Reiten) und wird von vielen Trainern aus allen Sparten der Reiterei genutzt.

## Fundgruben

Trotz meiner Erfahrung bin ich weit davon entfernt, so etwas wie ein »Doktor Allwissend« zu sein. Ich stehe – wie jeder andere Pferdemensch auch – manchmal vor einer »Wand«, finde keine Lösungen und stoße an die Grenzen meines Wissens. Hinsichtlich dieses Problems, funktioniere ich nach dem »Prinzip Schwamm« – das heißt, ich »sauge« alle Informationen auf, die mir bei meiner Arbeit mit Pferden nützlich sein könnten und präge sie mir gut ein.

Wenn mein Wissen einmal ausgeschöpft ist und ich an einem Punkt angelangt bin, an dem es scheinbar nicht mehr weiter geht, wende ich mich zum Beispiel gern an die erfahrenen Bauern in der Umgebung, die bereits in der dritten Generation Haflinger züchten, und frage um Rat.

Oft wurden mir Lösungen angeboten, die sich schon hundertfach bewährt haben. Wenn ich diesen Leuten dann später einmal von dem Erfolg berichte, den ihr Ratschlag mir eingebracht hat, und wissen möchte, warum ihre Methode funktioniert, können sie es mir meist gar nicht erklären. Der Grund dafür ist ganz einfach, denn die Tipps, die mir diese hervorragenden Pferdemenschen geben können, beruhen häufig auf reinen Erfahrungswerten. Ihnen fehlen die Erklärungen, die unsere weit fortge-

schrittene Forschung und Technik für verschiedene Vorkommnisse hat.

Es ist ein Phänomen unserer Zeit, dass der Mensch sich daran gewöhnt hat, für beinahe alles eine passende Erklärung präsentiert zu bekommen. Mit Erfahrungswerten allein geben wir uns oft nicht mehr zufrieden.

Ich gebe zu, dass auch ich zu den Menschen gehöre, die gerne Hintergründe erforschen, die sich das Hirn zermartern und sich fragen: »Warum – zum Teufel – ist das so?«

Nach genau diesem Prinzip von bewährten Erfahrungen und der Suche nach Erklärungen ist das Be-strict-Konzept entstanden.

Vieles, was ich während meiner Kurse vermittle, ist für erfahrene Pferdemenschen (wie zum Beispiel Trainer oder Reitlehrer) ein »alter Hut«. Die meisten von ihnen arbeiten unter Umständen sogar schon seit Jahren nach diesem Konzept, ohne dass es ihnen bewusst ist und ohne dass sie es erklären könnten.

Fragt man einen solchen Pferdemenschen, der in aller Selbstverständlichkeit auf diese Weise mit seinem Pferd umgeht, warum er dies oder jenes gerade tut, dann erhält man neben der überraschten Gegenfrage: »Was genau meinst du denn jetzt?« (weil es ihm gar nicht bewusst ist), oft auch ein Achselzucken und die lapidare Antwort: »Ganz einfach, weil es funktioniert.«

Und doch wundert man sich, warum das eine oder andere bei ausgerechnet diesem Menschen so viel besser klappt, obwohl man es doch selbst auf den ersten Blick kaum anders praktiziert; oft sind das – kaum wahrnehmbare – Feinheiten.

Es wäre vermessen von mir zu behaupten, ich hätte mit dem Be-strict-Konzept das »Ei des Kolumbus« entdeckt, denn das ist definitiv nicht wahr. Ganz im Gegenteil: Ich mache mir uraltes, europäisches Pferdewissen, das sich weitgehend auf Erfahrungswerte stützt, zunutze und habe durch zahlreiche Gespräche versucht, die Hintergründe dieses alten Wissens zu erforschen.

Auf diese Weise habe ich Ursache und Wirkung miteinander verknüpft, um das Ganze anschließend auf einfache Art und Weise weiterzuvermitteln. Mit unserer Jahrhunderte langen Reitkultur und der Militärreiterei haben wir bei uns in Europa – man mag es kaum glauben – tatsächlich unser eigenes »Horsemanship«! Leider geriet dieses Pferdewissen in der Nachkriegszeit weitgehend in Vergessenheit. Da das Pferd in den darauf folgenden Jahren als Arbeitstier nicht mehr eingesetzt und durch Maschinen ersetzt wurde, war es in den 60er-Jahren – speziell in Deutschland – so gut wie ausgestorben. Später wurde das Pferd dann zu einer Art »Sportgerät« bzw. zum Statussymbol für die »besser Verdienenden« in der Bevölkerung. Es entwickelte sich eine völlig neue Ebene, auf der das alte Pferdewissen aus Militärzeiten nicht mehr als Notwendigkeit angesehen wurde. Es gab eben keine Gräben mehr, in die sich die Pferde auf das Kommando ihres Reiters legen mussten, während nur wenige Meter von ihnen entfernt die Granaten einschlugen, dass es nur so krachte. Und man verlangte auch nicht von ihnen, unter allen Umständen dort liegen zu bleiben, bis sie das Signal zum Aufstehen erhielten.

Es ist unglaublich, mit welcher Sorgfalt und mit welchem enormen Wissen so ein Militärpferd früher ausgebildet wurde. Verglichen mit der damaligen Zeit, betreiben wir hierzulande heute nur noch »Pferdetraining light«.

Heute, wo wir von unseren – überwiegend Freizeit- und Familienpferden – wieder eine gewisse Form von Gelassenheit, Disziplin und Zuverlässigkeit erwarten, suchen wir – mehr oder weniger verzweifelt – nach Möglichkeiten, aus unseren Vierbeinern wieder Verlasspferde zu machen, haben aber leider auch die Tendenz dazu, dabei maßlos zu übertreiben und jedem Trend glorifizierend zu folgen. Nicht umsonst gibt es so viele Problempferde und Pferdebesitzer, die durch die Informationsflut zum Thema Pferdeerziehung vollkommen verunsichert sind.

# Beobachtungen

## Kurserlebnisse und »der Teufel im Detail«

»Herr Geitner, ich habe Ihr Buch gelesen und bin total begeistert!« Wenn mir ein Kursteilnehmer so etwas sagt, wachse ich um mindestens 10 cm in die Höhe. Wenn mir dann aber der gleiche Teilnehmer eine Stunde später sein Pferd präsentiert, mir erzählt, der »kleine Schelm« hieße »Johnny-Mausi«, sei ein richtiger »kleiner Racker«; manchmal auch »zum Schreien komisch« … und »Johnny-Mausi« seinem Besitzer während dieser Lobeshymne »liebevoll« einen Knopf von der Jacke abbeißt, dann haut es mich fast aus den Socken.

Viele Pferdemenschen besuchen meine Kurse, weil sie mein erstes Buch gelesen haben. Sie möchten mit dem Be-strict-Konzept arbeiten, haben aber (noch) Probleme bei der Umsetzung. Diesen Menschen ist kein Vorwurf zu machen. Erlebnisse dieser Art zeigen mir nur, wie schwierig es ist, sich von alten Verhaltensmustern und von alten Gewohnheiten zu lösen; und sie benötigen mehr Hilfe und Unterstützung, als ich bisher glaubte, um den »Schubs« in die richtige Richtung zu bekommen. Die größten Probleme äußern sich im Groben in diesen 2 Bereichen:

*1. Das Wahrnehmungsproblem*
Die Schwierigkeit, »umzudenken« bzw. »einfach« zu denken: Die Be-strict-Methode verfolgt unter anderem das Ziel, Pferde ihrer Art entsprechend zu behandeln und auszubilden. Das setzt voraus, dass der Mensch in der Lage ist, sich auf die einfache Denkweise der Pferde einzustellen. Und genau dort liegt »der Hase im Pfeffer«: Wer nicht weiß, wie Pferde denken, interpretiert auch ihr Handeln falsch und kann demzufolge weder angemessen reagieren, noch kann er erfolgreich kommunizieren.

Es ist wirklich verblüffend, welche Flut an Erklärungen manche Reiter für bestimmte Verhaltensweisen ihrer Pferde haben, wenn sie nicht gelernt haben, die Welt mit den Augen ihrer Pferde zu betrachten (mehr dazu in den folgenden Kapiteln).

Natürlich besitzt jedes Pferd seine eigene Persönlichkeit (deshalb ist die Be-strict-Methode auch keine Schablonenarbeit); doch alle Pferde funktionieren als Flucht-, Herden- und Beutetiere letztendlich nach dem gleichen, einfachen Prinzip.

Sie sind keine übergroßen Kuscheltiere, kein Partnerersatz und auch kein Kumpel.

Auf meinen Kursen kann ich beobachten, dass es den Teilnehmern meist nicht besonders schwer fällt, die Grundlagen und verschiedenen Übungen zu verstehen. Meine Beobachtung ist aber auch, dass die Menschen sich mit ganz einfachen Dingen zum Teil unglaublich schwer tun. Hochkomplizierte Denkprozesse können sie allgemein besser nachvollziehen als einfaches, unverschnörkeltes Denken (wie es bei Pferden der Fall ist).

Das Umdenken ist also die Grundvoraussetzung, um erfolgreich mit Pferden arbeiten zu können.

Nur wenn Sie Ihren Geist »wach machen« und für Neues öffnen, wenn Sie beginnen, »anders« zu denken (nämlich wie ihr Pferd), sind Sie in der Lage, für sich und Ihr Pferd sehr viel zu bewegen.

*Nur wer bereit ist, die Welt mit den Augen der Pferde zu betrachten, wird auf einer erfolgreichen Vertrauensbasis mit ihnen arbeiten können.*

## 2. Das Kommunikationsproblem

Ich habe mich schon des Öfteren darüber gewundert, warum Menschen plötzlich damit anfangen, ihre Butterbrote auszupacken und

Telefonate zu führen, während ich damit beschäftigt bin, ihre Pferde zu verladen. Das ist umso erstaunlicher, da gerade beim Verladen eines Problempferdes binnen weniger Sekunden ganz entscheidende (aber nach außen kaum sichtbare) Kommunikationsprozesse stattfinden. Meine starke Konzentration in diesen Augenblicken ist für den Erfolg oder Misserfolg des Trainings ein entscheidender Faktor. Erfolgreich bin ich nur dann, wenn ich das jeweilige Pferd hochkonzentriert beobachte, seine (oft winzigen) Signale sofort erkenne und auf diese kleinen Botschaften des Pferdes angemessen reagiere.

Während viele meiner Kursteilnehmer »abschalten« oder darauf warten, dass »endlich einmal was passiert«, findet in der Nähe des Hängers ein (wenig spektakulär aussehendes) »Frage-und-Antwort-Spiel« statt.

Dass meine Teilnehmer während des Verladetrainings »abdriften«, ist nicht auf einen Einzelfall beschränkt. Bei nahezu jedem Kurs mache ich die gleiche Erfahrung. Sie zeigt mir, dass es fast allen Menschen wahnsinnig schwer fällt, zu beobachten und die feinen, nonverbalen Signale, die das Pferd ihnen sendet, wahrzunehmen.

In diesem Punkt sind uns die Pferde übrigens um Lichtjahre voraus, denn sie lesen jedes unserer Körpersignale problemlos. Die Signale, die die Pferde uns senden, sind immer Mitteilungen oder Fragen. Und Sie können sicher sein, dass auch Ihr Pferd Sie permanent »anfunkt«. Pferde können nämlich (ebenso wie Menschen) nicht »nicht kommunizieren«.

Eine der größten Erkenntnisse, die ich während meiner Kurse gewonnen habe, ist Folgende: Menschen können sich besser 5 Minuten lang auf etwas Kompliziertes konzentrieren als 20 Minuten lang auf verhältnismäßig einfache Dinge.

*Konzentration ist das unsichtbare Band zwischen Pferd und Mensch; stärker als jede Longe und zerbrechlicher als Glas.*

### Mein Fazit

Die gemachten Erfahrungen zeigen mir, dass es sehr schwierig für den Menschen ist, sich von alten Verhaltensmustern zu lösen. Je länger der Mensch vorher anders gedacht hat – und anders mit Pferden umgegangen ist –, desto schwerer fällt es ihm, diese »Altlasten« wieder loszuwerden. Das hat jedoch überhaupt nichts mit Dummheit oder menschlichem Unvermögen zu tun.

Die gleiche Schwierigkeit haben zum Beispiel Reiter, die sich dazu entschließen, auf eine andere Reitweise umzusteigen. Wenn aus ehemaligen Western-Reitern plötzlich »Englisch-Reiter« werden (oder umgekehrt), haben sie mit genau den gleichen Schwierigkeiten zu kämpfen. Nicht umsonst heißt es: »Der Mensch ist ein Gewohnheitstier.«

Nur durch ständiges Üben, durch unermüdliche Wiederholung und mit dem festen Willen, es wirklich schaffen zu wollen, lassen sich alte Verhaltensmuster ablegen.

### Pferde lernen durch Wiederholung – Menschen auch

In diesem Buch werde ich die oben genannten, größten Schwierigkeiten berücksichtigen, um Ihnen dabei zu helfen, die Be-strict-Methode noch besser zu verstehen.

## Die Be-strict-Methode im Sattel – Die Motivation, ein zweites Buch zu schreiben

Zu Beginn des Jahres 2002 hatte ich das Rang-orientierte-Reiten noch nicht in mein, bis dahin bestehendes, Kursprogramm aufgenommen. Stattdessen demonstrierte ich die »Basics« (Halftertraining), führte mit den Pferden das »Anti-Schreck-Training« durch und zeigte den Teilnehmern, wie ich vorgehe, wenn ich ein Pferd verlade.

»Der Kurs war toll«, meinten viele Besucher am Ende der Wochenendseminare, »aber wie kann ich es schaffen, das Ganze jetzt auch in den Sattel zu übertragen?«

Meine Antwort darauf war ebenso einfach wie mein Konzept: »Ihr macht im Sattel genau das Gleiche wie am Boden auch, halt nur von oben. Vertrauen und Respekt und so weiter. Das ist selbstverständlich auch im Sattel der Schlüssel zum Erfolg.«

Nach dieser Antwort, die mir völlig logisch erschien, schauten sie mich verständnislos an. Der Transfer vom eben erlernten Verhalten am Boden zum richtigen Verhalten im Sattel ist offensichtlich doch nicht so einfach, wie ich gedacht hatte. Und es ist den Menschen zwar wichtig, ihre Pferde am Boden zu beherrschen. Aber noch wichtiger ist es ihnen, ihre Pferde problemlos reiten zu können. Denn dabei treten die meisten Schwierigkeiten auf.

Nach diesem Geistesblitz setzte ich mich damit auseinander, wie man die Be-strict-Methode auf das Reiten übertragen kann und fand,

- dass die Kommunikation beim Reiten eine noch wichtigere Rolle spielt als am Boden,
- und dass einige, ganz wichtige Bestandteile hinzugefügt werden müssen.

Mittlerweile nimmt das Thema Rang-orientiertes-Reiten einen wesentlichen Teil meiner Kurse ein, neben den aktualisierten und erweiterten »Basics« und der Longenarbeit. Ich gehe davon aus, dass alle Pferde gleich »gestrickt« sind; ganz egal, auf welche Weise sie geritten werden. Daher ist die Be-strict-Methode generell für alle Sparten der Reiterei gültig und funktioniert »Reitweisen übergreifend«.

Während meiner Kurse kommen die unterschiedlichsten Mensch-Pferd-Kombinationen zusammen. Hier treffen nicht selten Freizeit-, Dressur-, Western- und Springreiter aufeinander, die sich zudem häufig alle auf einem anderen, reiterlichen Level bewegen. Reitanfänger sind hier ebenso häufig zu finden wie Fortgeschrittene und sogar Turnierreiter der höheren Klassen. Trotzdem kann mit dem Be-strict-Konzept jeder einzelne Reiter erreicht und im Rahmen seines Interesses und seiner Möglichkeiten gefördert werden.

Ein Reitanfänger oder jemand, der nie in den Genuss wirklich guten Reitunterrichts kam, wird lernen, sein Pferd nicht nur besser zu verstehen, sondern auch besser zu beherrschen; während zum Beispiel ein Turnierreiter zu noch größerer Harmonie mit seinem Pferd gelangen und die Leistungsbereitschaft seines Pferdes um Einiges steigern kann. Es ist ebenso möglich, dass ein gut ausgebildetes Springpferd mit Hilfe dieses Systems bereit sein wird, noch 20 cm höher zu springen und ein Westernpferd einen Meter weiter »sliden« wird.

So profitiert jeder Reiter ganz individuell von den Möglichkeiten, die die Be-strict-Methode ihm bietet. Nebenbei bemerkt, ist von der – oft thematisierten – Intoleranz zwischen den »Anwendern« der verschiedenen Reitweisen während der Kurse nichts zu spüren.

Abgesehen davon, dass jede Reitweise immer nur so gut (oder so schlecht) sein kann, wie der Mensch, der sie anwendet, ist unser Reitervolk möglicherweise besser als sein Ruf – denn letzten Endes verfolgen wir doch alle ein und dasselbe Ziel.

## Meine Absicht

Die Be-strict-Methode ist keine Methode im »üblichen Sinne«, sondern vielmehr eine Grundeinstellung zum Pferd. Es liegt mir sehr am Herzen, eine Welt zu schaffen, in der wir mit den Pferden – und die Pferde mit uns – eine gesunde Basis finden. Im Laufe der Zeit konnte ich hierfür einen »Rahmen« konstruieren, der für jede Reiter-Pferd-Kombination Gültigkeit besitzt, sofern der Mensch in der Lage ist, seine Wahrnehmung zugunsten des Pferdes zu verändern.

Es ist weder möglich, in diesem Buch alle erdenklichen Problemsituationen im Sattel aufzugreifen und so eine Art »Patentrezept« für jede auftretende Schwierigkeit anzubieten, noch ist es Sinn und Zweck meines Grundgedankens. Mir geht es darum, den Lesern Wege und Möglichkeiten zu eröffnen, solche Schwierigkeiten selbstständig zu erkennen und zu lösen.

Stellen Sie sich vor, Sie wollen Ihr Kind auf einen bevorstehenden Aufsatz vorbereiten. Wenn Sie Ihrem Sprössling den erdachten Text Satz für Satz und Wort für Wort »einimpfen«, wird er unter Umständen bei dieser Arbeit eine gute Note schreiben. Das heißt aber noch lange nicht, dass er auf diese Weise etwas über Rechtschreibung, geschweige denn über Phantasie-Entwicklung erlernt. Mit dieser Methode, lernt ihr Kind nur »halbherzig« und es werden sich immer nur kurzfristige Lernerfolge einstellen.

Es ist nicht mein Ziel, dass »da draußen« hunderte von Pferdemenschen umherlaufen, die allesamt reden wie ich, die sich bewegen wie ich und jeden meiner Schritte einstudieren; so etwas kann nur »in die Hose gehen«. Nur wenn Sie Ihre eigene Persönlichkeit wahren und aus eigener Überzeugung handeln, werden Sie für Ihr Pferd der glaub- und vertrauenswürdige Zweibeiner, den es zu seiner Sicherheit und zu seinem Schutz benötigt.

Mit diesem Buch möchte ich Ihnen helfen, sich von alten Denk- und Verhaltensmustern zu lösen, Problem auslösende Schemen zu erkennen, diese zu durchbrechen und durch effektive Kommunikation letztlich erfolgreicher und harmonischer zu reiten. Ich möchte Sie dazu ermutigen, Ihren eigenen Weg zu gehen und sich nicht von bestehenden Trends verunsichern zu lassen.

*In jedem Reiter steckt ein Pferdemensch; nutzen Sie Ihre Möglichkeiten.*

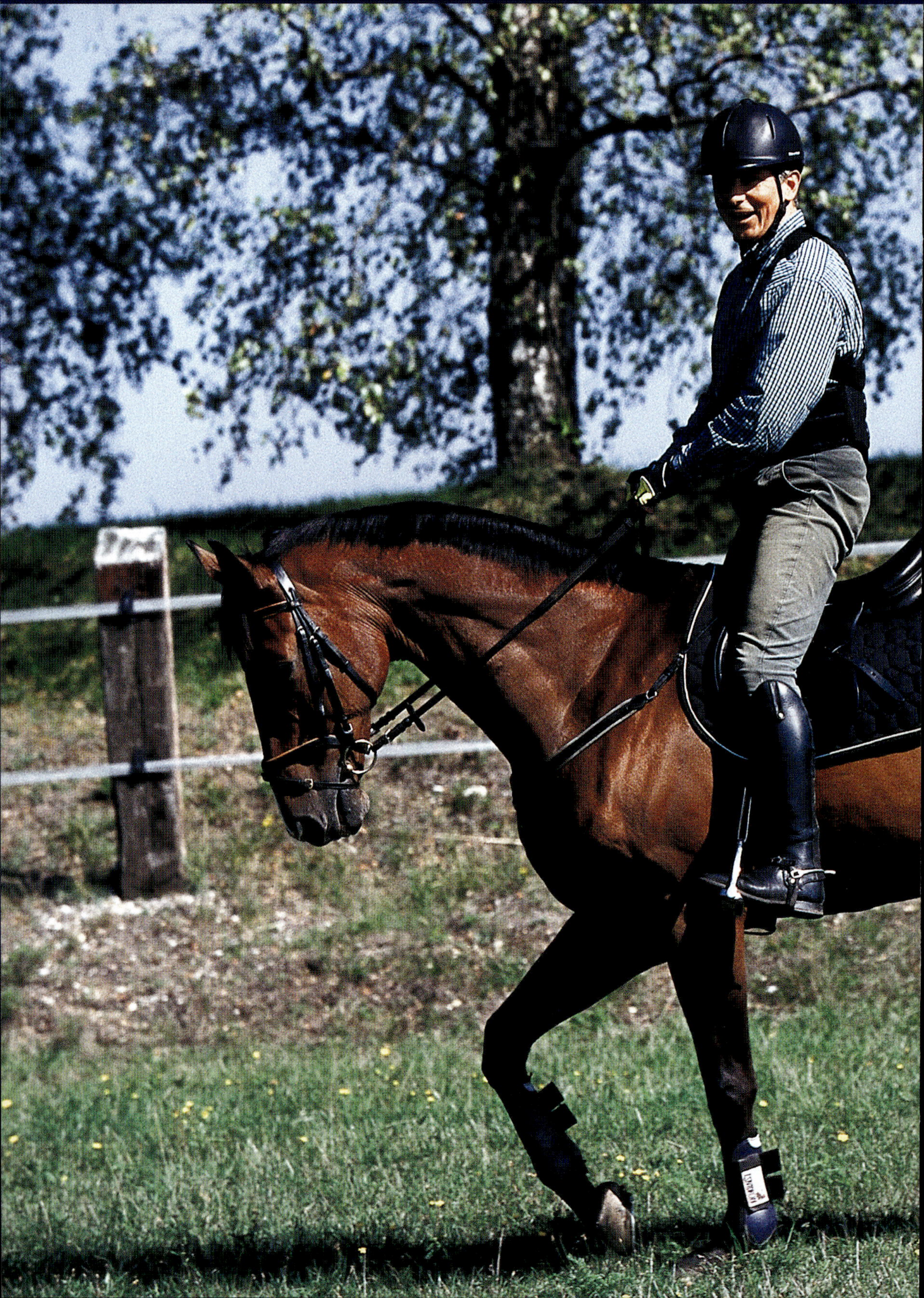

KAPITEL 2

# Rangnotizen

## Die Grundvoraussetzungen für erfolgreiches Reiten

### Was Sie von diesem Buch erwarten dürfen

Nach dem Lesen dieses Buches werden Sie nicht »automatisch« ein besserer Reiter sein; nur weil Sie danach das nötige Hintergrundwissen haben.
Ich kann keine Wunder vollbringen, doch ich möchte Ihnen mit Hilfe dieses Werkes den theoretischen Background liefern, der es Ihnen erleichtern kann, die Beziehung zwischen Ihnen und Ihrem Pferd grundlegend zu verbessern.
In der Reiterszene ist es weit verbreitet, Ratschläge zu geben, sobald sich ein Problem auftut. Viele Menschen verunsichert das jedoch mehr, als dass es hilft, weil ihnen von allen Seiten unterschiedliche Tipps und Ratschläge gegeben werden. Sie probieren dann alles Mögliche aus (das neue Gebiss, das Sepp empfohlen hat, die tolle Doppellonge, mit der Tina erfolgreich arbeitet, die Methode, auf die Emil schon seit Jahren schwört usw.) und verzetteln sich dabei vollkommen, ohne das eigentliche Problem gelöst zu haben. Es hilft also nichts:
Sie brauchen Ihren eigenen Weg …
… und dabei möchte ich Sie unterstützen. Ich verfolge das Ziel, dass möglichst viele meiner Leser nach dem Durchforsten dieses Buches sagen werden: »Super. Nun weiß ich genau, wo meine Fehler liegen und gleich morgen beginnt ein neues Reiterleben für mich.« Ich möchte Ihnen helfen, einen Weg zu finden, mit dem Sie möglichst viele Probleme in Zukunft selbst meistern können, und Sie mit dem nötigen Hintergrundwissen versorgen, welches es Ihnen erleichtern wird, zwischen effektiven und sinnlosen Ratschlägen zu unterscheiden.
Die eigentliche Arbeit beginnt für Sie, wenn Sie die Dinge in Angriff nehmen und handeln. Bei der Kopfarbeit bin ich Ihnen gerne und mit Begeisterung behilflich; alles Weitere bestimmen Sie.
Die Unsicherheit des Menschen, was Reaktionen des Pferdes anbelangt, die Angst vor Fehlern, Wissenslücken beim Trainingsaufbau, Mängel im Sitzbereich, eine undeutliche Hilfengebung, unzureichendes Verständnis für die Psyche des Pferdes, aber auch Ängste im Sattel machen das Reiten für uns manchmal sehr schwierig.
Mein Konzept soll Ihnen helfen, in Zukunft all die kleinen Stolperfallen zu umgehen, die ein wirklich erfolgreiches Reiten verhindern. Selbstverständlich sind meine Möglichkeiten der Vermittlung an dieser Stelle eingeschränkt. Das Hauptaugenmerk dieses Buches richte ich deshalb auf die elementaren und wesentlichen Grundvoraussetzungen für erfolgreiches Reiten.
Ihr Erfolg ist weder vom Geldbeutel, noch von der Zeit, die Ihnen zu Verfügung steht, abhängig. Entscheidend ist einzig und allein Ihr Wille. Mein Training ist nicht spektakulär. Es geht schwerpunktmäßig um Konzentration und Kommunikation. Das heißt: Das Pferd muss sich auf den Reiter konzentrieren und umgekehrt. »Mehr nicht?«, werden Sie sich fragen. »Nein, mehr nicht.«
Die Be-strict-Methode beinhaltet ein Wissen, welches prinzipiell jeder erfolgreiche Reiter und auch jeder gute Reitlehrer hat. Es gibt keine Tricks, auch keine komplizierte Technik. Das meiste, was ich Ihnen in diesem Buch vermittle, beruht auf Erfahrungen. Menschen, die in der glücklichen Lage sind, guten Reitunterricht zu genießen, kann dieses Buch sehr dabei helfen, Zusammenhänge plötzlich besser zu verstehen. Gehören Sie hingegen zu den Reitern, die allein und im »stillen Kämmerlein« vor sich »hinwursteln« (müssen oder wollen), werden Sie sich vieles eigenständig erarbeiten können.
Das Be-strict-Konzept darf also nicht als eigene Reitlehre verstanden, sondern sollte vielmehr als sinnvolle und fundierte Unterstützung betrachtet werden.

■ Das Pferd hat seine Entscheidung getroffen und »schießt« los, die Reiterin hat kaum mehr Einfluss und ist dem Tier beinahe ausgeliefert.

■ Roger Kupfer demonstriert, dass es auch anders geht. Um ohne Zäumung reiten zu können, müssen Reiter und Pferd sehr gut ausgebildet sein und sich bedingungslos vertrauen.

## Gibt es ein Erfolgsrezept für Reiter?

»Wenn es ein Geheimnis des Erfolges tatsächlich gibt, dann ist es das: Den Standpunkt des anderen zu verstehen und die Dinge mit dessen Augen zu betrachten.« (Zitat von Henry Ford)
Henry Ford hat beim Aussprechen dieses Satzes mit Sicherheit nicht an Pferde gedacht. Trotzdem trifft er mit seiner Aussage auch bezüglich des Reitsports den »Nagel auf den Kopf«.
Erfolgreiche Menschen beschäftigen sich demnach vor allem mit den Bedürfnissen und Interessen Ihres Gegenübers – erfolglose Menschen überwiegend mit ihren eigenen.
Andere zu verstehen, ist für uns nicht immer einfach. Schließlich fällt uns die geistige Übereinstimmung mit unseresgleichen oft schon schwer genug. Noch problematischer wird es, wenn wir uns auf die Sicht- und Denkweise eines anders strukturierten Lebewesens einstellen müssen. Genau das ist aber notwendig, um erfolgreich mit Pferden arbeiten können.

*Die meisten Missverständnisse zwischen Reitern und Pferden treten auf, weil der Mensch seinem Vierbeiner menschliches Denken unterstellt.*

Menschen, die einander nicht verstehen, bekommen zwangsläufig Kommunikationsprobleme. Reiter, die ihre Pferde nicht verstehen, ebenfalls. Das »Gemeine« an der Geschichte ist, dass Verständigungsschwierigkeiten zwischen Reitern und Pferden weitaus gefährlichere Ausmaße annehmen können, als wenn wir uns mit unseresgleichen im Clinch befinden und die »Chemie« nicht mehr stimmt.
Durchgehende Pferde und Vierbeiner, die sich in irgendeiner Form verweigern, sind sehr oft die Folge solcher Unstimmigkeiten. »Sattelfrust« nennen wir das in Reiterkreisen.

Haben wir Schwierigkeiten mit den Vertretern unserer eigenen Spezies, bleibt uns normalerweise wenigstens die Möglichkeit, den Konflikt durch eine vernünftige Aussprache zu lösen.
Mit unseren Pferden sieht das anders aus. Wenn Pferde auf die »vernünftige Aussprache« pfeifen und meinen: »Nö. – Mach' ich nicht, will ich nicht. Du da oben kannst mir mal den Buckel runterrutschen (und das dann oft auch noch im wahrsten Sinne des Wortes)«, dann ist guter Rat entweder teuer oder gar nicht erst in Sicht.
In der Tat sind die Möglichkeiten der »vernünftigen Aussprache« zwischen Reiter und Pferd eingeschränkt, weil der Mensch im Regelfall überhaupt nicht weiß, wie sein Pferd »tickt«.
Erfolgreich Probleme beseitigen und damit auch erfolgreich reiten kann der Mensch also nur dann, wenn er die Bereitschaft entwickelt, die Welt (und sich selbst) mit den Augen seines Pferdes zu betrachten. Gelingt es dem Reiter, sich einen Zugang zu der Gefühls- und Gedankenwelt seines Pferdes zu verschaffen, hat er den ersten und wichtigsten Grundstein für seinen Erfolg gelegt.
Das Reiten ist die einzige, populäre Sportart, bei der zwei unterschiedlich denkende und fühlende Lebewesen gemeinsam ein bestimmtes Ziel erreichen wollen. Das geht nur, wenn der Mensch Verständnis für die Wahrnehmung und »Denke« des Pferdes entwickelt. Denn aufgrund seiner einfachen Denkstruktur ist das Pferd nicht in der Lage, sich unseren Bedürfnissen und Wünschen anzupassen.

*Denken Sie wie Ihr Pferd. Das ist das »A und O« einer gesunden und erfolgreichen Pferd-Mensch-Beziehung.*

Nur wenn Sie in der Lage sind nachzuempfinden, warum und weshalb Ihr Pferd etwas tut (oder es eben nicht tut), werden Sie dazu fähig sein, erfolgreich mit Ihrem Pferd umzugehen. In kaum einer anderen Sportart kann der Begriff

»Erfolg« so individuell verwendet werden wie in der Reiterei.

Aus der Vielzahl der angebotenen Reitweisen ergeben sich für uns die unterschiedlichsten Möglichkeiten und Ziele. Für den einen Reiter besteht der Erfolg darin, mit seinem Pferd die höchsten Hindernisse zu überwinden; für den nächsten spielt das gar keine Rolle – sein Erfolg liegt darin, mit seinem Pferd entspannte Ausritte genießen zu können.

Wo auch immer Sie die »Messlatte« für Ihren persönlichen Erfolg ansetzen mögen: Erfolgreich sind Sie immer dann, wenn Sie den »heißen Draht« zu Ihrem Pferd gefunden haben; wenn Sie es verstehen, mit ihm zu kommunizieren und so zu der größtmöglichen Harmonie gelangen, die Reiter und Pferd miteinander verbinden kann.

Viele Menschen sind dem Irrglauben verfallen, dass sich die ersehnte Harmonie im Sattel ausschließlich durch jahrelanges, reiterliches Training einstellen kann – oder dass nur besonders talentierte Reiter in diesen Genuss kommen können.

Ich bin da anderer Meinung. Den wenigsten von uns ist das »Horsemanship-Chromosom« mit auf den Weg gegeben worden, und ich bin der festen Überzeugung, dass jeder Mensch (der es wirklich will) lernen kann, sein Pferd zu »lesen« und es zu verstehen.

*Ohne Verständnis und ohne Kommunikation kann es keine echten Erfolge geben.*

Der erste Baustein zur Harmonie/zum Erfolg mit Ihrem Pferd ist und bleibt also der Umdenkprozess. Meine Beobachtungen haben bestätigt, dass Menschen sich verhältnismäßig gut auf die Bedürfnisse und auf die Denkweise ihrer Pferde einstellen können, solange sie am Boden mit ihnen umgehen. Doch kaum steigt der Mensch in den Sattel, scheint dieses Wissen wie von Zauberhand zu verschwinden.

Ein solcher »Knoten im Hirn« lässt sich nur lösen, wenn wir auch hier zu der Wurzel der Problematik zurückkehren und uns vergegenwärtigen, warum wir diese Schwierigkeiten haben.

## Wieso fällt uns das Umdenken so schwer?

*1. Wir sind »Denk-Akrobaten«*

Als »höher entwickeltes« Lebewesen sind wir Menschen tagtäglich Situationen ausgesetzt, die unsere kleinen, grauen Zellen bis aufs Äußerste beanspruchen. Wir bedienen Videorekorder, Waschmaschinen, müssen uns im Job täglich mit unseren jeweiligen Fachbereichen auseinander setzen und können mitunter sogar Aufgaben lösen, die es erforderlich machen, um mehrere »Ecken zu denken«.

Kennen Sie Aufgaben wie diese?

»Übermorgen ist der 4. Tag. Dienstag ist der 7. Tag. Welcher Tag war gestern?« Oder: »Wenn vier Tage vor übermorgen Mittwoch war, welcher Tag ist heute?«

Einige von Ihnen packt nun vielleicht der Ehrgeiz; eventuell greifen Sie jetzt begeistert nach einem Zettel und nach einem Kugelschreiber, weil Sie sich dazu animiert fühlen, diese Aufgaben zu lösen. Aber ich garantiere Ihnen: Wenn Sie erst einmal zehn solcher Fragen im Zeitraum von etwa zehn Minuten kurz hintereinander gelöst haben, werden Sie noch nicht einmal mehr wissen, an welchem Tag Sie diese Zeilen lesen.

Es ist schon seltsam: Je komplizierter und anstrengender die Dinge sind, desto größer ist die Bereitschaft der Menschen, sich damit auseinander zu setzen. Viele Vertreter unserer Gattung sind beinahe mühelos in der Lage, hoch komplizierte und technisierte Aufgaben zu lösen, aber wenn es einmal darum geht, zum Beispiel beim Einkaufen die Summe des Wertes der Waren im Einkaufskorb zu überschlagen, benötigen sie einen Taschenrechner.

Abgesehen davon, dass das Gehirn nach dem Lösen verzwickter Aufgaben auf »Um-die-Ecke-

Denken« programmiert ist, ist auch die Konzentration des Menschen an seinem Tiefpunkt angelangt und »nichts geht mehr«. Einfachste Denkprozesse fallen uns nach dieser Form der »Kopf-Arbeit« ungeheuer schwer.

Wenn ich Reiter also dazu auffordere, einfach (und damit wie ihre Pferde) zu denken, ist das für viele schwierig. Das hat nichts mit geistigem Unvermögen oder gar mit »Dummheit« zu tun. Es liegt vor allem daran, dass wir nicht mehr auf »einfaches Denken« eingestellt sind.

*Pferde denken einfach. Unsere komplizierten Denkprozesse sind für sie nicht nachvollziehbar.*

*2. Wir wollen immer nur »das Beste«. – Aber für wen eigentlich?*

Zum einen sind wir Menschen also so sehr an komplizierte Denkprozesse gewöhnt, dass wir es »verlernt« haben, einfach zu denken. Zum anderen prägt uns der Stellenwert, den unsere Pferde für uns persönlich einnehmen.

Viele meiner Kursteilnehmerinnen würden eher Ihre Ehegatten an die Luft setzen als dass sie sich von Ihren Pferden trennen. Manche sind sogar der Auffassung, ihre Pferde seien in der Lage, sie (in welcher Form auch immer) für alle beruflichen und privaten Defizite zu entschädigen. Und nahezu alle reagieren extrem empfindlich, wenn es um die vierbeinigen »Freunde« geht.

Die Aussage: »Wie ich sehe, hat Dein Mann einige Kilo zugelegt«, bringt heutzutage kaum eine Reitersfrau aus dem Gleichgewicht. Doch wehe dem, der sich zu einer solchen Äußerung hinreißen lässt: »Dein Pferd hatte aber auch schon mal ein paar Gramm weniger auf den Rippen.« Baff. Da ist so manche Reiterin schwer getroffen, spuckt Gift und Galle und zischt: »Willst Du damit etwa sagen, dass es fett ist?« Betrachten Sie dies bitte nicht als Beleidigung für die Damenwelt. Wir pferdebegeisterten Männer sind in dieser Hinsicht auch nicht an-

ders programmiert. Wenn unser übergewichtiges (aber als »muskulös« bezeichnetes) Quarter-Horse mit der Eleganz einer Planierraupe zum Spin (= schnelle Drehung auf der Hinterhand um mindestens 360 Grad) ansetzt und es deshalb hämische Sprüche von Seiten der feixenden Stallkollegen hagelt, können Blicke durchaus töten. Der darauf folgende »Racheakt« wird nicht nur erfinderisch, sondern kann auch in höchstem Maße fürchterlich sein.

Wenn Sie an dieser Stelle ins Schmunzeln geraten, kann das eigentlich nur zwei Gründe haben: Entweder, vor Ihrem geistigen Auge tauchen nun Stallkollegen auf, die sich genauso oder ähnlich verhalten, oder: Sie fühlen sich am Ende sogar selbst ertappt?

Einen Schritt weiter gedacht, bekommt das Ganze noch einen anderen Blickwinkel:

Unsere Pferde werden umhegt, gepflegt und (wenn es sein muss) fast bis aufs Blut verteidigt. Aber: Hand aufs Herz – Um wen geht es hier wirklich?

Können wir immer so sicher sein, dass das, was wir als richtig und gut empfinden, für unsere Pferde das Beste ist? Decken sich unsere Bedürfnisse mit denen der Pferde? Wo liegen sie also, die Interessen und Bedürfnisse unserer Vierbeiner?

Wie denken sie, wie fühlen sie und wie nehmen sie ihr Umfeld wahr? Prinzipiell sind die Interessen des Pferdes klar und können mit wenigen Worten beschrieben werden.

Das Pferd will:

1. fressen,
2. sich fortpflanzen,
3. überleben.

*3. Wir fühlen und kommunizieren anders als Pferde*

Beinahe jedes Problem, welches sich im Umgang mit Pferden entwickelt, wird – meist unbewusst und ungewollt – von den Emotionen des Menschen ausgelöst. Wir haben unsere eigenen Bedürfnisse, unsere eigene Denkweise und unsere eigene Art zu kommunizieren. Wann immer wir versuchen, uns gemäß menschlicher Vorstellungen, Bedürfnisse und Gefühle mit unseren Pferden zu verständigen, bekommen wir Probleme.

Im Sattel werden die Auswüchse dieser Kernproblematik viel massiver deutlich als am Boden. Doch lange, bevor sich ein wirklich »schlimmes Problem« (wie etwa durch Steigen, Bocken oder »Durchgehen«) äußert, sendet uns das Pferd – auf seine Weise – jede Menge Informationen, mit denen es uns klarzumachen versucht, dass irgendwas nicht stimmt.

In den meisten Fällen sind Reiter so sehr mit ihren eigenen Bedürfnissen und individuellen Zielen beschäftigt, dass sie diese Signale »übersehen« und die Pferde weitgehend außer Acht lassen. Menschen vergessen sehr schnell, wie Pferde denken. Sie vergessen deren Ängste, verlieren den Blick für das, was Pferde wirklich brauchen und entwickeln sich im Sattel zu so einer Art »Allein-Unterhalter«. Es ist so ähnlich, als müssten Sie mit jemandem eine Unterhaltung führen, der ständig nur von sich redet, der nicht auf Ihre Bedürfnisse eingeht, Ihnen keinerlei Wertschätzung entgegenbringt und sich nicht für Sie interessiert.

Was zwangsläufig geschehen wird, wenn Sie »den Hebel zum Umdenken« nicht finden, liegt auf der Hand: Reiter und Pferd werden permanent »aneinander vorbei reden«; die unterschiedlichen Wahrnehmungsebenen prallen aufeinander und werden kollidieren, sobald sich eine Gelegenheit ergibt. Das sind dann die Augenblicke, in denen das Pferd eigene Entscheidungen trifft, es die reiterlichen Hilfen nicht mehr annimmt und sich widersetzt.

## Warum ist es für viele Menschen einfacher, vom Boden aus auf ihre Pferde einzuwirken?

»Widersetzlichkeiten« des Pferdes haben am Boden in den meisten Fällen noch recht »harmlose« Auswirkungen. Außerdem ist es für die meisten Pferdemenschen wesentlich einfacher,

■ **Dieses Pferd signalisiert mit seinem Gesichtsausdruck und den nach vorne gestellten Ohren, dass es etwas »Bedrohliches« entdeckt hat.**

ihre Pferde vom Boden aus zu kontrollieren, sodass es dort gar nicht erst zu größeren Schwierigkeiten kommt. Das liegt vor allem daran, dass der Mensch am Boden eine ganz andere (und zwar eine für ihn sicherere) Position einnimmt.

Dass Menschen sich im Regelfall am Boden mit ihren Pferden sicherer fühlen und von dort aus demzufolge auch bedeutend besser einwirken können, hängt mit folgenden Faktoren zusammen:

*1. Es gibt fast immer einen sicheren Ausweg*
Solange der Mensch sich am Boden befindet, hat er in den meisten Fällen erheblich weniger Angst und trägt diese innere Einstellung durch seine Körpersprache auch sichtbar nach außen. Der Mensch weiß genau: Falls es wirklich einmal brenzlig werden sollte, kann ich den Führstrick/die Longe einfach loslassen; während die gleiche Situation im Sattel einen Sturz zur Folge haben könnte.

*2. Die Phantasie schlägt Purzelbäume*
Wenn das Pferd am Boden einmal »einen Satz« macht, erschrickt der Mensch zwar auch, doch es fällt ihm eindeutig leichter, sich wieder »zu

■ **Das Pferd geht noch etwas zögerlich über die Plane, aber es vertraut Michael Geitner und führt die Übung trotzdem aus. Das Pferd hat gelernt, auch schwierige Aufgaben zusammen mit dem Menschen zu lösen.**

fangen«. Sitzt er dagegen im Sattel, schlagen in einer ähnlichen Situation die »Gedankengespenster« zu: »Auweia«, schießt es dem Reiter durch den Kopf, »Gleich prescht mein Pferd los. Ich werde garantiert runterfallen – und natürlich komme ich nicht mit einer leichten Prellung davon, sondern werde gleich mit dem Schädel auf den Boden krachen. Wie der Teufel es will, wird dann auch noch der Krankenwagen irgendwo im Wald stecken bleiben, die Sanitäter werden uns nicht finden und in dieser Zeit rennt mein Pferd auf die Schnellstraße, legt dort den Verkehr lahm und wird zu guter Letzt von einem Omnibus überrollt.«

Logisch, dass ein Reiter mit solchen Gedanken im Kopf zu keinen klaren Anweisungen mehr fähig ist und sein Pferd außerdem noch hochgradig verunsichert.

*3. Der Ablenkungsfaktor*
Wenn Sie nicht gerade in einem Erdbebengebiet wohnen, werden Sie – auf Ihren eigenen zwei Beinen stehend – verständlicherweise wesent-

lich weniger mit sich selbst zu tun haben. Sie wissen genau, dass sich Ihre Arme und Beine dort befinden, wo sie auch hingehören – nichts rutscht, nichts wackelt und alles ist (meistens jedenfalls) einschätzbar.

Doch im Sattel haben die meisten Menschen genug mit ihrem »Sitz zu kämpfen«. Sie müssen Acht geben, dass sich Schenkel und Zügel in der richtigen Position befinden, dass sie gerade sitzen und dabei außerdem das Atmen nicht vergessen. Es ist – auch während meiner Kurse – immer wieder zu beobachten, dass die Menschen sich im Sattel verhältnismäßig leicht ablenken lassen und in solchen Augenblicken die Verbindung zu ihren Pferden verlieren.

Hier beschäftigt sich der Mensch nicht nur mit der Frage, ob sein Sitz in Ordnung ist und die Hilfen korrekt gegeben werden. Es interessiert ihn außerdem, ob die Personen, die an der Bande stehen, Witze auf seine Kosten machen, ob die Frisur richtig sitzt und ob der Stallkollege, der ihm schon seit drei Wochen zwanzig Euro schuldet, endlich in Sichtweite ist.

All das ist beim Reiten fatal, wie Sie später noch ausführlich erfahren werden. Denn allein der »Faktor Ablenkung« hat ein sehr hohes Maß an Inkonsequenz zur Folge. Gepaart mit der Unsicherheit des Reiters, mit Defiziten im Sitzbereich und mangelndem Verständnis wird das Reiten dann allzu schnell zum Frusterlebnis.

## Denken Sie wie Ihr Pferd

### »Die spinnen … die Gäule …«

Nahezu jeder Reiter verspürt den Wunsch, mit seinem Pferd so umzugehen, dass es sich bei und mit ihm wohl und sicher fühlen kann. Dieser Vorsatz wäre eine prima Voraussetzung, wenn da nicht dieser klitzekleine »Haken« wäre. Trotz aller guten Vorsätze übermannt so manchen Reiter früher oder später auch einmal Frust und Enttäuschung.

Sie alle kennen diese emotionsgeladenen Gespräche, die im Reiterstüberl die Runde machen. Da heißt es dann zum Beispiel: »Mein Pferd macht mich noch wahnsinnig. Ich verwöhne es wirklich, achte darauf, dass ich es nicht überfordere und verlange nur die Dinge, die absolut nötig sind. Und was ist der Dank? Der ›Gaul‹ ist wieder mal komplett ausgerastet und scheint die einfachsten Lektionen vergessen zu haben.«

Bemerkungen wie diese finden sehr schnell Anklang bei den Leidensgenossen. »Stimmt genau«, bekommen Sie dann zu hören. »Mein Pferd ist neulich mit mir durchgegangen, weil es die Mülltonne, an der ich täglich vorbeireite, mit einem Mal wahnsinnig gefährlich fand.« Es wird kaum einen Reiter geben, der nicht solche Geschichten zum Besten geben kann.

Je ausführlicher und anschaulicher auch die Stallkollegen ihre Episoden schildern, desto mehr fühlen Sie sich als angekratzter Reiter im eigenen Frust und in ihrer Enttäuschung über das »undankbare, ungehorsame« und »dumme«

Pferd bestätigt. Nachdem jeder schließlich seinen Unmut losgeworden ist, kommen Sie zu der einhelligen Meinung: »Pferde sind nun mal ein bisschen ›verdreht im Kopf‹ – da ist nichts zu machen.«

Die Wahrheit ist: Reiter, die so denken, haben ihren Misserfolg schon programmiert.

Die meisten Menschen sind der felsenfesten Überzeugung, genauestens Bescheid zu wissen, was das Innenleben ihrer Vierbeiner anbelangt. Dass sie in mindestens 80 % aller Fälle einem Irrtum unterliegen, sagt ihnen gewöhnlich niemand.

Und am Ende wundert sich der gefrustete Reiter, weil sein Pferd »urplötzlich« Sprünge verweigert, im Gelände »guckig« wird (obwohl überhaupt keine Gefahr da zu sein scheint), es nicht mehr auf die reiterlichen Hilfen reagiert usw.

Für den Umgang mit Ihrem Pferd und für Ihre Arbeit im Sattel ist ein solches Denken unproduktiv. Im Klartext bedeutet das: Wenn der Mensch nicht lernt, sein Pferd zu verstehen, wird er sehr schnell an Grenzen stoßen und niemals in der Lage sein, anstehende Schwierigkeiten, dort zu beseitigen, wo es langfristig Sinn macht – nämlich an der Wurzel des Übels.

### Oldies but Goldies

Ich kann aus Überzeugung sagen, dass es wesentlich weniger Probleme beim Reiten gäbe, wenn mehr Menschen die Bereitschaft entwickeln würden, das Wesen Ihrer Vierbeiner zu entschlüsseln – und damit meine ich, es so zu entschlüsseln, dass es auch der Realität entspricht. Aber fast noch wichtiger als das Wissen darum, wie Pferde »funktionieren« ist die Fähigkeit, wirklich nachempfinden zu können, was in unseren Vierbeinern vor sich geht, wenn sie sich unter dem Sattel befinden.

Das ist ein ganz wesentlicher Faktor für die erfolgreiche Kommunikation zwischen Reiter und

Pferd, der leider viel zu häufig unterschätzt bzw. vernachlässigt wird. Auf den folgenden Seiten möchte ich Ihnen deshalb nicht nur die nötigen »technischen Daten« liefern, sondern Sie darüber hinaus dazu anregen, sich in die Gefühlslage Ihres Pferdes hinein zu versetzen.

Im Interesse Ihres Pferdes sollte es Ihnen zum Beispiel unbedingt bewusst sein, was es für Ihr Pferd tatsächlich bedeutet, als Flucht-Herden- und Beutetier leben zu müssen. Ist Ihnen das nicht klar, werden Sie immer wieder Gefahr laufen, das Verhalten Ihres Pferdes falsch einzuschätzen. Demzufolge werden Sie natürlich als Reiter unangemessen reagieren, was dann wiederum zu sehr großen Schwierigkeiten führen kann und einem gesunden Vertrauensverhältnis im Wege steht.

## »Wie gruselig« – Ihr Pferd ist ein »Gefahrensucher«!

Stellen Sie sich bitte einmal folgende Szene vor: Sie befinden sich während eines Abenteuerurlaubes in einem Dschungel-ähnlichen Gebiet. Nachdem Sie etwa zwei Stunden lang mit einigen anderen Urlaubern das Terrain mit einem Jeep durchquert haben, geht bei dem Fahrzeug plötzlich das Benzin aus. Dummerweise ist der Ersatzkanister leer und da es im Urwald für gewöhnlich keine Tankstellen gibt, schlägt der sichtlich beunruhigte Fahrer des Wagens Ihrer kleinen Reisegruppe vor, etwa zehn Kilometer bis zum nächsten Camp zu wandern.

Die Aussicht darauf, eine so lange Strecke zu Fuß und bei brütender Hitze zurückzulegen, ist natürlich kein besonderes Vergnügen und logischerweise beschleicht Sie an dieser Stelle bereits ein etwas »ungutes Gefühl«. Doch als wäre das nicht schon genug, gesteht Ihnen der Fahrer des lahm gelegten Fahrzeuges nun auch noch, dass es da noch etwas anderes gibt. Etwas, das weitaus beunruhigender ist als die Aussicht auf einen Sonnenstich. Der Mann berichtet Ihnen nämlich, dass genau in dem Gebiet, welches Sie nun zu Fuß durchwandern müssen, in den vergangenen Wochen einige Menschen verschwunden sind. Niemand weiß, ob diese Leute von irgendwelchen Raubtieren angefallen wurden oder ob andere, mysteriöse Umstände zum Verschwinden der Menschen beigetragen haben. Was glauben Sie wohl, mit welchen Emotionen und welchem Überlebenswillen Sie die nächsten zehn Kilometer zurücklegen werden? Sie werden in jedem Gebüsch »die Flöhe husten« hören und kaum noch auf die am Boden liegenden Wurzeln achten können, weil Sie viel zu sehr damit beschäftigt sind, sich nach dieser imaginären Gefahrenquelle umzusehen.

So bewegen sich auch Pferde, wenn sie äußerst beunruhigt sind und instinktiv wissen, dass irgendwo eine Gefahr lauern muss. Der Überlebensinstinkt Ihres Pferdes ist so stark ausgeprägt, dass es seine Umwelt sehr wachsam betrachtet, um mögliche Gefahren rechtzeitig erkennen zu können.

Wenn Sie sich also wieder einmal ärgern, weil Ihr Pferd sich dagegen sträubt, mit Ihnen eine ganz bestimmte Wegstrecke zurückzulegen, weil es dort vor drei Monaten einmal eine unheimliche Begegnung mit einem »Pferde fressenden Karnickel« hatte, dann denken Sie bitte daran, dass Ihr Pferd als Beutetier gar nicht anders denken kann. Beim Anblick des Weges erinnert sich Ihr Pferd sofort wieder an dieses Erlebnis; es kann nicht wissen, dass die potenzielle Gefahr schon längst wieder verschwunden ist. Genauso wenig weiß es, dass Wildkaninchen in der Regel keine Pferde anfallen.

Der ausgeprägte Beuteinstinkt Ihres Pferdes »sagt« ihm lediglich: »Vergiss bitte nicht, dass es diverse Raubtiere gibt, die dich als Delikatesse betrachten – sie können überall auf dich lauern.«

*Ihr Pferd ist ein Beutetier und lebt als solches in der ständigen Angst, angefallen und gefressen zu werden.*

■ Die Herde ist in Bewegung, bedingungslos folgen die Herdenmitglieder der Leitstute. Sie entscheidet, wann geflüchtet wird und wann nicht. Übernehmen Sie die Rolle des »Führenden«!

■ Vielleicht sehen Pferde jedes Objekt, das ihnen unbekannt ist, als »brüllenden« und vor allem gefährlichen Löwen, vor dem sie besser erst einmal Reißaus nehmen.

Sie meinen, diese Behauptung sei Schmarren – harmlose Karnickel seien schließlich keine Raubtiere? Tja, das wissen Sie. Und ich weiß es auch. Aber woher soll Ihr Pferd diese Informationen haben? Es weiß nicht, dass es in unseren Breitengraden keine Raubtiere gibt, und es hat auch keine Ahnung, wie diese aussehen. Es weiß nur, dass sie irgendwo existieren.

Alles Unbekannte bekommt für Ihr Pferd deshalb ein gefährliches »Kojoten-Gesicht«. So kann eine ganz normale Plastiktüte, eine umher fliegende Limonadenbüchse oder ein Papierkorb jedes Pferd zum Durchdrehen bringen.

Eine Schubkarre wird zum niederträchtig lauernden Puma, aus Wasserschläuchen werden Klapperschlangen und selbst der kleine Ast, der am Vortag noch nicht da gewesen ist, könnte möglicherweise seine Reißzähne ausfahren und sich vorzugsweise in Pferdekehlen festbeißen wollen.

## »Ich sehe was, was du nicht siehst ...«

Um eine lauernde Gefahr rechtzeitig erkennen zu können, haben Pferde den Vorteil, so genannte Formenseher zu sein. Kleinste Veränderungen in ihrem Umfeld können sie sofort registrieren und als potenzielle »Pferdefresser« einstufen. Winzige, für das menschliche Auge kaum wahrnehmbare Veränderungen an einem Objekt können sie ohne Schwierigkeiten erkennen.

So kann es passieren, dass Sie mit Ihrem Pferd zehn Tage lang ohne Probleme an einer Plastikplane vorbeireiten können, Ihr Pferd aber am elften Tag »den Aufstand probt«, weil sich die Form der Plastikplane (evtl. durch einen Windstoß) minimal verändert hat.

Die Natur hat diese Gene sinnvoller Weise so angelegt, um dem Beutetier Pferd das Überleben zu ermöglichen. Pferde sehen darüber hinaus Bewegungen im Bereich von 0,4 mm; sie könnten sogar erkennen, wie sich ein Haar krümmt. Außerdem wäre es für sie möglich, einen Kinofilm in Einzelbildern zu betrachten, denn sie erkennen 2,5 Bilder pro Sekunde mehr als der Mensch.

Für uns ist es sehr schwierig, nachzuvollziehen, wie Pferde ihre Umwelt wahrnehmen. Deutlicher wird dieser Umstand, wenn wir uns klarmachen, dass die Zusammenarbeit der Gehirnhälften bei Pferden ganz anders funktioniert als bei uns.

Wenn wir zum Beispiel einen Gegenstand nur mit dem linken Auge sehen, wandert sofort eine Information an das Gehirn, welches diesen Gegenstand »filtert« und ihn wieder erkennbar macht, wenn wir ihn später auch mit dem rechten Auge erfassen. Pferden fehlt jedoch dieser

■ **Ich habe etwas Merkwürdiges entdeckt, wenn nur jemand da wäre, der mir sagt, was ich jetzt tun soll ...**

»Wiedererkennungsmechanismus«. Erst wenn ein Pferd ein Objekt von allen Seiten betrachtet hat, wird es vom Gehirn als »ganzheitlich« eingestuft.

*Es ist notwendig, Pferden unbekannte Dinge immer von beiden Seiten zu zeigen.*

Ich will das noch einmal an einem Beispiel erläutern. Denken Sie sich bitte, Sie gelangen während eines Ausrittes an eine Straße, die Sie mit Ihrem Pferd überqueren möchten. Von der rechten Seite nähert sich ein LKW, den das Pferd mit seinem rechten Auge und der dazugehörigen Gehirnhälfte erfasst. Das Pferd denkt vielleicht: »Aha, da kommt zwar ein Pferdefresser, aber ich weiß, dass der mir nichts tut.« Doch während der LKW an Ihrem Pferd vorbei fährt, befindet dieser sich – aus der Sicht Ihres Vierbeiners – Bruchteile von Sekunden in so einer Art »toten Winkel«. Dieser »tote Winkel«, in dem Ihr Pferd nahezu blind ist, befindet sich unmittelbar vor der Nase ihres Pferdes; dort kann es so gut wie gar nichts sehen. Der »Pferdefresser« verschwindet also einen Wimpernschlag lang und taucht dann in der anderen Gehirnhälfte »urplötzlich« und wie »aus dem Nichts« wieder auf.

Das heißt also: Die durch das rechte Auge aktivierte Gehirnhälfte hat das Auto registriert; die andere aber nicht, da das »zuständige« Auge keine Information an diese Hälfte des Gehirns geleitet hat.

Es kann also passieren, dass Ihr Pferd zunächst völlig cool bleibt, doch im Bruchteil der nächsten Sekunde erschrickt, weil ein Teil seines Gehirns von einem »fremden« Gegenstand »überfallen« wurde.

Mein Tipp für Sie lautet deshalb in solchen Situationen: Geben Sie Ihrem Pferd die Möglichkeit, sich Unbekanntes ganzheitlich (also mit beiden Augen) kurz anzusehen. Aber bitte wirklich nur ganz kurz, denn wenn Sie es unnötig lang schauen lassen, »sagen« Sie ihm damit: »Das Teil da hinten ist unglaublich wichtig; schau es dir bitte ganz genau an.«

Wenn Sie Ihrem Pferd so etwas vermitteln, dann aktivieren Sie ungewollt dessen Alarmglöckchen, weil das Pferd denkt: »Etwas, das so wichtig ist, könnte auch gefährlich sein.« Ehe Sie sich versehen, geht der Trouble auch schon los, und Ihr Pferd stürmt mit Ihnen auf und davon.

Die richtige Reaktion in so einem Augenblick ist folgende: Geben Sie Ihrem Pferd ganz kurz die Gelegenheit, das Unbekannte mit beiden Augen (und damit mit beiden Gehirnhälften) zu erfassen. Anschließend bringen Sie den Kopf Ihres Pferdes sofort wieder in eine gerade Position und reiten es vorwärts. Damit teilen Sie ihm mit: »Ich habe es auch gesehen; es ist nicht wichtig und nicht gefährlich. Du kannst sicher sein, dass es uns nicht fressen wird und deshalb gehen wir weiter.«

## »Wo ist mein Gaspedal?«
## Das Pferd als Fluchttier

Aus der Sicht Ihres Pferdes gibt es nur eine einzige Möglichkeit, einer drohenden Gefahr zu entkommen – und diese Möglichkeit heißt: Gas geben und rennen, was das Zeug hält, also: Flucht. Der Überlebensinstinkt gebietet jedem einzelnen Tier, vor allem wegzulaufen, was Angst auslöst. Dieser »Grundzug« im Wesen des Pferdes beherrscht es vom Tage seiner Geburt an bis zu seinem letzten Lebenstag.

Ein solches Verhaltensmuster ist ebenso unabänderlich wie alle anderen genetischen Prozesse. Pferde lösen ihre Probleme also überwiegend, indem sie flüchten. Sie rennen weg, wenn sie Angst haben, verunsichert werden oder Schmerzen spüren.

Manche Reiter sind der Meinung: »Mein Pferd ist überhaupt kein richtiges Fluchttier – es kommt so gut wie gar nicht vor, dass es panisch mit mir davonrennt.« Falls auch Sie so etwas von Ihrem Pferd denken, befinden Sie sich auf dem Holzweg.

*Im Laufe der Evolution hat sich das Fluchtverhalten sowie die Fluchtdistanz unserer Pferde verändert.*

Das »Wegschießen« in die Weite der Prärie ist meist der erste Gedanke, der uns durch den Kopf schwirrt, wenn wir an Fluchtverhalten denken. Bei unseren domestizierten Pferden, die räumlich gesehen nur begrenzte Fluchtmöglichkeiten haben, äußert sich dieses Verhalten oft etwas anders und wird deshalb meist gar nicht als solches wahrgenommen. Sie steigen dann in solchen Augenblicken, »hüpfen« zur Seite, buckeln oder trippeln nervös auf der Stelle. All das ist eine Form von Fluchtverhalten.

Ein Pferd, welches im Schritt-Tempo unter seinem Reiter »davonstürmt« (ein »Schritt-Flüchter«), ist keineswegs fleißig, sondern ist verunsichert, hat Angst und will einfach nur weg.

*Steigen, Buckeln, nervöses Trippeln auf der Stelle oder ähnliches ist eine Form von Fluchtverhalten und zeigt an, dass das Pferd sich in seiner Sicherheit bedroht fühlt und große Angst verspürt.*

### Wo die (Pferde-)Welt noch in Ordnung ist. Das Pferd und seine Herde

Wir beschäftigen uns nun mit der Frage, wie ein Pferd mit solch einer »genetischen Strafe« leben kann. Schließlich ist es kein Vergnügen für das Pferd, in ständiger Furcht leben zu müssen und immerzu fluchtbereit zu sein.

Haben Sie eine Situation wie diese schon erlebt? Jeder in Ihrem Stall weiß, dass der Wallach »Falko« ein echter Angsthase ist. Sobald er irgendwo etwas rascheln hört oder etwas Ungewöhnliches entdeckt, ist Falko – zum Leidwesen seines Besitzers – der erste, der Fersengeld gibt. Die absoluten Favoriten auf Falkos »Schreck-Skala« sind Heißluftballons. Sobald sich während eines Ausrittes ein solcher Flugkörper auch nur nähert, wissen alle, dass der Vierbeiner binnen kürzester Zeit regelrecht austicken wird.

Eines Tages stehen Sie mit einigen Ihrer Stallkollegen gerade am Koppelzaun, als sich mehrere solcher Ballons am Horizont zeigen. »Wetten?«, feixen Sie. »Falko wird gleich einen seiner

■ Ruhe und Gelassenheit geht von dieser Gruppe Mustangs aus. Trotzdem sind alle Pferde absolut aufmerksam. In der Gemeinschaft der Herde fühlen sie sich sicher und geborgen.

Anfälle bekommen und binnen Sekunden die gesamte Herde aufmischen.« Lauernd beobachten Sie den Wallach in der Erwartung, dass Ihnen in den nächsten Sekunden ein riesengroßes Spektakel bevorsteht. Und was passiert? Nichts.

Möglicherweise ist es ausschließlich Falkos Besitzer, der an dieser Stelle den Anfall bekommt. Und es stellt sich die Frage, warum Pferde innerhalb ihrer Herdengemeinschaft ruhig und gelassen bleiben, während sie in der gleichen Situation unter ihren Reitern ein Heidentheater veranstalten?

Die Antwort darauf ist einfach:

*Der Schutz der Herdengemeinschaft bietet jedem Pferd Sicherheit und Geborgenheit.*

Die klaren Strukturen und unumstößlichen Regeln in der Herdengemeinschaft gewähren jedem Pferd das größtmögliche Maß an Sicherheit und bieten ihm damit die beste Überlebenschance. Solange das ranghohe Tier dieser Gemeinschaft nicht anzeigt, dass eine Gefahr im Anmarsch ist, werden alle anderen Herdenmitglieder ruhig und gelassen bleiben. Falko (das Pferd aus unserem Beispiel) rennt also nur deshalb nicht auf und davon, weil sein »Boss« ihm keinerlei Anlass dazu gegeben hat.

Pferde sind keine Einzelkämpfer; wären sie in der Wildnis auf sich alleine gestellt, so würden sie binnen kürzester Zeit den Raubtieren zum Opfer fallen. Jedes Herdenmitglied hat den festen Willen, zu überleben. Der gegenseitige Schutz, den sie durch konsequent eingehaltene Verhaltensregeln in der Gemeinschaft erfahren, sorgt dafür, dass Pferde sich innerhalb dieser Schutzgemeinschaft sicher, entspannt und geborgen fühlen können.

Haben Sie schon einmal gesehen, dass Pferde sich widersetzen, wenn der Rest ihrer Herde einen Abhang hinabgaloppiert? Oder haben Sie je beobachten können, dass das Leittier in der

Gemeinschaft ein rangniederes Herdenmitglied durch eine Pfütze scheuchen musste? Würde ein gesundes Pferd auf der Flucht zurückbleiben, nur weil es »normalerweise« Angst vor fließenden Gewässern hat?

Vermutlich nicht, denn so etwas gibt es in einer Herdengemeinschaft nicht. Im Herdenverband sind Pferde zu Leistungen fähig, von denen wir als Reiter nur träumen. In der Gemeinschaft der Herde überspringen Pferde plötzlich Hindernisse und sie legen mühelos kilometerweite Strecken zurück, ohne dass sie fast dabei einschlafen.

Widersetzlichkeiten scheint es in der Herde nicht zu geben. Sogar Pferde, die den Ruf haben, unter dem Reiter zu regelrechten »Schleudermaschinen« zu werden, mutieren in ihrem Herdenverband zu braven »Schafen«, die kein Wässerchen trüben können.

Sie haben zwei Möglichkeiten, mit dieser Tatsache umzugehen:

a) Sie finden sich damit ab, dass Pferde innerhalb der Herdengemeinschaft »normal ticken« und denken sich: »Nun gut. Das scheint die Natur so vorgesehen zu haben; das kann und will ich überhaupt nicht ändern.« Oder:

b) Sie fragen sich, warum das so ist und verfolgen das Ziel, dass Ihr Pferd mit Ihnen im Sattel ebenso gut »funktioniert« wie in seiner Herde.

Um es gleich vorweg zu sagen: Falls Sie sich für Möglichkeit »a« entschieden haben, werden Sie mit größter Wahrscheinlichkeit immer nur am Fuße der Erfolgsleiter stehen bleiben, diese aber niemals erklimmen. Menschen, die diese Grundeinstellung haben, sind – was Erfolge anbelangt – vom »Zufallsprinzip« abhängig. Das heißt, sie werden nie mit Sicherheit sagen können, ob ein Ausritt gut oder schlecht verlaufen wird; ebenso wenig lässt sich vorhersehen, ob ein Training, ein Turnier, eine Reitstunde von Erfolgen gekrönt sein wird oder nicht.

Um einen realen und sicheren Einfluss auf den Verlauf eines Rittes haben zu können, ist es also nötig, sich nicht nur mit den Wesenzügen des Pferdes, sondern auch mit dessen Grundbedürfnissen und Lernverhalten zu beschäftigen. Und dazu gehört auch die Beantwortung der Frage, warum Pferde in ihrem Herdenverband leistungsfähiger und entspannter sind als unter ihren Reitern.

Eine Herdengemeinschaft kann nur bestehen, wenn die Rangordnungsfrage geklärt ist. Nur einer kann der Boss sein. Er entscheidet, ob und wann in welche Richtung geflüchtet wird. Ohne einen fähigen Herdenchef müsste jedes Mitglied im »Ernstfall« eigene Entscheidungen treffen. So würde sich die Herde bei einer drohenden Gefahr in alle Himmelsrichtungen zerstreuen und die Sicherheit des einzelnen Tieres wäre nicht mehr gewährleistet.

Aber woran erkennt man den fähigen Boss, dem seine Herdenmitglieder vertrauen? Das Leit- oder auch »Alpha-Tier« einer Herde fällt den Menschen häufig dadurch auf, dass es sich regelrecht »ekelhaft« verhält, wenn es mit anderen Pferden umgeht. »Ekelhaft« ist dieses Verhalten jedoch nur aus unserer Sicht.

Tatsächlich achtet »Alpha« sehr konsequent darauf, dass die Gruppenregeln eingehalten werden, damit auch in Gefahrensituationen die Rangfolge erhalten bleibt. Nur so kann dem Schutz- und Sicherheitsbedürfnis des einzelnen Tieres nachgekommen und die Existenz gesichert werden.

*Was »Alpha« sagt, ist Gesetz.*

Der Herdenboss kann seine »Untergebenen« zum Beispiel dazu auffordern, in seiner Nähe zu bleiben und sie Sekunden später ohne ersichtlichen Grund wieder fortschicken. Das Leittier fordert uneingeschränkte Aufmerksamkeit; es bestimmt, wann gefressen wird, sorgt dafür, dass ihm ungefragt niemand zu nahe kommt, hält (wenn es will) die anderen vom saufen ab und entscheidet selbst, wer ihm sein Fell kraulen oder den Wassertrog mit ihm teilen darf.

■ **»Kommt mir ja nicht zu nahe!« Alpha achtet immer darauf, dass die Grenzen innerhalb der Herde gewahrt bleiben und keiner zu frech wird.**

Es registriert jede kleine Unachtsamkeit der rangniederen Herdenmitglieder und liefert prompt die »Quittung« für unakzeptables Verhalten. Wer nicht »spurt«, wird »weggekickt« und in ganz groben Fällen sogar kurzfristig von der Herdengemeinschaft ausgeschlossen. Das ist die »Höchststrafe« für jedes Pferd; denn ein von der Herdengemeinschaft ausgeschlossenes Tier ist eine willkommene Beute für Raubtiere und damit so gut wie tot.

Das wichtigste Fazit für Sie als Reiter lautet somit:

*Ein Pferd, dem der »Führer« fehlt, steht Todesängste aus.*

Wenn Sie diesen Gedanken einmal weiterspinnen, dann wird Ihnen deutlich werden, dass jemand, der den Tod vor Augen hat, wohl kaum in der Lage sein wird, seine Aufmerksamkeit auf etwas anderes zu richten – geschweige denn, Leistungen erbringen kann. Wir könnten wohl auch keine schwierige Kopfrechenaufgabe lösen, während uns jemand eine Pistole an die Schläfe hält.

Aus unserer menschlichen Sicht wirkt das Verhalten des Leittieres nicht gerade sympathisch; mitunter sogar ausgesprochen brutal. Die wenigsten von uns kämen auf die Idee, sich in die Obhut eines solchen büffeligen Rüpels zu begeben. Aber wir sind schließlich auch keine Beutetiere und nicht auf diese Form des Schutzes angewiesen.

Für Pferde ist jedoch die »Unnachgiebigkeit« und »Strenge« des »Alphas« absolut nicht unangenehm; ganz im Gegenteil: Sie brauchen jemanden, der in jeder Situation, zu jeder Zeit und in allen Lebenslagen hellwach und aufmerksam ist, der die kleinsten Fehler und Unachtsamkeiten sofort registriert, korrigiert und seinen hohen Rang konsequent und damit auch glaubwürdig vertritt.

*Das Leittier bietet Sicherheit, indem es sehr verlässlich alle Entscheidungen des Alltags trifft. Nur deshalb vertrauen ihm seine Herdenmitglieder.*

Wenn »Alpha« in entspannten Situationen (wie zum Beispiel bei der Fütterung) Schwäche demonstriert, indem er das unerwünschte Verhalten eines Rangniederen ignoriert, verliert er in dessen Augen seine Glaubwürdigkeit als Herdenboss. Ein inkonsequenter, unaufmerksamer »Chef« ist auch ein unsicherer »Chef« und damit eine Gefahr für die gesamte Herde.

## Warum die Ranghöhe des Reiters so wichtig ist

Nur der Schutz der Herdengemeinschaft sorgt dafür, dass sich Pferde als Beutetiere sicher und wohl fühlen können. Unumstößliche Regeln, perfektes, soziales Management und die totale Konsequenz des ranghohen Herdenbosses sichert das Überleben des einzelnen Tieres.

Jedes Pferd weiß: »Mein Chef ist verlässlich, passt immer auf und weiß in jeder Lebenslage, was zu tun ist.«

Auch Ihr Pferd lebt in der Gewissheit, dass ihm unter der schützenden Obhut seines Leittieres nichts Böses widerfahren wird; die Herde ist sein sicheres »Zuhause«. Hier kennt es die Regeln, weiß, dass ihm sämtliche Gefahren – inklusive Raubtiere – vom Halse gehalten werden. Hier spricht man seine Sprache und versteht einander ohne Worte. Kurz: Hier ist die Welt noch in Ordnung. Zumindest so lange, bis wir Menschen aufkreuzen.

Um das Ganze verständlicher zu machen, möchte ich an dieser Stelle wieder ein Beispiel verwenden: Stellen Sie sich vor, Sie haben eine Reise ins Amazonas-Gebiet geplant. Schon Wochen vorher haben Sie die abenteuerlichsten Geschichten gehört über all die exotischen, aber auch gefährlichen Tiere, die dort leben

## Ein paar Sätze zum Nachdenken: Willkommen in Absurdistan

*Haben Sie sich schon einmal die Frage gestellt, wie Pferde uns Menschen wahrnehmen?*
*Pferde sind sehr einfach strukturiert, kennen nur simple, unkomplizierte Gedankengänge und können sich demnach auch nicht auf unsere Wahrnehmungsweise einstellen. Ein Pferd kennt nur einen Blickwinkel – nämlich seinen.*
*Demnach sehen wir für Pferde nicht nur anders aus; wir verhalten uns auch äußerst eigenartig.*
*Aus »pferdischer Sicht« haben wir nicht nur Tomaten auf den Augen und Bohnen in den Ohren; wir scheinen außerdem ausgesprochen ignorant, inkonsequent und – boshaft ausgedrückt – »dumm« zu sein.*
*Man möge sich vorstellen: Wir erkennen »Raubtiere« (wie zum Beispiel »gefährliche Schubkarren«) nicht einmal dann, wenn sie direkt vor unserer Nase parken; wir hören anscheinend auch nicht, wenn sich während eines Ausrittes ein »Pferdefresser« namens »Traktor« von hinten nähert – und wir sind sogar so lebensmüde, dass wir vollkommen durchblickslos geradewegs in lauernde Gefahren hineinmarschieren.*
*Das allein ist für ein Pferd bestimmt schon beunruhigend genug; doch darüber hinaus bewegen wir uns scheinbar auch noch in einer Welt, in der keine verlässlichen Regeln und keine Sicherheiten existieren. Wir legen ausgesprochen paradoxe Verhaltensweisen an den Tag, stellen heute Regeln auf, die morgen keine Gültigkeit mehr besitzen, sind in höchstem Maße entscheidungsunfreudig und kapieren einfach gar nichts.*
*Knapp beschrieben sind wir für Pferde wohl überwiegend eines, nämlich: »überlebensgefährdend«.*

sollen. Sie beherzigen deshalb den gut gemeinten Ratschlag, sich nur mit einem fähigen Reiseleiter nach draußen zu wagen.
Eines Tages wandern Sie also frohen Mutes an der Seite eines »Fachmanns« los und sehen

nach einer halben Stunde die erste Schlange, die lautlos durch ein Gebüsch kriecht. Ihnen gefriert das Blut in den Adern; hochgradig alarmiert zupfen Sie am Hemdärmel des Reiseleiters, deuten mit zitternder Hand in das Gebüsch und fragen: »Äh, sagen Sie: Ist die etwa giftig?«
Der Reiseleiter schaut sich suchend um, kann die Schlange aber nicht entdecken. Ratlos zuckt er mit den Schultern und gesteht Ihnen, er sei ein klein wenig kurzsichtig, doch Sorgen müssten Sie sich nicht machen, denn er habe schließlich Erfahrung.
Ganz entspannt können Sie nach dieser beunruhigenden Aussage natürlich nicht mehr sein und die ersten Alarmglöckchen beginnen in Ihrem Kopf zu bimmeln. Während Sie sich nach allen Seiten umschauen und mit einem mulmigen Gefühl in der Magengegend hinter diesem Reiseleiter herstolpern, entdecken Sie nach einer Weile prompt Schlange Nummer zwei.
Erneut stellen Sie die brennende Frage:« Und die da? Ist die gefährlich?« Der Reiseleiter rückt die Brille auf seiner Nase zurecht, schaut sich die Schlange stirnrunzelnd an und erwidert: »Hm, naja, also, könnte schon sein, eventuell. Aber so genau weiß ich es auch nicht.«
Spätestens nach diesem Erlebnis sind Sie hochgradig alarmiert. Sie verfluchen den Entschluss, sich diesem inkompetenten Heini angeschlossen zu haben; aber jetzt stecken Sie nun mal mit dem Kerl mitten in der Wildnis und müssen gucken, wie Sie klarkommen.
Aug' in Aug' mit der dritten Schlange, strahlt der kurzsichtige Reiseleiter Sie plötzlich an, tätschelt beruhigend Ihren Arm und sagt aufmunternd: »Da schau her. Die kenne ich; die können Sie sogar anfassen.«
Mit sehr großer Wahrscheinlichkeit werden Sie das Tier nicht berühren, denn Sie denken: »Ich bin doch nicht lebensmüde. Der Typ hat ja gar keinen Durchblick. Warum sollte der ausgerechnet jetzt wissen, was hier los ist?« Höchstwahrscheinlich werden Sie die Entscheidung treffen, die Schlange nicht anzufassen, auch

wenn der Reiseleiter noch so sehr auf Sie einredet.

Pferden geht es ganz ähnlich, wenn Sie den Eindruck bekommen, dass wir Menschen nicht in der Lage sind, sie sicher und kompetent zu führen. Dann geschieht es, dass sie zu ihrem eigenen Schutz Entscheidungen treffen, die uns ganz und gar nicht behagen.

Es muss noch nicht einmal sein, dass sie in einer Situation wie dieser durchgehen und davonrennen. Manchmal äußern Sie Ihr Misstrauen uns gegenüber auch, indem sie beispielsweise einen Sprung verweigern, nicht mehr auf Zügel- oder Schenkelhilfen reagieren oder das genaue Gegenteil von dem tun, was wir von ihnen verlangen.

*Ohne Führungsqualitäten des Reiters gibt es kein Vertrauen.*

Sie werden mit Ihrem Pferd sehr schnell an Grenzen stoßen und werden dessen Vertrauen nie dauerhaft gewinnen, wenn Sie ihm nicht in jeder Situation zeigen, dass Sie ein kompetenter, zuverlässiger und fairer Herdenchef sind.

*Nahezu jedes Problem, dass sich im Umgang mit Pferden entwickelt, hat seine Ursache in der nicht geklärten Rangordnung zwischen Mensch und Pferd.*

Demnach ist ein ranghoher (und damit erfolgreicher) Reiter wie das Leittier in der Herde:

- ■ immer aufmerksam,
- ■ immer konsequent,
- ■ immer kommunikationsbereit.

Viele von Ihnen werden denken: »Du lieber Himmel. Das schaffe ich nie im Leben.« Keine Sorge: Das Ganze ist ein Lernprozess; wenn Sie sich schrittweise die nötige Ranghöhe erarbeiten, werden Sie die einzelnen Schritte, die da-

für notwendig sind, soweit verinnerlicht haben, dass Sie gar nicht mehr dabei nachdenken müssen.

Auch mir ist dieser Umgang nur »häppchenweise« in Fleisch und Blut übergegangen. Wenn Ich heute zum Beispiel mit meinem Freund Robert ausreite, unterhalten wir uns dabei, ohne dabei die Pferde aus den Augen zu lassen und korrigieren sie beinahe schon »automatisch«, ohne darüber nachzudenken.

Ich putze mein Pferd – und mein Pferd steht. Ich sattele es – mein Pferd passt auf und steht. Beim Führen achtet es auf mich; genau wie in jeder Phase eines Rittes.

Sind Sie dennoch skeptisch, ob Sie das schaffen? Dann erinnere ich Sie daran, dass Sie vermutlich auch bei Ihrer ersten Fahrstunde (vorausgesetzt Sie haben eine Führerschein) das Gefühl hatten: »Das lerne ich nie.« Denn es sind etliche, kleine Bewegungen und Denkprozesse notwendig, bis sich so ein Wagen erst einmal von der Stelle bewegt. Gang einlegen, Kupplung treten, vorsichtig Gas geben, der Blick in den Innen- und Außenspiegel darf nicht vergessen werden. Jeden dieser Mechanismen muss sich ein Fahrer Schritt für Schritt erarbeiten. Und was machen Sie heute? Sie steigen in Ihr Auto und fahren einfach.

KAPITEL 3

# Powered by emotion

# Wenn menschliche Gefühle uns im Wege stehen

## Die beliebtesten Ausreden

Sie wissen nun, dass es zu Problemen im Sattel kommt und das Pferd sich nicht sicher fühlen kann, wenn der Reiter nicht die erforderliche Ranghöhe besitzt. Aber »ranghoch« ist ein guter Reiter nicht nur dann, wenn es »brenzlig« wird, sondern wann immer er mit seinem Pferd umgeht. Das wird häufig falsch interpretiert.
Ich möchte Ihnen dabei helfen, sich schrittweise die erforderliche Ranghöhe im Sattel zu erarbeiten. Die Vorarbeit dazu beginnt im Kopf des Menschen und nicht erst im Sattel. Mit menschlichen Denkfallen der unterschiedlichsten Art haben die meisten Reiter zu kämpfen.
Auf Seminaren höre ich tausendundeine Erklärung dafür, warum ein Pferd dieses oder jenes gerade macht – oder es eben nicht macht. Da heißt es zum Beispiel: »Normalerweise verhält sich mein Pferd ganz anders«, »Zuhause ist es immer ganz brav«, »Es funktioniert gerade nicht, weil«:

- »sein Kumpel heute nicht da ist.«
- »es heute zehn Grad kälter ist als gestern.«
- »es bei Vollmond immer total durcheinander ist.«
- »sein Boxennachbar in der Nacht eine Kolik hatte; das hat mein Pferd ganz schrecklich mitgenommen« usw.

Fällt Ihnen an diesen Erklärungen etwas auf? Sie sind menschlich. Darüber hinaus wird das eigene Verhalten komplett ausgeklammert. So ziemlich alles trägt »die Schuld« an dem Misserfolg: Der fehlende Kumpel, der Vollmond, sogar das Wetter wird verantwortlich gemacht; der Phantasie sind keine Grenzen gesetzt und die Liste ließe sich beliebig erweitern.
Vergessen Sie nie, wie Ihr Pferd zu denken. Beginnt es etwa, bei Vollmond seine Herde aufzumischen? Macht ihm in seiner Gemeinschaft ein Wetterumschwung zu schaffen? Schert es sich darum, wenn sich einer seiner Herdenmit-

glieder auf der Koppel das Bein verstaucht? Viel seltener sind leider Erklärungen wie diese zu hören:
»Heute klappt es nicht, weil«:

- »ich es einfach nicht schaffe, konsequent zu sein.«
- »ich den ganzen Tag schon mies drauf bin.«
- »ich partout nicht weiß, wo mein Fehler liegt.«

Doch genau in dieser Selbsterkenntnis steckt der richtige Ansatz. Merken Sie sich bitte:
Pferde machen bewusst keine Fehler. Sie reagieren nur auf Gelerntes, bzw. auf nicht Gelerntes.
Das heißt: Wenn Pferde »Fehler« machen, dann geschieht das nur, weil der Mensch nicht deutlich genug klargemacht hat, was er von ihnen erwartet. Wenn Ihr Pferd sich mit Ihnen so sicher fühlen kann wie in seiner Herdengemeinschaft, dann wird es in Ihrer Gegenwart auch nicht von lahmenden Pferden, dem Wetter oder dem Vollmond aus dem Gleichgewicht gebracht.
Zugegebenermaßen erscheinen uns die Ausreden dieser oder ähnlicher Art in den meisten Fällen sogar logisch. Tatsächlich sind es jedoch Stolpersteine, die Schwierigkeiten nach sich ziehen können: Der Reiter versteht die Welt nicht mehr, fängt an, das Problem an der falschen Stelle beseitigen zu wollen und dreht sich dabei im Kreis. Diese Ausreden verhindern, dass Menschen sich selbst einmal kritisch hinterfragen und verschleiern den Blick für die Wirklichkeit.

*In den meisten Fällen liegt der vermeintliche Fehler des Pferdes an uns selbst.*

## Herzensangelegenheiten – Der Mensch und sein Gefühlsleben

Logischerweise haben die meisten Reiter zu ihren eigenen Pferden einen ganz individuellen und emotionsgeprägten Bezug. Sie wissen schon:

Das eigene Pferd ist grundsätzlich das schönste, charakterstärkste und talentierteste.

Beginnen wir von unseren Pferden zu sprechen, bekommen wir diesen verklärten Blick und sind fast »liebeskrank«. Doch wenn die »rosarote Brille« den Blick für das Wesentliche versperrt, sind Schwierigkeiten vorprogrammiert.

»Liebe« im Sinne menschlicher Gefühle existiert für Pferde nämlich nicht: Ihr Pferd »liebt« Sie nicht, weil Sie »so nett« zu ihm sind, sondern fühlt sich dann zu Ihnen hingezogen und vertraut Ihnen, wenn Sie ihm durch die hohe Rangposition die nötige Sicherheit bieten.

Die Chefposition im Sattel zu erreichen, wird von vielen Menschen verständlicherweise als nicht ganz einfach empfunden. Denn das, was wir als Führungsqualitäten bezeichnen, sehen Pferde ganz anders. Einige Menschen bekommen Schwierigkeiten, weil ihnen die eigenen

Gefühle im Wege stehen oder weil sie von den Klischees eingeholt werden, die das Verständnis für das Pferd zerstören.

Erfolgreiches Arbeiten wird somit zum Scheitern verurteilt.

> *Das Be-strict-Konzept bedeutet: Bestimmtes, sicheres Auftreten, gepaart mit Güte – und zwar mit dem Ziel, dem Pferd etwas beizubringen bzw. die ranghohe Position zu erreichen und aufrecht zu erhalten.*

Betrachten wir uns die »pferdische Programmierung« (also seine Genetik), dann ist der Wunsch zu Überleben das einzige Grundbedürfnis, das Ihr Pferd tatsächlich hat. Und um überleben zu können, brauchen Pferde keine Menschen.

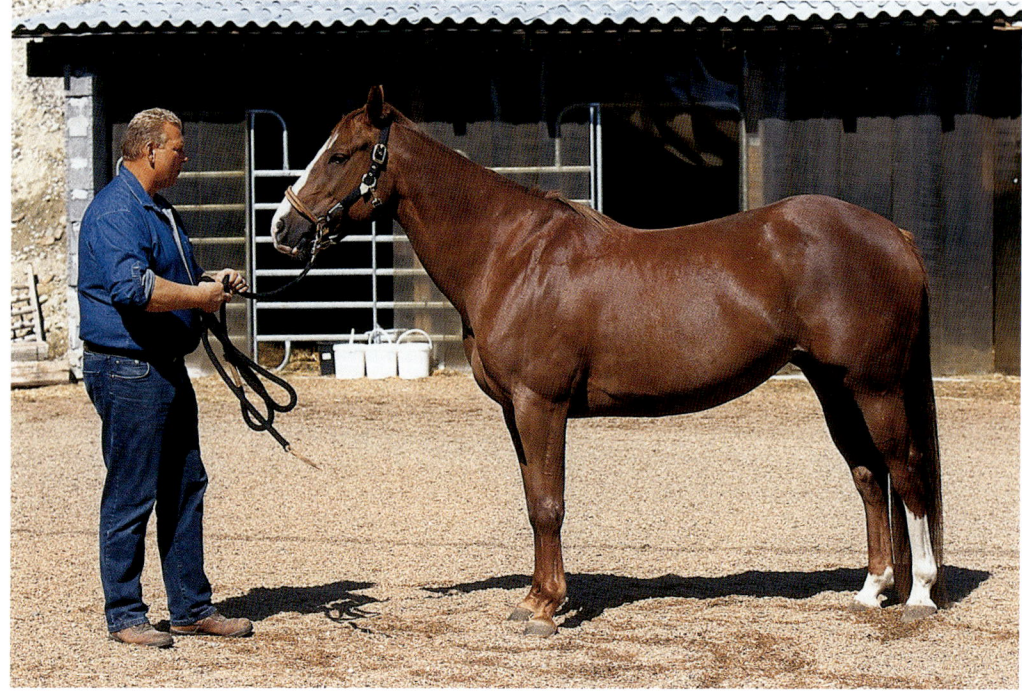

■ **So sollte es sein: Das Pferd steht und wartet aufmerksam auf das nächste Kommando. Es »passt auf«.**

Die Be-strict-Methode funktioniert, weil sie ein bodenständiges, unverschnörkeltes Konzept enthält, welches auf das natürliche Verhalten der Pferde zugeschnitten wurde. Das bedeutet nicht, dass ich kein Verständnis für Menschen aufbringe, die ihrem Hobby eher gefühlsbetont nachgehen. Schließlich bin ich kein Eisklotz und weiß aus eigener Erfahrung, dass es nicht immer einfach ist, im Umgang mit Pferden die Emotionen (wie Freude, aber auch Enttäuschung oder Wut) durch den »Hirnfilter« zu schicken.

Sensibilität ist im Umgang mit jedem Lebewesen ein ausgesprochen wichtiger Faktor. Es geht auch nicht darum, Gefühle grundsätzlich zu unterdrücken, sondern sie so zu »verlagern«, dass sie auch für Pferde einen Sinn ergeben.

Das ist zum Beispiel dann der Fall, wenn wir unserer Freude in einem – für das Pferd nachvollziehbaren Augenblick – Ausdruck verleihen – also beispielsweise dann, wenn das Pferd etwas gut gemacht hat und wir es für diese Leistung sofort und kräftig loben. Aber auch dann, wenn das Pferd einen groben Fehler gemacht hat und wir ihm unseren Ärger zeigen.

## Der Mensch und sein »Streichelzwang«

Die meisten Menschen neigen dazu, ihre Pferde immerzu streicheln, knuddeln und liebkosen zu wollen. Völlig freisprechen kann auch ich mich von dieser Veranlagung nicht: Wenn man durch die Stallgasse wandert und die Pferde so nett aus ihren Boxen herausschauen – schon krault man ihnen die Stirn. Aber warum tut man das? Aus menschlicher Sicht ist das verständlich, aber aus der Sicht des Pferdes eben nicht – oder wollen Sie Ihr Pferd dafür loben, dass es seinen Kopf aus der Box hängt?

Sie sollten sich stets vor Augen halten, dass Pferde aus ihrer Sicht immer alles richtig machen. Sie unterscheiden nicht zwischen »gut« oder »böse«, zwischen »richtig« und »falsch«.

*Was wir als erwünscht oder unerwünscht betrachten, müssen wir den Pferden durch den gezielten Einsatz von Lob und »Strafe« beibringen.*

Die »weiche«, streichelnde Hand lobt; die »harte«, Druck erzeugende Hand tadelt und korrigiert. Das ist ein einfaches, nachvollziehbares Prinzip – wenn Sie immer danach handeln, sind Sie für Ihr Pferd berechenbar und damit »sicher«.

Trotzdem fallen wir immer wieder in unseren Streichelzwang zurück und loben unser Pferd, obwohl es eigentlich nichts zu loben gibt. Das Pferd ist irritiert. Wir wirken unsicher und unglaubwürdig.

Für Ihr Pferd, das (wie ich gleich noch ausführlicher erklären werde) einen sehr hohen Sicherheitsfaktor für sich benötigt, ist ein solches Verhalten beinahe schon »gefährlich«.

## Emotionale Denkfallen im Alltag

Wir Zweibeiner sind erfinderisch, wenn es darum geht, Erklärungen für bestimmtes Pferdeverhalten zu finden. Die meisten Menschen besitzen ein geradezu verzerrtes Bild von der Gedankenwelt ihrer Pferde; und obwohl häufig die Bereitschaft zum Umdenken vorhanden ist, fällt es ihnen dennoch enorm schwer, sich von den gewohnten Denkprozessen zu lösen.

Sehr oft werden Verhaltensinterpretationen verwendet, die mit der tatsächlichen »Denke« der Pferde wenig gemeinsam haben. Ich habe einige solcher Fehlinterpretationen für Sie gesammelt, um Ihnen zu verdeutlichen, wie schnell wir – meist unbewusst – in die »emotionale Denkfalle« tappen.

*Denkfalle 1:*
»Mein Pferd freut sich wahnsinnig, wenn es mich sieht – es liebt mich über Alles.«

### Ohne Streicheln geht es nicht?

*Wenn es Ihnen wirklich so schwer fällt, die »Kuschelten-
denz« zu unterdrücken, dann dürfen Sie ruhig einmal
knuddeln. Ich kann (und will) es Ihnen gar nicht verbie-
ten. Das wäre – taktisch gesehen – auch äußerst
unklug. Wenn Sie ehrlich sind, dann sind es doch gerade
die »verbotenen Dinge«, die uns ein geradezu diebisches
Vergnügen bereiten. Ich sage Ihnen also nicht: »Lassen
Sie die Finger von Ihrem Pferd.«*
*Ich könnte wetten, dass Sie spätestens morgen mit die-
sem unschuldigen Gesichtsausdruck in der Box Ihres
Pferdes verschwinden, um es dort nach Herzenslust zu
knuddeln und hinterher zu sagen: »Der Geitner hat's ja
nicht gesehen …«*
*Aber im Interesse Ihres Pferdes gebe ich Ihnen den Rat,
dass Sie der- oder diejenige sind, der/die den Sozialkon-
takt beginnt und diesen auch wieder abbricht. Wenn Sie
also Ihren »Streichelzwang« ausgelebt haben, sollten Sie*
*Ihr Pferd anschließend nachdrücklich wieder fortschicken. Keine Angst: Sie fallen bei Ihrem Pferd mit
einem solchen Verhalten nicht in Ungnade, sondern Sie sammeln Pluspunkte.*
*Das ranghohe Pferd innerhalb der Herde (das Ihrem Pferd Sicherheit und eine Form von Geborgenheit
bietet) verhält sich ganz genauso. Es beginnt Sozialkontakte scheinbar willkürlich und beendet diese
auch wieder.*

*Die Realität:*
Pferde lieben uns nicht.
Erinnern Sie sich: Pferde brauchen uns Menschen nicht. Auch, wenn es hart klingt: Die
Herde ist und bleibt immer das Wichtigste für
Ihr Pferd. Das leise Grummeln oder Wiehern,
mit dem sie uns manchmal »begrüßen«, bedeutet in der Regel nichts anderes als: »Super. Da
kommt mein Zweibeiner – und der hat vielleicht Futter dabei.«
Würde man den Denkprozess Ihres Pferdes in
diesem Augenblick in Form einer Gedanken-
blase sichtbar machen können, so würde dort
ganz sicher nicht Ihr Gesicht in Herzchenform

*Es gibt keinen vernünftigen Grund für das Pferd,
sich auf uns einzulassen.*

auftauchen, sondern wohl eher eine saftige
Mohrrübe.
Vergessen Sie es also besser. Ihr Pferd wartet
nicht 24 Stunden auf Sie; dazu hat es gar keinen
Grund. Meistens ist der Mensch nur als Futter-
lieferant interessant.

*Denkfalle 2:*
»Mein Pferd ist mir neulich aus Versehen auf
den Fuß getreten. Und danach hat es geschaut
wie ein geprügelter Hund. Richtig Leid getan
hat ihm das.«

*Die Realität:*
Pferde brauchen Regeln.
Pferde können aufgrund ihrer einfachen Denkstruktur überhaupt keine Schuldgefühle entwickeln. Emotionen wie Mitleid, Reue oder gar

Scham sind ihnen vollkommen fremd. Wert- und Normvorstellungen, die moralische Prinzipien umfassen, sind in ihrer Welt nicht vorhanden.

*Moral, Gewissensbildung und Vernunft gibt es in der Pferdewelt nicht.*

Um so denken bzw. fühlen zu können, sind sehr hohe, geistige Fähigkeiten erforderlich, die unseren Pferden in dieser Form fehlen. Bei einem groben Vergehen dieser Art würde das ranghohe Pferd in der Herde sofort »rot« sehen. Es ist undenkbar, dass ein rangniederes

Herdenmitglied einem ranghohen ungefragt zu nahe kommt. Ob dies »aus Versehen« oder »mit Absicht« geschieht, spielt dabei keine Rolle. Wer nicht aufpasst und dadurch bestehende Regeln missachtet, bekommt sofort das »passende Feedback«.

*Ein ranghoher Reiter genießt (wie das Leittier in der Herde) die uneingeschränkte Aufmerksamkeit sowie absoluten Gehorsam in jeder Situation.*

Wenn Sie einen solchen »Ausrutscher« Ihres Pferdes durchgehen lassen, weil Ihnen Ihr Pferd

■ **Ein vermeintlich ruhiger Ausritt, doch die beiden Pferde sind sichtlich angespannt und achten ganz genau auf ihre Umwelt. Jede »Kleinigkeit« kann die jungen Reiterinnen in eine brenzlige Situation mit ihren Pferden bringen.**

in diesem Moment so Leid tut, bieten Sie ihm die beste Gelegenheit, Ihre Regeln und damit Ihren Rang in Frage zu stellen. Das muss gar nicht am selben Tag oder kurz nach diesem Erlebnis geschehen, sondern kann sich erst viel später äußern, zum Beispiel dann, wenn Sie im Sattel sitzen.

*Denkfalle 3:*
»Mein Pferd hat heute prima gearbeitet. Deshalb tue ich ihm jetzt noch etwas Gutes und belohne es mit einem gemütlichen Ausritt.«

## Die Auswirkungen der Angst auf die Körperfunktion des Pferdes

*Ist Ihr Pferd ängstlich und aufgeregt, ist das deutlich am Körper des Pferdes erkennbar: Die Pulsfrequenz erhöht sich auf bis zu 140 Schläge pro Minute (im Ruhezustand sind es nur 30 bis 40 Schläge). Die Atmung wird nicht nur hörbar, sondern auch in Höhe des Sattelblattes deutlich sichtbar. Auch Zittern oder Erstarren ist ein deutliches Angstsignal.*

■ **Das Pferd hat große Angst vor der Plane und springt zur Seite, um der Situation auszuweichen. Der Puls des Pferdes rast und es schwitzt leicht, alles Zeichen seiner Angst.**

*Die Realität:*
Ausritte bedeuten Stress.
Viele Reiter denken: »Ich verstehe gar nicht, warum mein Pferd solche Angst hat. Ich tu doch nichts.« Genau das ist der springende Punkt: Die meisten Reiter tun »da oben« nichts.« Sie passen nicht auf ihre Vierbeiner auf, sie beantworten ihre Fragen nicht und sie zeigen ihnen auch nicht, was zu tun ist.
Denken Sie wie Ihr Pferd und überlegen Sie sich bitte, wo wohl die meisten, »gefährlichen Pferdefresser« lauern. Es liegt auf der Hand, dass das Gelände für jedes Pferd ein äußerst beunruhigendes Gebiet ist. Wenn der Reiter noch nicht die entsprechende Ranghöhe bei seinem Pferd erlangt hat, bedeutet so ein Ausritt für das Pferd nichts als Stress.
Die meisten Pferde würden Zustände bekommen, wenn sie wüssten, dass sie sich gleich mit so einer reitenden »Schlafmütze« in die »Wildnis« begeben müssten (erinnern Sie sich an das Beispiel mit der Schlange).
Wenn Pferde in der Lage wären, sich uns verbal mitzuteilen, würden sie uns in den meisten Fällen sagen: »Du bist doch schon am Boden eine absolute »Blindschleiche«. Du siehst nichts, hörst nichts, und du verstehst mich auch nicht. Und nun kletterst du auch noch auf mich drauf und willst mit mir zu all diesen »Pferdefressern«. Da spiele ich nicht mit.«

> *Vergessen Sie nie den erhöhten Sicherheitsanspruch Ihres Pferdes.*

Es ist nichts dagegen einzuwenden, wenn Sie das Ziel verfolgen, bei Ausritten den Sonnenuntergang zu genießen. Doch bevor so ein Ausritt für beide Seiten angenehm werden kann, muss an der Basis gearbeitet und die Rangordnung hergestellt werden (mehr dazu in einem späteren Kapitel).

*Denkfalle 4:*
»Ich habe im Gelände einen Baumstamm übersehen, und deshalb ist mein Pferd durch meine
Schuld gestürzt. In so einer Situation wird es
mir mit Sicherheit nie wieder vertrauen.«

*Die Realität:*
Pferde denken einfach.
Kein Pferd dieser Welt denkt darüber nach,
warum und weshalb etwas passiert ist – geschweige denn, wer die Schuld an diesem Umstand trägt. Auch hierfür wäre rekonstruieren-
des Denken nötig, welches den Pferden fehlt.
Wenn ein Unfall durch einen menschlichen Fehler verursacht wird, dann bricht das Vertrauen
nicht, weil der Mensch der Auslöser für dieses
Dilemma war, sondern es bricht deshalb, weil
der Mensch nach so einem Erlebnis seine Verhaltensweise komplett umkrempelt. Das heißt,
er wird unsicher, sobald er sich an diese Situation erinnert und ist dadurch nicht mehr in der
Lage, seinem Pferd die nötige Sicherheit zu bieten.
Stellen Sie sich vor, die ranghohe Stute führt
ihre Herde während der Flucht über einen
Hügel. Ein Pferd knickt dabei um, stürzt und
humpelt anschließend. Die Leitstute käme nie
auf die Idee, zurückzukehren, um zu sehen, was
mit diesem Pferd passiert ist.

> *Pferde befinden sich mit ihren Gedanken in der*
> *Gegenwart; sie fragen nicht nach dem »Warum«*
> *und »Weshalb«.*

Ebenso wenig wird das verletzte Pferd in Zukunft Rachegelüste gegen die Leitstute hegen
oder ein »Misstrauensvotum« beantragen. Es
ist einfach nur galoppiert, ist dabei ausgerutscht
und gestürzt. Dieses Thema ist sowohl für das
gestürzte Pferd als auch für die Leitstute danach ein für allemal erledigt.
Als Reiter haben Sie nur die Verantwortung,
dafür zu sorgen, dass Ihr Pferd nicht »gefressen« wird; und Ihr Pferd trägt die Verantwortung dafür, wohin es seine eigenen Hufe setzt.

*Denkfalle 5:*
»Mein Pferd hat es faustdick hinter den Ohren.
Manchmal glaube ich, es veräppelt mich nach
Strich und Faden.«

*Die Realität:*
Pferde veräppeln uns nicht.
Manchmal sieht es wirklich so aus, als wollten
Pferde uns bewusst an der Nase herumführen.
Es gibt tausende von netten Geschichten zu
diesem Thema.
Da ist dann zum Beispiel die Rede von einem
Pferd, das stocklahm geht, sobald es eine Halle
betritt, aber auf der Koppel umhertollt wie ein
junger Gott. Oder man erzählt sich die Episode
von dem Pferd, das 359 Tage im Jahr anstandslos an dem Spiegel in der Reithalle vorbei geht,
aber am 360. Tag dort einen Pferdefresser vermutet und mit seinem verdutzten Reiter davonstürmt, als sei der Leibhaftige hinter ihm her.
Sie alle kennen solche Storys; und dann heißt
es schnell: »Der ›Gaul‹ will mich für blöd ver-
kaufen.« Und schon wieder sind wir in eine
dieser tückischen Denkfallen getappt.
Wollten uns Pferde wirklich veräppeln, so wäre
ein Vorausdenken (zum Beispiel durch den Ge-
dankengang »Was wäre wenn«) von Nöten.
Pferde können aber nicht vorausdenken; sie
können nur reagieren – und zwar auf das, was
sie gerade wahrnehmen, auf das, was wir ihnen
beigebracht haben oder auf Dinge, an die sie
sich in diesem Augenblick erinnern.

> *Kein Pferd kann einen Menschen bewusst ver-*
> *äppeln. Strafen Sie deshalb nie, weil Sie glauben,*
> *Ihr Pferd führt Sie an der Nase herum.*

In Bezug auf das (übrigens sehr schlaue) lahmen-
de Pferd, das plötzlich nicht mehr lahmt, könnte das bedeuten: Es hat die Erfahrung gemacht,

dass es einmal aus der Halle geführt wurde, als es lahmte. Damit war die Arbeit für diesen Tag beendet, und das Ende der Arbeit ist immer etwas Angenehmes – also eine Form der Belohnung. So gesehen, verbindet es aufgrund der gemachten Erfahrung dieses Erlebnis mit einer positiven Folge und wiederholt sein Verhalten. Es glaubt: »Meine Menschen wollen, dass ich humpele, denn danach belohnen sie mich.«

Wenn so etwas geschieht, wollen uns Pferde nicht ärgern, sondern sie verhalten sich so, weil sie etwas Angenehmes mit diesem Vorgang verbinden und möglicherweise sogar annehmen, dass dieses Verhalten von uns erwünscht wird.

Bei dem Pferd mit dem Spiegel könnte es sich folgendermaßen verhalten: Am 360. Tag entdeckt es in dem Spiegelbild etwas Ungewöhnliches, das für seinen Reiter nicht sichtbar ist. Vielleicht ist es die eigene, aber nagelneue, knallrote Satteldecke, die es aus der Fassung bringt oder das Sonnenlicht, das sich dort widerspiegelt und es für einen Augenblick »blind« werden lässt.

In solchen Augenblicken vergessen Menschen leider immer wieder, dass Pferde Beutetiere sind, verhalten sich falsch und bringen ihre Pferde zwangsläufig dazu, ihnen wieder einmal nicht zu vertrauen.

*Denkfalle 6*:
»Mein Pferd ist krank; deshalb werde ich an diesen Tagen ganz besonders lieb zu ihm sein.«

*Die Realität*:
Jedes Pferd benötigt Konsequenz.
Es ist allzu menschlich und verständlich, dass wir einem kranken Lebewesen ganz besonders viel Zuwendung schenken möchten. Doch Fakt ist: Schmerz und Unwohlsein verändern nicht die Genetik und die Instinkte unserer Pferde. Auch ein krankes Pferd, ein Pferd mit »schlechter Vergangenheit«, ein noch junges Pferd oder ein sehr altes Pferd benötigt einen verlässlichen »Boss« und damit auch Konsequenz.

*Auch alte, kranke, noch sehr junge Pferde oder Pferde, die schlechte Erfahrungen gemacht haben, benötigen Sicherheit und einen klaren Platz in der Rangordnung.*

Weisen Sie auch solchen Pferden ihren Platz in der Rangordnung zu und schenken Sie ihnen damit das Vertrauen und die Sicherheit, die sie benötigen – auch, wenn es Ihnen schwer fällt. Wir sind nun einmal anders »programmiert«; wir verlangen von Kindern nicht so viel wie von Erwachsenen, gehen behutsam und liebevoll mit alten Menschen um, helfen jenen, die schlechte Erfahrungen gemacht haben und kümmern uns fürsorglich um Menschen, die krank sind. Aber Pferde können damit beim besten Willen nichts anfangen; und wenn wir es auch noch so gut meinen. Das Einzige, was wir für sie tun können, wenn wir es wirklich »gut meinen«, ist, Ihnen Sicherheit zu bieten.

*Denkfalle 7*:
»Wenn mein Pferd erschrickt, muss ich mit ihm sprechen und es streicheln, um es zu beruhigen.«

*Die Realität*:
Jedes Streicheln ist für das Pferd eine Belohnung.
Diese Denkfalle kann verheerende Folgen nach sich ziehen. Ausgesprochen viele Reiter machen den Fehler, ihre Pferde beruhigen zu wollen, wenn etwas geschieht, das die Pferde verunsichert. Sobald das Pferd zur Seite springt, beginnt der Reiter – fast schon »automatisch« – auf sein Pferd einzureden.
»Ist schon gut Brauner, alles in Ordnung. Ich bin ja bei dir.« Begleitet wird der Redeschwall im Normalfall zusätzlich von »beruhigendem« Mähnengekraule.
Auch das ist gut gemeint, kommt beim Pferd aber vollkommen anders an.
Was Ihr Pferd versteht ist nämlich: »Hey, das hast Du super gemacht. Ich bin froh, dass Du

das Ding gesehen hast. Wir wären sonst glatt aufgefressen worden.« Und das Pferd denkt: »Gut, dass ich aufgepasst habe. Denn der da oben kriegt mal wieder gar nichts mit.«

Wir Menschen sind so geprägt, dass wir, wenn ein Kind oder eine schutzbedürftige Person, weinend oder ängstlich auf uns zukommt, diese sofort in den Arm nehmen und streicheln. Auf Pferde hat Streicheln aber eine völlig andere Wirkung.

Sie animieren Ihr Pferd also nicht nur dazu, in solchen Fällen die Entscheidung zu treffen. Sie erziehen es darüber hinaus auch noch ungewollt zum Nervenbündel. Was Ihr Pferd in dieser Situation gelernt hat, ist: »Für das Aufspüren der Raubtiere bin ich also zuständig.«

Wie Sie mit Gefahrensituationen dieser Art am besten umgehen, erkläre ich Ihnen ausführlich zu einem späteren Zeitpunkt. Denn an dieser Stelle geht es erst einmal darum, ein neues Bewusstsein für die Psyche Ihres Pferdes zu erlangen.

*Denkfalle 8:*
»Ich darf in einer schwierigen Situation auf gar keinen Fall vom Pferd steigen; denn dann habe ich verloren.«

*Die Realität:*
Nur wenn der Mensch sich sicher fühlt, kann er auch seinem Pferd Sicherheit bieten.

Leider ist es immer noch häufig so, dass Reiter, die in einer problematischen Situation aus dem Sattel steigen, schief angesehen werden oder dumme Sprüche ernten: »Wie?«, heißt es dann. »Hast du etwa Bammel? Kannst du dein Pferd nicht richtig kontrollieren?«

Vergessen Sie solche Sprüche.

Schon Reitmeister Seidler (um 1800) sagte: Es ist den wenigsten Menschen gegeben, jedes Problem im Sattel zu lösen, sie sind besser beraten abzusteigen, das Problem am Boden zu überwinden, um dann wieder in den Sattel zu steigen.

Wenn Sie bemerken, dass Sie mit Ihrem Pferd in eine Situation geraten, in der Sie möglicher-

■ **Es ist richtig und vor allem wichtig, sich helfen zu lassen. Keinesfalls sollte man versuchen, alle Probleme allein vom Sattel aus lösen zu wollen, um dann noch mehr Unsicherheit zu verbreiten.**

weise nicht mehr Herr der Lage sein werden, ist es für beide Seiten weitaus sicherer, wenn Sie den Sattel verlassen, um das Problem vom Boden aus zu lösen.

Sobald Ihr Pferd den Eindruck gewinnt, dass Sie nicht mehr in der Lage sind, für seine Sicherheit zu sorgen, wird es einen eigenen Entschluss fassen und die Situation eskaliert. Bevor Sie also an den Zügeln reißen und »da oben« zum Nervenbündel werden, steigen Sie lieber ab und regeln Sie die Dinge auf sicherem Terrain.

# Irgendwo zwischen »hü« und »hott«

## Welcher Reitertyp sind Sie?

Erinnern Sie sich: Pferde kennen aus dem Leben in ihrer Herdengemeinschaft nur zwei Rangpositionen; nämlich die des Ranghohen und die des Rangniederen. In beiden Positionen herrschen Verhaltensregeln, die jedes Pferd kennt und die von jedem Pferd problemlos zugeordnet werden können. Doch dann kommen wir.

Die meisten Reiter bewegen sich jenseits von rangniedrig bzw. ranghoch. Unbewusst agieren sie nach dem »Bäumchen-wechsel-dich-Prinzip« und schwanken – für das Pferd unkontrollierbar und unberechenbar – zwischen diesen beiden Rangpositionen hin und her. Darum ist es wohl nicht verwunderlich, dass wir für Pferde manchmal wie Wesen von einem anderen Stern wirken.

Es mag vielleicht richtig sein, dass »Naturtalente« die Merkmale eines Ranghohen sozusagen »von Haus« aus mitbringen und sich »instinktiv« richtig verhalten. Doch jeder kann sich – unabhängig von der bevorzugten Reitweise – bestimmte Verhaltensmerkmale erarbeiten, die ihn im Sattel erfolgreicher werden lassen.

Natürlich entscheidet nicht allein die Ranghöhe über den Erfolg eines Reiters. Falls Sie im Sattel sitzen wie ein Zinnsoldat oder eine Weinbergschnecke werden Sie natürlich ebenso an Ihre reiterlichen Grenzen stoßen wie jemand, der sich zwar eine perfekte Sitzhaltung angeeignet hat, dem es dafür aber an Einfühlungsvermögen und der nötigen Grundeinstellung mangelt.

Aus unserer umfangreichen Gefühls- und Gedankenwelt gehen verschiedene »Reitertypen« mit unterschiedlichen Rangpositionen hervor, die für Pferde sowohl Fluch als auch Segen bedeuten können.

Reiter, die den festen Wunsch verspüren, sich erfolgreich mit ihren Pferden weiterzuentwickeln, sollten deshalb keine Scheu haben, sich selbst einmal kritisch »unter die Lupe« zu nehmen. Um Ihnen die Sache ein wenig zu erleichtern, möchte ich Ihnen nun einige der verschiedenen »Reitertypen« vorstellen:

## Spiel ohne Grenzen ... Reiter ohne Rang

Der aufmerksame Betrachter erkennt den rangniederen Reiter überwiegend daran, dass Probleme im Sattel meistens dann auftauchen, wenn der Reiter plötzlich damit beginnt, Forderungen zu stellen – und das geschieht ziemlich selten, eigentlich so gut wie nie. Doch wenn es trotzdem einmal nötig sein sollte, ist das Chaos perfekt.

Boshaft ausgedrückt könnte man die Rangniederen auch als die »Schlafmützen« unter den Reitern bezeichnen. Es sind die, die ständig »pennen«, die mit ihren Gedanken überall und nirgends sind (bloß nicht bei ihren Pferden) und/oder diejenigen, die – mehr oder weniger bewusst – weitgehend auf Führung und Lenkung jeglicher Art verzichten.

Häufig wählt der rangniedere Reiter die Konfliktvermeidungsstrategie und umschifft Problemsituationen jeder Art, indem er seine eigenen Wünsche zurückstellt und seinem Pferd die Entscheidungen überlässt.

Die Pferde eines »eingefleischten Rangniederen« müssen keine Pfützen durchwandern, wenn sie es nicht wollen; sie dürfen (auch vom Sattel aus) fressen, wann immer sie Hunger haben, galoppiert wird nur dann, wenn das Pferd die Lust dazu verspürt und vermieden wird grundsätzlich alles, was dem Pferd (aus der Sicht des Rangniederen) Unbehagen bereiten könnte.

Die Konfliktvermeidungsstrategie des rangniederen Reiters greift aber nur solange, bis »der Baum« wirklich einmal »brennt«, denn das Pferd hat gelernt, alle anstehenden Entscheidungen des Alltags selber zu treffen – auch in Gefahrensituationen. Aber die Entscheidungen, die das Pferd in so einer Lage trifft, gefällt – auch dem

■ Das Pferd widersetzt sich und zeigt deutlich, dass es in Sorge ist. Die Zügel nachgeben und vorwärts reiten ist hier das richtige Konzept.

Rangniederen – meist ganz und gar nicht mehr. Allerdings wird jeder Versuch, die Entscheidung des Pferdes abzuwenden, zum Scheitern verurteilt sein, denn der Vierbeiner hat schließlich gelernt, dass er in dieser »Mini-Herdengemeinschaft« die Führungsrolle übernehmen muss – und warum sollte das in Gefahrensituationen anders sein?

Rangniedere Reiter bedienen sich des »Laisser-faire-Stils«; sie schwören also auf »antiautoritäre Erziehung« und glauben, dass sie ihren Pferden etwas Gutes tun, wenn sie ihnen die Möglichkeit bieten, sich »frei zu entfalten«. Dass Pferde wegen ihres Fluchtinstinktes mitunter dazu neigen, sich auch im gestreckten Galopp unter Zugabe diverser Bocksprünge auf freien Feldern »zu entfalten«, behalten rangniedere Reiter dabei meist nicht im Auge. Solche Pferd-Mensch-Kombinationen können (bis zu einem gewissen Grad) sogar relativ gut funktionieren; vorausgesetzt, der Reiter agiert immer mit konsequenter Inkonsequenz. Wenn das Pferd keine Vorstellung von dem erhält, was sein Reiter möchte, wird es sich sein eigenes Bild machen und ihm die Entscheidung abnehmen. Rangniedere Reiter, die ein etwas weniger schlaues oder ein sehr erfahrenes Pferd besitzen, können in einer solchen Kombination sogar glücklich werden.

Von außen betrachtet, wirkt eine solche Gemeinschaft oft sogar recht harmonisch, denn der Reiter bleibt für das Pferd berechenbar und die Rollen sind verteilt (wenn natürlich auch nicht im idealen Maße). Der immer inkonsequente Mensch bleibt also für das Pferd berechenbar und wird eindeutig als »rangniedrig« identifiziert.

Für die meisten Pferde ist ein rangniederer Reiter trotz der trügerischen Harmonie, die die beiden nach außen tragen, nicht gerade ein Glücksgriff. Denn auch für Pferde ist der »Führungsjob« extrem anstrengend.

> *Pferde betrachten die Führungsrolle für sich nicht als erstrebenswert. Sie lassen sich lieber lenken und leiten, anstatt selber eine führende Position einzunehmen.*

Alles in allem kann das Tätigkeitsfeld eines »Alphas« nicht gerade als »Traumjob« bezeichnet werden. Die Übersicht in einer großen Herde zu behalten, ist sicher nicht immer ein Vergnügen, erfordert äußerste Konzentration sowie uneingeschränkte Konsequenz.

Nur wenn Pferde den Eindruck gewinnen, dass der Boss seinen »Job« nicht gut macht (also unzuverlässig und unglaubwürdig ist), verzichten sie – zu ihrer eigenen Sicherheit – auf das natürliche Bedürfnis, sich führen und leiten zu lassen.

## Der »halbranghohe« Reiter

Ich komme nun zu der für das Pferd »gefährlichsten Spezies unter den »Reitertypen« – dem dubiosen »halbranghohen« Menschen.
Rangniedere Reiter sind mit Sicherheit keine Idealbesetzung, aber immerhin einzuordnen. Ranghohe Reiter sind jene, bei der sich Pferde in allen Lebenslagen sicher und wohl fühlen können. Doch die Halbranghohen sind nichts von alledem.
Halbranghohe Menschen verbreiten unablässig Unsicherheit, sie drücken sich undeutlich aus, haben keine klaren Regeln und sind für Pferde

nicht berechenbar. Leider befinden sich die meisten Reiter in dieser schizophrenen Situation, nämlich schätzungsweise 98 %, aber die wenigsten merken es.
Eine solche Pferd-Mensch-Kombination ist für beide Seiten ausgesprochen unangenehm und ähnelt einem Glücksspiel. Heute ist der Mensch für das Pferd ein absoluter Glückstreffer; morgen aber eine »Niete«. Das Pferd weiß, dass es sich in manchen Situationen auf seinen Menschen verlassen kann, in manchen aber nicht. Er ist so etwas ähnliches wie ein wandelndes Überraschungsei; nur weitaus weniger spaßig.
Umgekehrt verhält es sich ebenso: Der Reiter weiß ebenfalls, dass er sich mit seinem Pferd in bestimmten Lagen sicher fühlen kann, dass es gut »funktionieren« wird und ihm keinerlei Schwierigkeiten bereitet. Aber eben nur manchmal. Auf Dauer wird daraus so eine Art »Misstrauensverhältnis«, weil niemand weiß, woran er bei dem anderen ist.

### *Die erste Prägung des Reiters*

*So, wie sich bei den Pferden in Gefahrensituationen der Instinkt durchsetzt, besitzt auch jeder Reiter seine eigene, ganz individuelle Prägung, die immer dann durchbricht, wenn er mit seinem Pferd in eine Stress-Situation gelangt, die Lage zu »kippen« droht und nicht mehr abzusehen ist, wie »die Würfel fallen«.*
*Ein Mensch, der in der Vergangenheit so geprägt wurde, dass er in solchen Momenten Gewalt anwendet, wird diese Tendenz in vergleichbaren Augenblicken immer wieder zeigen. Reiter, deren erste Prägung auf der »soften Schiene« verlief, werden zum »Streicheltier«, wenn es brenzlig wird.*
*Doch im Gegensatz zu den Pferden, die ihre Instinkte nicht bei Seite schieben können, haben wir den Vorteil, negative Prägungen mit Hilfe unseres logischen Denkvermögens in den Griff bekommen zu können, indem wir uns diese bewusst machen und dadurch die Möglichkeit der Selbstkontrolle nutzen.*

## Die wesentlichsten Merkmale eines ranghohen Reiters

In einem Reitstall mit guter Atmosphäre macht das Reiten gleich doppelt so viel Spaß – hier wird »aufgetankt«, sich abgelenkt und man hat Freude daran, sich über den neuesten »Stallklatsch« zu unterhalten.
Für Letzteres eignen sich (aus der Sicht der meisten Pferdemenschen) besonders solche Momente, in denen »sowieso nicht gearbeitet wird«; und so kommt es, dass die Stallgasse – neben dem Reiterstüberl – zu so einer Art »Kontaktbörse« wird.
Während dort mehr oder weniger intensiv Schweife verlesen und Hufe ausgekratzt werden, widmet man sich außerdem seinen Stallkollegen, die im Regelfall jede Menge zu erzählen haben.
Den Pferden schenkt man meist nur dann seine Aufmerksamkeit, wenn sie beim Putzen irgendwelche nervtötenden Marotten an den Tag le-

■ »Stopp« heißt »Stopp« und zwar immer. Auch wenn es nicht bei jedem sofort so gut funktioniert wie hier bei Roger Kupfer.

■ Das Pferd trabt gelassen. Die Reiterin sollte sich die Aufmerksamkeit des Pferdes holen. Die Ohrstellung nach hinten zeigt dies.

gen. Erst wenn sie damit beginnen, mit den Hufen zu scharren oder sie sich hoffnungslos in ihren Führstricken verheddern, schaut der Mensch ein wenig genauer hin.

»Schau Dir mal den Lauser an«, heißt es dann. »Der hat heute wieder mal nichts als Blödsinn im Kopf. Da werde ich mich gleich beim Reiten wohl auf Einiges gefasst machen müssen.«

Gelegentlich erhält »der Lauser« dann einen Klaps aufs Hinterteil, wird kurz einmal angebrüllt oder der Zweibeiner geht sogar hin und legt dem »ungezogenen Pferd« ein wenig Heu vor die Nase, damit die Gespräche mit den Kollegen ohne lästige Unterbrechungen fortgesetzt werden können.

Sie fragen sich, warum ich diese Szene beschreibe? Denn was haben solche Geschichten mit dem Reiten zu tun? Dieses Beispiel hat sogar sehr viel mit der Reiterei zu tun, wenn man sich klar macht, wie wichtig die Ranghöhe des Menschen für jedes Pferd ist.

Wenn Ihr Pferd der Überzeugung ist, dass Sie schon am Boden kein verlässlicher Boss sind. wie soll es sich dann im Sattel mit Ihnen sicher und wohl fühlen können? Die erforderliche Ranghöhe am Boden lässt sich zwar nicht »automatisch« auf die Arbeit im Sattel übertragen, doch sie wird es Ihnen sehr erleichtern, auch beim Reiten die erstrebte Rangposition zu erreichen und aufrecht zu erhalten.

Die erforderliche Konzentration und Aufmerksamkeit werden Sie nicht mehr als lästig oder anstrengend empfinden, wenn Sie dieses Verhalten erst einmal verinnerlicht haben. Das »Baumeln der Seele« wird sich dann ganz von allein einstellen – und zwar, wenn Ihr Pferd Sie als den zuverlässigen Ranghohen betrachtet und es Ihnen auf seine Weise dankt, indem es Ihnen die Entscheidungen überlässt.

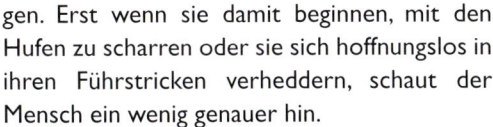

*Pferde brauchen Sicherheit. Ganz gleich, ob sie nun mit ihren Artgenossen auf der Koppel stehen oder ob sie sich in der Box, in der Stallgasse oder unter dem Reiter befinden. Ihr Sicherheitsanspruch ist nicht orts- oder personengebunden, sondern immer vorhanden.*

*Das wesentliche Merkmal eines Ranghohen besteht darin, dass er alles sieht, alles hört und alles registriert – immer und überall.*

KAPITEL 4

# Kommunikation – Der »heiße Draht« zu Ihrem Pferd

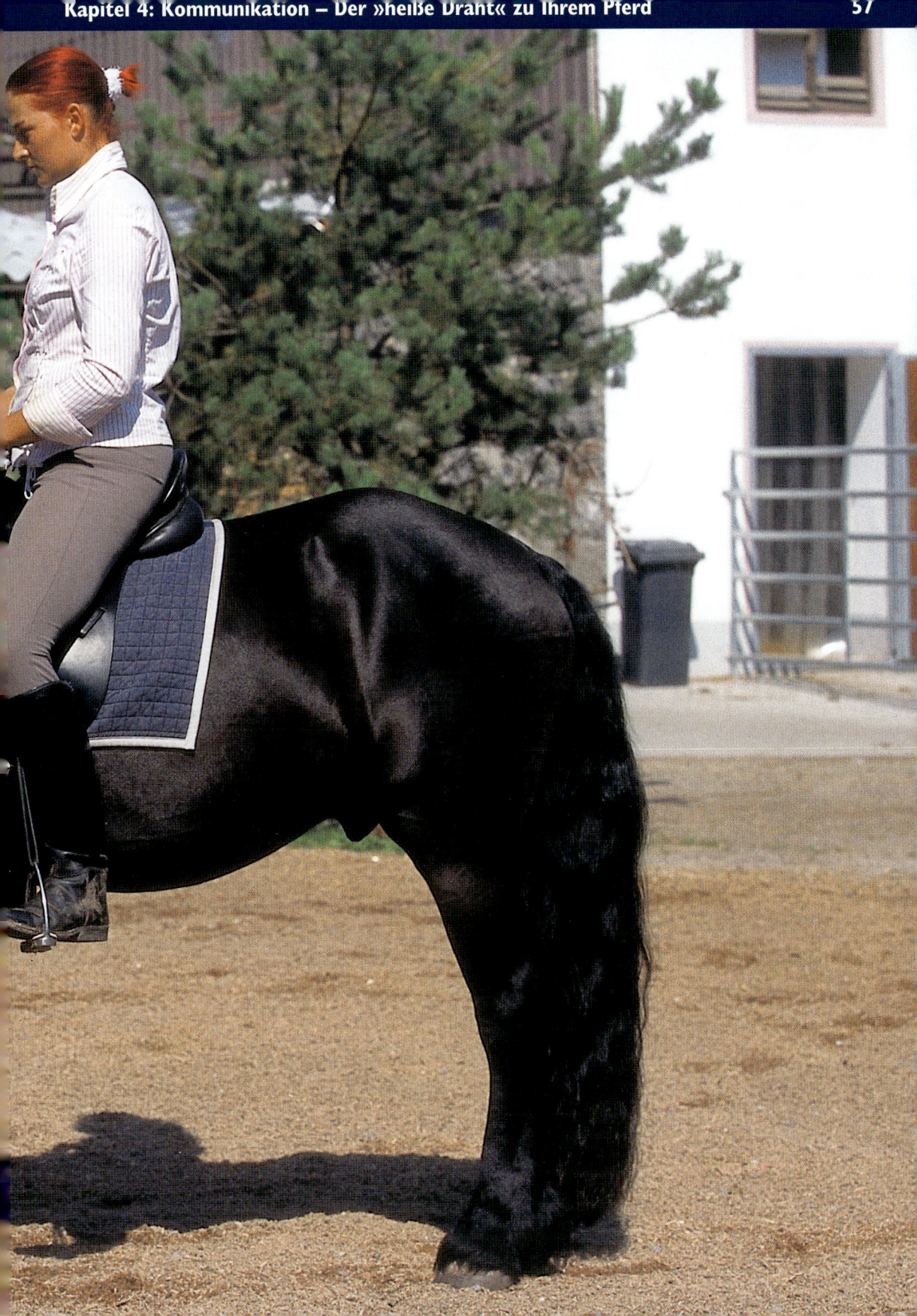

## »Aufgepasst!« – Die Bedeutung der Aufmerksamkeit

### Grundpfeiler der Verständigung

Es ist erstaunlich, was Pferde für den Menschen tun, wenn sie ihn verstehen. Noch erstaunlicher ist allerdings, was sie tun, wenn sie ihn nicht verstehen.

Jeder von uns weiß, wie Gespräche ablaufen, wenn der »Draht« zwischen Sender und Empfänger gestört oder unterbrochen wird. Wir reden dann sehr schnell »aneinander vorbei«, hören nicht mehr zu und sind verunsichert oder fühlen uns unverstanden.

Wie Sie wissen, tauchen Schwierigkeiten zwischen Menschen und Pferden immer dann auf, wenn die Rangpositionen nicht geklärt wurden.

Dazu gehört auch, dass »Fragen« des Pferdes entweder falsch und manchmal sogar gar nicht beantwortet werden, was Probleme mit sich bringt und Missverständnisse fördert. Im Zweifelsfalle beantworten sich die Pferde die Fragen selbst.

> *Reiter sind meist so sehr damit beschäftigt, den Pferden zu zeigen, was sie von ihnen wollen, dass Sie nicht darauf achten, was die Pferde ihnen mitteilen möchten.*

Jede Antwort, die sich Pferde selbst geben müssen (weil der Reiter einfach nicht »zuhört« oder schlicht und ergreifend »schläft«), führt zwangsläufig dazu, dass das Vertrauensverhältnis Risse bekommt. Das Vertrauen bricht in vie-

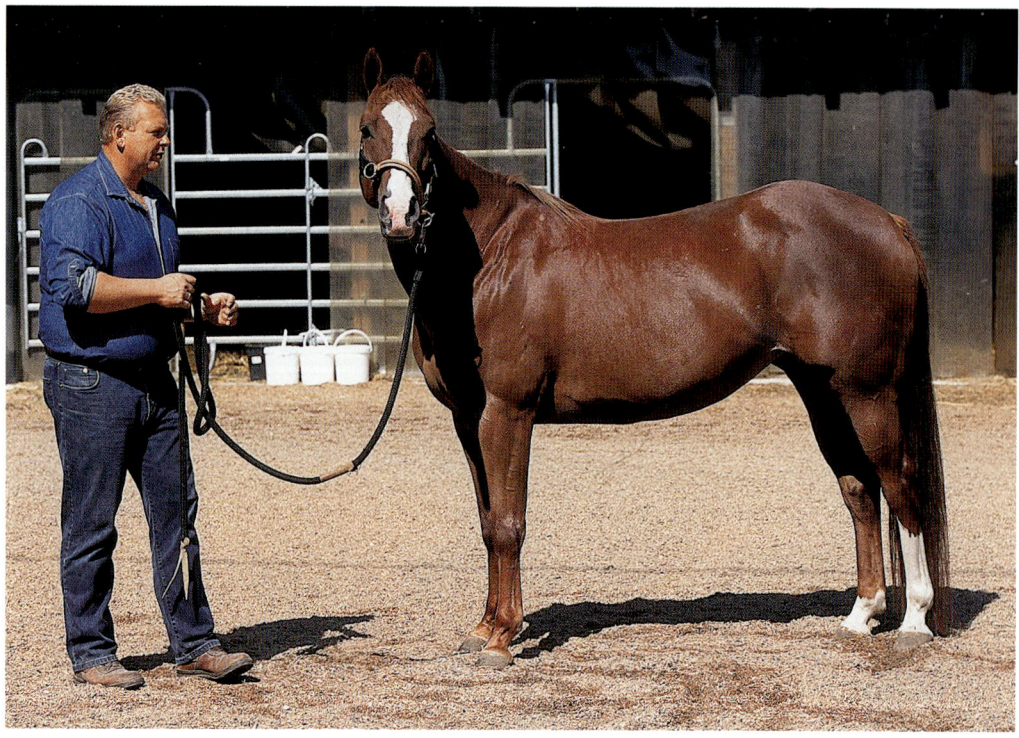

■ **Das Pferd ist in höchstem Maße unaufmerksam. Ein Zug am Seil, um den Kopf gerade zu richten, ist hier die richtige Vorgehensweise.**

len kleinen Momenten – also auch dann, wenn der Reiter die zum Teil brennenden Fragen seines Vierbeiners einfach im Raum stehen lässt.

> *Die erfolgreiche Verständigung zwischen Mensch und Pferd bildet einen wichtigen Grundpfeiler für die korrekte Ausbildung von Pferd und Reiter.*

Es ist jedoch erfahrungsgemäß weit verbreitet, dass das Thema »Kommunikation im Sattel« sträflich vernachlässigt wird. Auf den folgenden Seiten möchte ich Ihnen dabei helfen, das richtige »Gehör« für die »Fragen« und Belange Ihres Pferdes zu entwickeln.

## Ihr Pferd passt 24 Stunden am Tag ständig auf. Warum nicht auf Sie?

Als ranghoher (und damit aufmerksamer) Mensch sollten Sie immer dafür sorgen, dass auch Ihr Pferd aufpasst – und zwar nicht auf all das, was in seinem Umfeld umher kreucht und fleucht, sondern auf Sie.

Jeder darf diese Grundlektion ruhigen Gewissens von seinem Pferd verlangen, denn der Prozess des Aufpassens ist für alle Pferde die normalste und natürlichste Sache der Welt. Innerhalb der Herde ist auch Ihr Pferd ständig in Hab-Acht-Stellung; es ist jeder Zeit bereit, die kleinsten Signale des ranghohen Leittieres zu empfangen und dessen »Befehle« auszuführen. Täte es das nicht, müsste es ständig mit dem Gedanken leben, vielleicht schon in der nächsten Sekunde von einem Raubtier angefallen und gefressen zu werden. Würde Ihr Pferd nicht auf das »Alpha-Tier« achten, könnte es sich niemals entspannen, nicht vernünftig fressen, nicht schlafen und keine Sozialkontakte pflegen, weil es am laufenden Band damit beschäftigt wäre, nach irgendwelchen Raubtieren zu suchen. Bezogen auf die Pferd – Mensch – Beziehung heißt das: Pferde achten nur deshalb

nicht auf uns Menschen, weil wir es erstens nicht von ihnen verlangen und weil wir ihnen zweitens nicht klargemacht haben, dass wir ebenso gut für ihren Schutz und ihre Sicherheit sorgen können wie das Leittier in der Herde.

Aber die Aufmerksamkeit des »Beschützers« ist nicht nur für das Pferd wichtig. Umgekehrt kommen auch wir Menschen »in Teufels Küche«, wenn wir es mit Pferden zu tun haben, die uns keine Beachtung schenken und guckig und unaufmerksam durch die Weltgeschichte stolpern.

> *Ein ängstliches, sorgenvolles Pferd kann weder zuhören noch kann es etwas lernen.*

Erst wenn das Pferd aufmerksam ist, kann es die Signale seines Reiters empfangen und umsetzen. Wenn Sie ein wichtiges Telefonat führen, sich aber gleichzeitig im Fernsehen einen spannenden Krimi ansehen, bekommen Sie sowohl vom Gespräch als auch vom Film vermutlich nur die Hälfte mit.

Es soll zwar angeblich Menschen geben, die sich auf mehrere Dinge gleichzeitig konzentrieren können, aber die gehören wohl eher zu den Ausnahmen.

Was Pferde anbelangt, so kann ich Ihnen jedenfalls versichern, dass sie es garantiert nicht können; zumindest nicht dauerhaft, sondern allerhöchstens für Bruchteile von Sekunden. Das ist zum Beispiel dann der Fall, wenn Ihr Pferd etwas ungeheuer Aufregendes in einem Gebüsch entdeckt hat. Dann kann die eine Hälfte seiner Aufmerksamkeit auf das unbekannte und spannende Objekt in diesem Strauch gerichtet sein und die andere Hälfte seiner Konzentration wird sich (zumindest kurzfristig) bei Ihnen befinden, weil es von Ihnen wissen möchte, was es mit dieser Entdeckung auf sich hat. (Es sei denn, Sie sind in der Einschätzung Ihres Pferdes so »rangniedrig«, dass es Sie gar nicht erst fragt, sondern gleich selbst entscheidet, was zu tun ist.)

Das Gleiche gilt für Situationen, in denen Sie dem Pferd ständig im Gebiss »hängen« und Ihr Pferd dadurch ständig gegen das selbige kämpft, dann ist auch die Hälfte der Konzentration Ihres Pferdes nicht bei Ihnen oder seinen Aufgaben, sondern es ist überwiegend damit beschäftigt, dem Schmerz im Maul zu entkommen. Gute und konzentrierte Arbeit ist dann natürlich nicht möglich.

Darum: Konzentrieren Sie sich auf Ihr Pferd – Wann immer Sie mit ihm umgehen.

Sie kämen mit Sicherheit ja auch nicht auf die Idee, schlecht vorbereitet und unkonzentriert zu einem Vorstellungsgespräch zu erscheinen. Sie könnten noch so gute Referenzen und Zeugnisse vorzeigen, ein Firmenchef, dem das Wohl seines Unternehmens am Herzen liegt, würde Sie nach einem solchen Auftritt niemals einstellen. Ebenso wenig wird Ihr sicherheitsbewusstes Pferd Sie als »Chef« engagieren, wenn Sie trantütig und unaufmerksam dahergeschlichen kommen.

## »Aufräumarbeiten« – Machen Sie den Kopf frei

Um beste Voraussetzungen für den bevorstehenden Ritt zu schaffen, sollten Sie als ranghoher Mensch vom ersten Augenblick des Zusammentreffens an die Aufmerksamkeit Ihres Pferdes fordern. Sie sammeln nicht nur enorme Pluspunkte bei Ihrem Pferd, wenn Sie immer gleich erkennen, womit es sich gerade beschäftigt und worum es sich Sorgen macht. Es ist auch Ihre einzige Chance, in den richtigen Momenten einzugreifen.

Und »richtig« ist der Moment, bevor der Fehler entsteht.

Falls Sie die Aufmerksamkeit Ihres Pferdes erst dann fordern, wenn Sie beim Aufsteigen den Fuß in den Steigbügel setzen oder gar erst dann, wenn Sie losreiten (oder noch schlimmer: Erst nach der Aufwärmphase), haben Sie die Probleme bereits programmiert.

Ein unaufmerksames Pferd ist sozusagen der »Nähr- und Mutterboden« für Schwierigkeiten; deshalb ist es umso wichtiger, dass Sie das Problem der Aufmerksamkeit schon dann aus der Welt schaffen, wenn es sich erstmals äußert.

Neben der uneingeschränkten Aufmerksamkeit gibt es noch weitere Faktoren, die das Training beeinflussen. Einige davon sind vorhersehbar und können daher von Ihnen im Vorfeld beeinflusst werden:

*1. Der Faktor »Zeit«*

Lernen Sie, flexibel zu sein: Wenn Sie bereits eine gute halbe Stunde im Stau stehen und wissen, dass Ihnen nur wenige Minuten bleiben, um Ihr Pferd zu putzen und zu satteln, damit Sie noch mit Ihren Stallkollegen ausreiten können, ärgern Sie sich nicht, sondern disponieren Sie um. Überlegen Sie sich lieber, welche Alternativen Ihnen für diesen Tag zu Verfügung stehen. Weder Ihnen noch Ihrem Pferd ist damit gedient, wenn Sie sich abhetzen, um auf »biegen und brechen« bei dem geplanten Ausritt oder der Reitstunde mitzumachen.

Wer unter Zeitdruck steht, ist zwangsläufig gestresst, fahrig und unaufmerksam. Die Gefahr, bei unerwünschtem Verhalten Ihres Pferdes an einem solchen Tag »Fünfe gerade sein zu lassen«, ist unglaublich groß und kann (besonders auf Dauer) sehr großen Schaden anrichten. Deshalb sollten Sie immer einen »Plan B« zu Verfügung haben. Bevor Sie sich also »abstrampeln«, überlegen Sie sich besser, ob es ein Alternativprogramm gibt, das Ihnen ermöglicht, ganz für Ihr Pferd da zu sein.

Vielleicht weichen Sie an diesem Tag einmal auf (sinnvolles) Bodentraining aus. Oder Sie haben die Möglichkeit, mit jemandem zu reiten, der ebenfalls »spät dran« ist? Wenn Sie dagegen nach dem Reiten noch einen dringenden Termin haben, sollten Sie sich fragen, ob es wirklich Sinn macht, an so einem Tag noch in den Sattel zu steigen.

Beinahe jede ärgerliche Situation hat auch etwas Gutes (selbst, wenn Sie es »mit der Lupe« su-

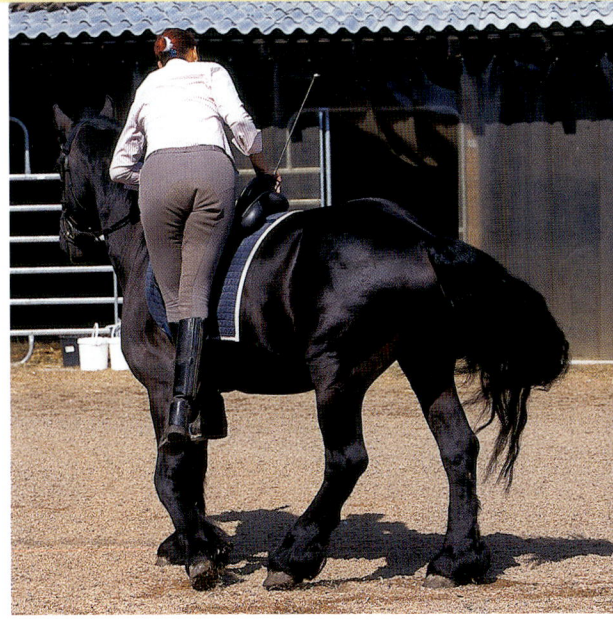

chen müssen). So könnten Sie zum Beispiel die Gelegenheit nutzen, um mit Ihrem Pferd alleine einen kurzen, dafür aber hochkonzentrierten Ausritt zu machen.

Es kommt gar nicht darauf an, wie lange Sie trainieren; entscheidend ist einzig und allein die Qualität Ihres Trainings. Auch eine 5-minütige, aber intensive Arbeit kann Sie und Ihr Pferd weiterbringen; vorausgesetzt, Sie reiten effektiv und damit auch konsequent.

### 2. Der Faktor »Voraussetzungen«

Schließen Sie möglichst viele Eventualitäten aus, die Sie in irgendeiner Form ablenken, unterbrechen oder stören könnten. Wichtige Telefonate sollten Sie führen, bevor Sie Ihr Pferd aus der Box oder von der Koppel holen. Es gibt kaum etwas Nervtötenderes, als während eines Rittes von einem dudelnden Handy unterbrochen zu werden. Haben Sie mit einem Stallkollegen etwas Dringendes zu besprechen? Dann erledigen Sie das besser auch vorher und »reservieren« die nächsten ein bis zwei Stunden nur für Ihr Pferd.

Sollten Sie schon am Morgen mit dem »verkehrten Fuß« aufgestanden sein, lassen Sie Ihr Pferd lieber einmal stehen. Denn nicht jeder Mensch kann – quasi auf »Knopfdruck« – abschalten und alles hinter sich lassen.

### 3. Der Faktor »Organisation«

Das Herrichten des Arbeitsplatzes: Damit meine ich nicht etwa die Halle, den Reitplatz oder den Round Pen, sondern die Stallgasse bzw. den Putzplatz, denn dies wird zunächst Ihr »Arbeitsplatz« sein. Jedes Mal, wenn Sie sich dazu entschließen, mit Ihrem Pferd zu arbeiten, sollten Sie zuerst einmal das Sattel- und Putzzeug holen. Sie werden sich beim Putzen und Satteln nur dann voll konzentrieren können, wenn Sie jeden erforderlichen Gegenstand in Griffnähe haben.

Gewöhnen Sie sich an, alle notwendigen Materialen vor dem Holen Ihres Pferdes zusammenzustellen. Überlegen Sie sich auch genau, wel-

**■ Konsequent müssen Sie Ihrem Pferd klarmachen, was Sie von ihm erwarten. Wenn Ihr Pferd beim Aufsteigen losmarschiert, dann steigen Sie keinesfalls weiter auf. Zurück auf den Boden und das Pferd sofort wieder an den Ausgangsplatz führen.**

che Utensilien Sie für das bevorstehende, reiterliche Training benötigen. Müssen gegebenenfalls Gamaschen angelegt werden? Benötigen Sie Ausbinder, einen Halsring, die Longierpeitsche oder Pylonen?

Organisieren Sie die Abläufe möglichst so, dass Sie sich niemals von Ihrem Pferd entfernen müssen, denn es braucht zu jeder Zeit Ihre Sicherheit.

### 4. Der Faktor »Zielbestimmung«

Ans Ziel kommt nur, wer eines hat. Die meisten Reiter steigen in den Sattel, ohne sich vorher darüber im Klaren zu sein, was sie genau vorhaben. Oft wird »von jedem ein bisschen« gemacht – und das noch nicht einmal konsequent. Wenn eine Lektion einmal nicht so gut funktioniert, wird eben etwas anderes ausprobiert.

Das ist jedoch kein Training. Und das ist auch kein Verhalten, das Ihrem Pferd Sicherheit bietet; denn: Wenn Sie als Reiter nicht 100%ig wissen, wo es langgehen soll, werden Sie für Ihr Pferd zwangsläufig zum Unsicherheitsfaktor.

Überlegen Sie sich deshalb sehr genau, wie Sie die einzelnen Phasen eines Rittes aufbauen und gestalten (eine Hilfe dazu erhalten Sie in der Trainingsanleitung im letzten Kapitel). Das gilt übrigens auch – und ganz besonders – für »gemütliche Ausritte«. Erinnern Sie sich: Dort lauern die meisten Raubtiere, und dort ist Ihr Pferd umso mehr auf Ihren Schutz und auf Ihre Sicherheit angewiesen.

## Lernen Sie, Ihr Pferd zu »lesen«

Einer der wichtigsten Grundsätze meiner Arbeit lautet: Jedes Problem – und mag es noch so gering und unbedeutend erscheinen – wird grundsätzlich sofort gelöst. Erst dann sollte zum nächsten Schritt übergegangen werden.

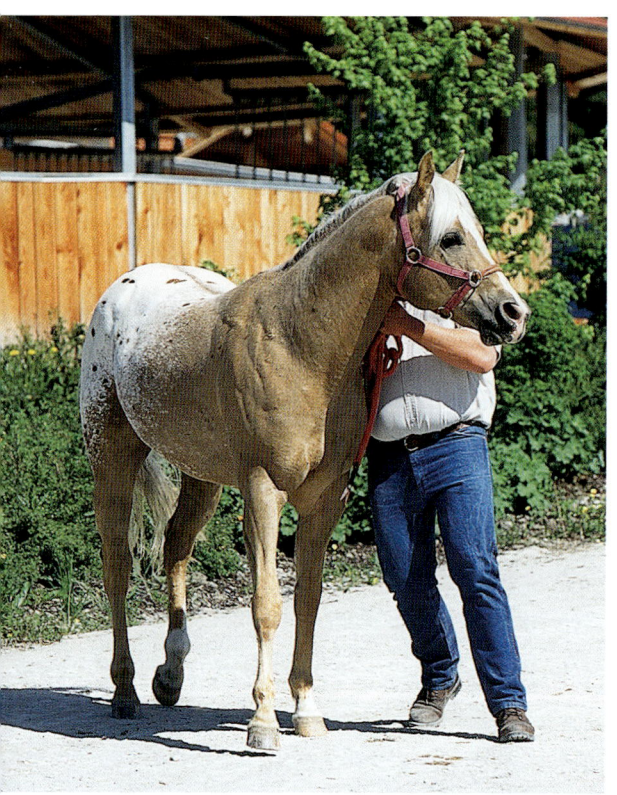

In der Praxis mag sich mancher Betrachter daran stören, wenn er beobachtet, dass ein anderer (ranghoher) Reiter sein Pferd, wann immer es nötig ist, korrigiert. »Maßregeln« wird das dann abfällig genannt oder es kommen Bemerkungen, wie: »Ist das ein alter »Sklaventreiber«; das arme Pferd darf ja überhaupt nichts mehr.« In der Tat kann das Verhalten eines Ranghohen in der Anfangszeit ein wenig extrem wirken. Das liegt einerseits daran, dass zu Beginn (also während der »Umstellung«) das Pferd noch nicht versteht, dass sich sein Mensch plötzlich »gewandelt« hat und sich von einem Tag auf den anderen wie ein echter »Pferdeboss« verhält.

Es wird sich darum noch mehrmals vergewissern wollen, ob sein Zweibeiner das Ganze wirklich Ernst meint oder doch nur wieder eine »Mogelpackung« ist. Das heißt: Entsprechend häufig muss der Anwärter des Leitungsjobs sein Pferd am Anfang korrigieren; schließlich muss er ihm beweisen, dass er durchaus die Qualifikation für diesen Job besitzt.

»Extrem« wirkt das Verhalten eines – noch unerfahrenen – Pferdebosses in menschlicher Gestalt aber nur dann, wenn er nicht gelernt hat, sein Pferd zu »lesen«. Reiter, die ihre Pferde aufmerksam beobachten, erkennen es nämlich, wenn das Pferd auch nur den Gedanken fasst, etwas Unerwünschtes »im Schilde zu führen«.

Wenn Sie lernen, Ihr Pferd so gut zu beobachten, dass Sie eingreifen können, bevor der Fehler entsteht, kommen Sie nie wieder in die aussichtslose Lage, sich mit Ihrem Pferd auf körperliche »Machtkämpfe« einlassen zu müssen. Ein solches Unterfangen ist von vorneherein zum Scheitern verurteilt, denn: 70 Kilo Mensch haben gegen 500 Kilo Pferd keine Chance.

■ **Ständiger Druck erzeugt ständigen Gegendruck. Arbeiten Sie mit Impulsen – kurz anziehen, sobald Ihr Pferd reagiert, sofort wieder nachlassen. So eine Führposition kann nicht akzeptiert werden.**

Diese Vorgehensweise ist enorm wichtig und stärkt das Vertrauensverhältnis zwischen Ihnen und Ihrem Pferd in sehr hohem Maße. Zum einen erkennt Ihr Pferd: »Mein Mensch spricht auf einmal meine Sprache und hört mir zu.« Zum anderen kommen Sie durch das rechtzeitige Eingreifen nicht mehr in die unschöne Lage, Ihr Pferd ständig bestrafen zu müssen.

*Wer die Körpersprache seines Pferdes kennt, kann erfolgreich mit ihm kommunizieren und stärkt das Vertrauen.*

Stellen Sie sich einmal vor, Sie befinden sich mit Ihrem Pferd auf einem Ausritt. »Urplötzlich« – wie es Ihnen scheint – »schießt« der Hals Ihres Pferdes mit deutlicher Abwärtstendenz hinüber zur rechten Seite, damit es etwas von dem frischen, hohen Gras ergattern kann. Wenn Sie jetzt Ihr Pferd mit klopfenden Schenkeln weitertreiben und meinen, dass es Sie wieder einmal ausgetrickst hat, so ist das eine der vielen Denkfallen. Denn lange bevor Ihr Pferd sich dazu entschlossen hat, eine Fresspause einzulegen, hat es Ihnen in Form von körpersprachlichen Signalen unzählige Informationen geliefert, die Sie von diesem Vorhaben hätten unterrich-

■ **Das Pferd ist skeptisch und zeigt durch sein leichtes Seitwärtsgehen und durch das Drehen des Kopfes an, dass es gleich springen wird.**

■ **Nun ist es passiert – das Pferd trifft eine Entscheidung. Es überwindet das Hindernis durch einen beherzten Sprung. Das ist natürlich eine Situation, in der es für alle drei gefährlich werden kann.**

ten können. Sie haben es nur nicht bemerkt und konnten deshalb erst eingreifen, als es eigentlich schon »zu spät« war.

Und nun überlegen Sie sich einmal, wie es für Ihr Pferd aussehen muss, wenn Sie ihm durch das Ignorieren seiner Mitteilungen erst einmal signalisiert haben: »Okay, meinetwegen kannst du fressen. Tu, was du willst.« Aber im nächsten Moment werden Sie ärgerlich, wenn er tatsächlich anhält und grast. Das ist nicht sehr glaubwürdig.

> *Pferde können uns nicht anlügen oder austricksen«. Alles, was sie denken, fühlen und im nächsten Augenblick vorhaben, zeigen sie uns mit ihren Ohren an.*

Ein sehr aufschlussreicher Informationsträger für die Gedanken Ihres Pferdes sind dessen Ohren. Wenn Sie diese kleinen »Antennen« gut im Auge behalten, wissen Sie ziemlich genau, was gerade im Inneren Ihres Pferdes vor sich geht.

Es mag albern klingen, aber Pferdeohren können »Fragen stellen«, sie können Ängste und Sorgen anzeigen, aber vor allem können wir an den Ohren der Pferde ablesen, wo sie sich im Augenblick mit ihrer Aufmerksamkeit befinden.

Wenn Sie zum Beispiel im Sattel sitzen und bemerken, dass sich das rechte Ohr Ihres Pferdes seitwärts abwendet, können Sie sicher sein, dass es dort etwas Spannendes entdeckt hat und eventuell bereit sein wird, zur linken Seite auszubrechen.

## »Schau mir auf die Ohren, Kleines«

*Die Pferdeohren sind Stimmungs- und Aufmerksamkeitsbarometer«. Sie können uns Menschen wichtige Informationen über die Stimmung des Pferdes und dessen Aufmerksamkeit liefern.*

*Diese hochsensiblen und ungeheuer beweglichen Sinnesorgane ermöglichen dem Pferd, Geräusche aufzunehmen, die für das menschliche Ohr nicht wahrnehmbar sind. Pferde haben nicht nur ein scharfes Gehör, das weit über unserem, akustischen Wahrnehmungsvermögen liegt, sondern auch einen beweglichen Hals sowie konkave (gewölbte) Ohren, die sich fast rundherum drehen lassen – jedes einzeln und in eine andere Richtung.*

*So nehmen sie nicht nur einen Ton auf, sondern wissen auch genau, woher dieser kommt. Pferde sind in der Lage, sehr hohe Frequenzen wahrzunehmen. Zudem reagieren sie oft entsprechend heftig auf laute und/oder unbekannte Geräusche.*

*Bei der Pferdeausbildung können wir uns dies zu Nutze machen. Weiche, gedehnte Silben mit Vokalen (zum Beispiel »braaav, feeeiiin, guuut«) wirken auf Pferde sehr angenehm; während laut gesprochene, helle und schrille Töne mit »scharfen« Konsonanten (zum Beispiel »Lasss esss!«) eine antreibende oder strafende Wirkung haben. Gut ausgeprägt ist auch das rhythmische Hörvermögen der Pferde. Sie haben dadurch zum Beispiel die Fähigkeit, einen vertrauten Menschen an dessen Schritt zu erkennen.*

*Wenn Menschen diese feinen »Antennen« des Pferdes beobachten, können sie sehr zuverlässige Rückschlüsse auf dessen aktuelles Hauptinteresse ziehen. Die Ohren der Pferde richten sich immer auf die Dinge, mit denen sie sich gerade beschäftigen. Für den aufmerksamen Reiter sind sie unverzichtbare und sehr wichtige Informationsträger.*

Wendet es das linke Ohr ab, kann es (wenn Sie nicht rechtzeitig eingreifen) passieren, dass es der »Gefahr« zu entfliehen versucht, indem es nach rechts ausbricht.

Jedes gesunde Pferd kommuniziert auf diese Art und Weise. Es kann sich nicht vornehmen: »Och, heute lass' ich mir nicht in die Karten schauen und tu' einfach mal so, als wären meine Antennen kaputt.« Das geht nicht.

Für die erfolgreiche Arbeit sollten Sie es sich zum Vorsatz machen, Ihr Pferd so gut zu beobachten und so sehr mit ihm zu »verwachsen«, dass Sie auch nur den Gedanken Ihres Pferdes in die richtige Richtung belohnen können.

Mir kommt die Fähigkeit, »Pferde lesen zu können« zum Beispiel beim Verlade- und Antischrecktraining sehr zu Gute. Anhand der Körperspannung des Pferdes, des Ohrenspiels, der Atmung und vielen weiteren kleinen Signalen kann ich erkennen, was das Pferd als nächstes tun wird.

Die Fähigkeit, ein Pferd »lesen« zu können bietet demnach folgende Vorteile:

1. Der Reiter kann vermeiden, dass eine Situation eskaliert und sich eine Eigendynamik entwickelt, auf die er keinen Einfluss mehr hat.
2. Das rechtzeitige Eingreifen schont die Nerven (von Pferd und Reiter), spart Kraft, Zeit und Energie.

Den Blick dafür entwickeln Sie logischerweise nicht innerhalb einer halben Stunde. Doch wenn Sie aufmerksam beobachten, wird es Ihnen bald schon nicht mehr schwer fallen, solche feinsten Signale der nonverbalen Kommunikation zu registrieren. Nur so können Sie dauerhaft und erfolgreich mit Ihrem Pferd kommunizieren.

## »Funk-Kontakte«

### Der Zebra-Effekt

Wer verstanden hat, wie Pferde »ticken«, der weiß auch, dass sie die Stimme als Kommunikationsmittel nicht benötigen. Innerhalb der Her-

de verständigen sich Pferde nur sehr selten mit Lauten. Vermutlich deshalb, weil sonst durch die Geräuschentwicklung Raubtiere auf die Herde aufmerksam gemacht werden könnten.

Bei uns Menschen sieht das ein wenig anders aus. Trügerischerweise betrachten wir die Stimme häufig als das wichtigste Ausdrucksmittel, das uns zur Verfügung steht.

Dass unsere Mimik und Gestik ein viel wichtigeres (und ehrlicheres) Kommunikationsmittel ist, gerät weitgehend in Vergessenheit. Mit Worten können wir – manchmal sogar ohne uns besonders dabei anzustrengen – Dinge beschönigen, bewusst manipulieren oder unser »wahres Ich« geschickt unter dem verbalen Deckmäntelchen verbergen. Unter Unseresgleichen kann es uns gelingen, mit Hilfe unserer Stimme unertappt Unwahrheiten zu verbreiten.

Aber Pferde lassen sich nicht so einfach täuschen. Sie merken sofort, wenn wir versuchen, etwas nach außen zu transportieren, das nicht unserem Empfinden entspricht. Diesbezüglich

### Un-erhört – Ein Statement zum Einsatz der Stimme

*In den Reitbetrieben hier zu Lande spielt sich mitunter folgende Szene ab: Da tummeln sich manchmal 10 bis 15 Menschen mit ihren Pferden in der Halle oder auf dem Reitplatz. Die einen führen ihre Pferde, die anderen sitzen drauf. Und jeder murmelt, schreit oder flüstert mit seinem Pferd: »Steh!«, hört man es von rechts, »back!«, bollert jemand von links und es geht weiter mit: »braaav gemacht«, »pass auf!« und »whoa«.*

*Die Geräuschkulisse ist enorm. Dabei sollte es sich mit dem Einsatz der Stimme ebenso verhalten wie mit allen anderen Hilfsmitteln auch: Wir übertreiben anfangs (sofern es nötig ist), um die Hilfen nach und nach wieder zu reduzieren und sie schließlich »unsichtbar« bzw. fast »unhörbar« werden zu lassen.*

sind sie uns um Einiges voraus und wissen Dinge über uns, die wir manchmal selbst kaum ahnen.

Erinnern Sie sich noch? Pferde können kleinste Veränderungen an einem Objekt erkennen, wenn sie dieses auch nur ein einziges Mal gesehen haben.

Das hängt damit zusammen, dass die Ahnen unserer Pferde tatsächlichen Raubtieren ausgeliefert waren. Einen gut getarnten Tiger im Gebüsch hätten sie niemals erkennen können, wenn sie nicht die Fähigkeit hätten, minimalste Veränderungen wahrzunehmen. So können Pferde außerdem anhand der Muskelanspannung eines anderen Lebewesens erkennen, ob eine Gefahr droht oder nicht.

Stellen Sie sich vor, ein entspannter, satter und müder Löwe wandert mitten durch eine Herde wild lebender Zebras. Kein einziger dieser Artverwandten unserer Pferde käme je auf die Idee, bei einem solchen Anblick in Panik zu verfallen. Nur wenn der Löwe – durch seine Muskelanspannung – »verrät«, dass er hungrig auf der Lauer liegt und auf Beutezug ist, wird der Fluchtinstinkt der Zebras geweckt.

Sie erkennen also allein am Bewegungsapparat des Raubtieres dessen Absichten. Entspannte Muskeln signalisieren: »Alles okay und kein Grund zur Sorge.« Und angespannte Muskeln zeigen: »Jetzt wird's Zeit, das Weite zu suchen.«

> *Sie können Ihrem Pferd nichts vormachen. Jede Ihrer Absichten tragen Sie in Form von Muskelanspannungen nach außen, die Ihrem Pferd als Informationsträger dienen.*

Und nun raten Sie mal, was Ihr Pferd macht, sobald Sie ihm über den Weg laufen. Richtig, es »scannt« Sie regelrecht ab: Sie können sich anstrengen, wie Sie wollen, um bestimmte Dinge vor Ihrem Pferd zu verbergen. Es wird Ihnen nicht gelingen, denn alles, was Sie denken, fühlen und beabsichtigen, tragen Sie in Form von

Körperanspannungen nach außen. Kurz: Sie sind für Ihr Pferd so etwas wie ein »Bilderbuch auf Beinen«.

## Was will mein Pferd mir nur sagen?

Sie stehen mit Ihrem Pferd in einem fortwährendem »Funk-Kontakt«. Wann immer Sie mit ihm umgehen, kommunizieren Sie auch; ob es Ihnen nun bewusst ist oder nicht; nichtkommunizieren geht nicht.

> *Sie können nicht nicht kommunizieren.*

Der »Informationsaustausch« beginnt, wenn Sie Ihr Pferd aus der Box oder von der Koppel holen, setzt sich fort, während Sie es putzen und satteln und ist natürlich auch während des Reitens immer da. Erst wenn Ihr Pferd wieder außer Sichtweite ist, nachdem Sie es zurück auf die Weide oder in den Stall gebracht haben, ist der Funk-Kontakt beendet.

An zwei ausführlichen Beispielen – die ich quasi in Zeitlupe beschreibe – möchte ich Ihnen verdeutlichen, wie Kommunikationsprozesse im Alltag ablaufen könnten. Das erste Beispiel bezieht sich auf den Putzvorgang; das zweite widmet sich der Kommunikation im Sattel.

*Beispiel 1: Die Sache mit der Haferkiste*
Das Pferd steht – lose angebunden – draußen an seinem Putzplatz. Während der Mensch damit beschäftigt ist, die Mistflecken aus dem Fell zu entfernen, hat das Pferd zunächst einmal noch beide Ohren auf seinen Zweibeiner gerichtet. Das bedeutet: »Ich passe genau auf, was du da machst. Und ich warte darauf, dass du mir sagst, was ich tun soll.«

Nun passieren – auch am Putzplatz – für Pferde oft höchst interessante Dinge. Nach einer Weile kommt jemand vorbei, der die Karre mit dem Hafer vor sich herschiebt, um die anderen

■ Egal, was um das Pferd herum los ist, nun ist Putzen angesagt. So sollte es aussehen: Das Pferd hat die Ohren auf den Menschen gerichtet, macht einen zufriedenen Gesichtsausdruck und ist entspannt.

Pferde zu füttern. Der aufmerksame Mensch würde sofort erkennen, dass sich fortan die Aufmerksamkeit seines Pferdes verabschiedet; und zwar daran, dass es mindestens ein Ohr in Richtung Haferkiste wendet. Ist es nur ein Ohr, das auf Wanderschaft geht, heißt das so viel wie: »Da kommt etwas interessantes angerollt. Hörst du das auch?« Sind gleich beide Ohren »verschwunden«, hat das Pferd schon längst vergessen, dass da noch jemand ist und denkt nur noch an sein Abendbrot.

Es wird nicht lange dauern und das Pferd wendet seinen gesamten Kopf ab, damit »zeigt« es dann wirklich überdeutlich, dass seine Aufmerksamkeit nicht mehr bei Ihnen ist.

Doch die meisten Menschen registrieren es nicht einmal, wenn ihre Pferde sich mental von ihnen verabschieden – am Boden nicht und im Sattel ebenso wenig. Logischerweise dauert es danach nicht mehr lange, bis das Pferd eine Entscheidung trifft. Denn während es seinen Kopf abgewendet hat, wird die Entscheidungsfrage in einen Entschluss verwandelt. Dieser Entschluss heißt: »Ich habe Hunger; also laufe ich hinter der Futterkiste her.«

Das Pferd wird nicht darüber nachdenken, was sein Mensch zu diesem Vorhaben sagt. Erstens hat er das alles sowieso nicht mitbekommen

und zweitens weiß das Pferd überhaupt nicht, was der Zweibeiner von ihm erwartet. Denn bisher hat noch keiner etwas von stehen bleiben gesagt.

Nur wenige Sekunden später strafft sich der Körper des Pferdes, es hebt einen Huf, dann winkelt es das Bein an, reckt den Hals ein wenig und »sagt«: »Ich lauf dann mal los.«

Doch erst wenn das Pferd unübersehbar Kurs auf die Haferkiste nimmt, wird der Mensch wach, wirft den Striegel auf den Boden und rennt schimpfend nach vorn, um sein Pferd wieder in die richtige Position zu bringen. Die Gedanken des Menschen sind meist: »Da passt man mal einen winzigen Augenblick nicht auf und schon macht das Pferd, was es will.«

Was das Pferd in etwa denken mag, können wir uns nur ausmalen: »Die komischen Zweibeiner soll mal einer verstehen. Schließlich habe ich doch mehrfach gefragt.«

*Beispiel 2: Pferdefresser in der Reithalle*
Ein Reiter befindet sich während der Aufwärmphase mit seinem Pferd in der Reithalle. Der Mensch träumt (schließlich ist er noch beim »Aufwärmen«) – das Pferd »latscht« – auch nicht besonders wach – vor sich hin. Die Ohren des Pferdes baumeln mehr oder weniger lustlos in

■ Es gibt viele Möglichkeiten, wie man das Pferd ablenken kann. Durch das Geräusch, das durch die flatternde Plane erzeugt wird, wird das Pferd unruhig und versucht nach rechts auszuweichen. Versuchen Sie in solchen Situationen gelassen zu bleiben und treiben Sie das Pferd nach vorne »aus der Gefahr«.

der Gegend herum. (Was so viel bedeutet wie: »Ich bin in Ruhestellung«). Doch dann muss das Paar an dem geöffneten Hallentor vorbei. Der Baum neben der Halle wirft merkwürdige Schatten, die Vögel trällern so alarmierend und überhaupt: »Was bewegt sich denn da alles? Könnte das eventuell?«
Schwupps. Schon richten sich die kleinen Informationssensoren am Kopf des Pferdes auf; nochmal »schwupps« und eine »Antenne« wendet sich nach hinten in Richtung Reiter. Das heißt: »Hey du. Was ist da los?«
»…«, sagt der Reiter.
»Mist«, mag das Pferd wohl denken. »Mein Mensch hat keine Ahnung, was wir tun sollen.« Und dann dauert es nicht mehr lange und das Pferd teilt seinem »ahnungslosen« Reiter mit: »Okay, wenn du nicht weißt, was wir machen sollen, sage ich es dir: Komm, wir hauen ab.«

Diese beiden Beispiele sollen Ihnen verdeutlichen, auf welch feine Weise Pferde mit uns Kontakt aufnehmen. Jetzt stellt sich nur noch die Frage, wie Sie Ihr Pferd davon überzeugen können, auf Sie Acht zu geben und wie Sie die richtigen Antworten finden.

## Der »Boxen-Stop«

Wie gut die Beziehung zwischen Ihnen und Ihrem Pferd wirklich funktioniert, lässt sich schon in den ersten Sekunden der Kontaktaufnahme erkennen. Viele Pferde beachten Ihre Menschen nicht, wenn diese die Box oder die Koppel betreten. Wenn Sie auch so ein Exemplar besitzen, das Ihnen mit unübersehbarer Gleichgültigkeit sein Hinterteil zudreht, können Sie davon ausgehen, dass sich Ihr Pferd nicht die Bohne für Sie interessiert.
Ein solches Verhalten des Pferdes zeigt an, dass es Sie nicht als ranghoch anerkennt. Ihr Pferd würde es sich in der Herdengemeinschaft nie erlauben, das Leittier zu ignorieren. Sollte es dennoch einmal auf diese aberwitzige Idee kommen, würde »Alpha« Ihr Pferd umgehend und

## Wenn die (Schreck-)Schraube einmal locker ist.

*Immer wieder werde ich gefragt: »Was kann ich tun, wenn mein Pferd sich fürchterlich aufregt und ich fürchte, dass es sich gar nicht mehr beruhigt?« Hypernervöse Pferde verstehen in der Regel sehr gut die »Mach-dich-nicht-so-wichtig-Sprache«.*

*Das heißt, wenn Sie bemerken, dass Ihr Pferd beim Reiten etwas entdeckt hat, was es nicht einordnen kann und deshalb beginnt »herumzuzappeln«, streicheln und beruhigen sie es nicht, sondern rahmen (nicht klammern!) Sie es mit den Schenkeln ein und reiten konsequent nach vorn. Damit sagen Sie ihm: »Da vorne ist nichts, niemand will dich fressen. Also hör auf, mach Dir keine Sorgen und geh einfach weiter.« Reiten Sie Ihr Pferd nicht in kleinen Volten, sondern arbeiten Sie sofort an der Geschwindigkeitskontrolle – also schneller – langsamer, und das wiederholen Sie sooft, bis Ihr Pferd wieder ruhiger ist.*

ohne mit der Wimper zu zucken sehr nachdrücklich daran »erinnern«, dass Ignoranz äußerst unangenehm werden kann.

Wenn Sie also für Ihr Pferd den Status des Ranghohen einnehmen möchten und Sie wol-

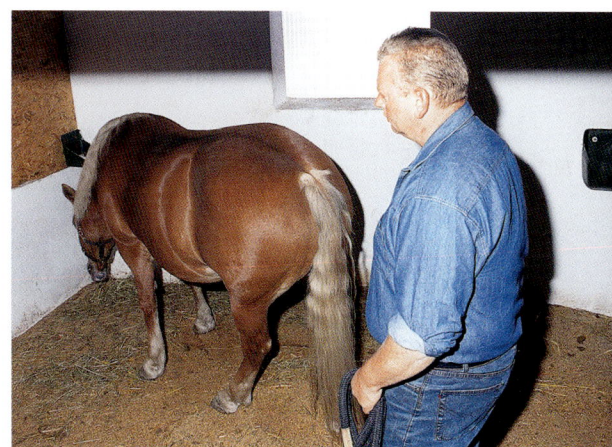

■ **Der Mensch betritt die Box und das Pferd signalisiert ihm durch seine Körperhaltung, dass es sich nicht für ihn interessiert.**

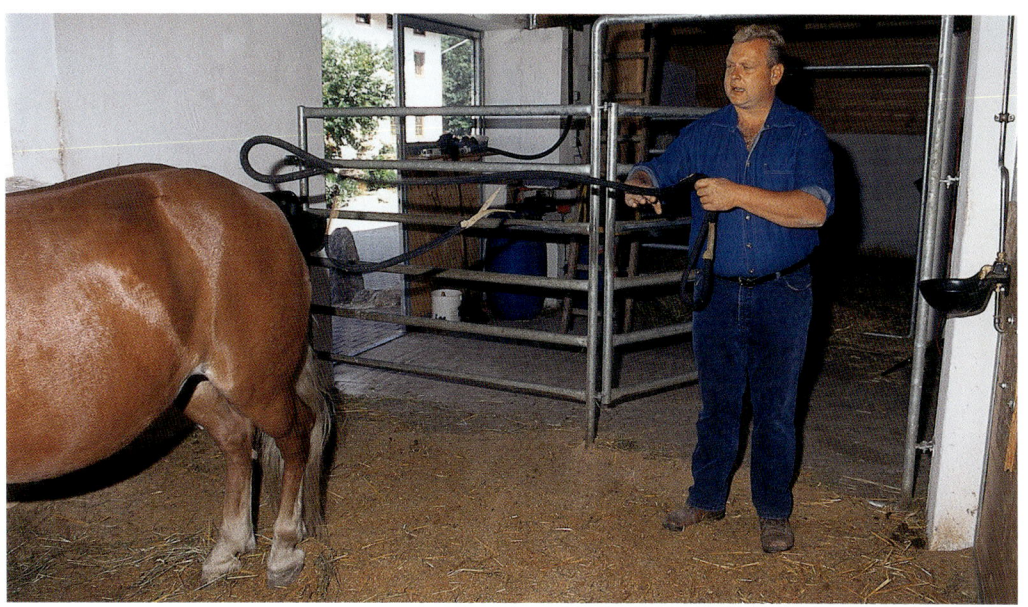

■ **Beachtet Sie Ihr Pferd nicht, machen Sie es unbedingt auf sich aufmerksam. Bei solch einem »hartnäckigen« Fall, werfe ich aus sicherer Entfernung ein Seil nach ihm. Das Ziel dabei ist es, dass das Pferd am Ende selbstständig auf den Menschen zukommt.**

len, dass es Ihnen vertraut und Sie respektiert, müssen Sie darauf bestehen, dass Sie beachtet werden. Das gilt auch – und ganz besonders – für den ersten Augenblick des Aufeinandertreffens, denn schon in diesem entscheidenden Moment wird Ihr Pferd wissen wollen, ob es sich heute auf Sie verlassen kann.

> *Verlangen Sie von der ersten Sekunde an, dass Ihr Pferd Ihnen seine Aufmerksamkeit schenkt.*

Zeigt Ihnen Ihr Pferd sein Hinterteil, während Sie die Box oder die Koppel betreten, so ist es zu allererst Ihre Aufgabe, dieses Problem zu lösen –, auch wenn Sie eine halbe Stunde oder noch längere Zeit damit verbringen, diesen Missstand aus der Welt zu schaffen.

Das gilt übrigens auch dann, wenn Ihr Pferd in diesem Moment anderweitig beschäftigt ist (wenn es beispielsweise gerade frisst, säuft oder sich auf »Schnupperkurs« mit seinem Boxennachbarn befindet).

Auch wenn es Ihnen in der Seele wehtun mag, Ihr Pferd zu »stören«, bestehen Sie auf seine Aufmerksamkeit und erwarten Sie von ihm, dass es von sich aus auf Sie zutritt. Nichts ist wichtiger als der Boss – auch keine Schmusestunden oder der Hafer im Trog.

Ihr Pferd wird es Ihnen nicht übel nehmen – ganz im Gegenteil: Nur so erkennt es, dass Sie die Qualifikation zum verlässlichen Herdenboss haben, dem es in jeder Situation vertrauen kann. Lassen Sie sich nicht entmutigen, wenn Ihr Pferd nicht sofort auf Sie zutritt, sondern bleiben Sie in jedem Fall am Ball.

Benötigen Sie länger als eine Viertelstunde zum Aufmerksammachen Ihres Pferdes, so wird diese Trainingseinheit zu Ihrer Tagesaufgabe.

> *Beachtet Ihr Pferd Sie nicht, wenn Sie die Box oder die Koppel betreten, so ist es Ihre Tagesaufgabe, dieses Problem zu lösen.*

Das Gleiche gilt selbstverständlich auch für das Holen des Pferdes von der Koppel. Oft verbinden Pferde mit dem Holen von der Weide Stress (zum Beispiel Zügelreißen, Unsicherheit des Reiters usw.). Sie erinnern sich also: »Als dieser Mensch mich das letzte Mal hier wegge-

■ **Beim Annähern an das Pferd ist es wichtig, dass es Ihnen in jeder Phase seine Aufmerksamkeit schenkt. Wendet es sich von Ihnen ab, dann machen Sie sich bemerkbar. Meist reicht schon ein kurzes »Schnalzen« mit der Zunge. Auch das Pferd, das von der Koppel hereingeholt wird, soll auf den Menschen zugelaufen kommen.**

■ **Die Kommunikation stimmt bei diesem Paar. Das Pferd geht ruhig und gelassen und der Mensch achtet auf sein Pferd.**

holt hatte, war mein Tag gelaufen.« Und damit sich das bloß nicht wiederholt, fassen manche Pferde eben den Entschluss, sich gar nicht erst mitnehmen zu lassen. Auf diese Weise haben sie ihr persönliches »Patentrezept« zur Stressvermeidung gefunden, welches da heißt: »Nicht aufhalftern lassen bedeutet Ruhe.«

Falls Sie es mit einem ganz besonders »hartnäckigem Fall« zu tun haben, empfiehlt es sich, wenn Sie das Pferd gleich nach dem Aufhalftern wieder in die Freiheit entlassen. Damit durchbrechen Sie das Denk- und Lösungsschema Ihres Pferdes. Es lernt nach einer Weile: »Wenn mein Mensch mit dem Halfter ankommt, kann es passieren, dass er mich gleich wieder gehen lässt.

Meist löst sich ein Einfangproblem ohnehin fast wie von selbst, wenn der Mensch seine Verhaltensweise umstellt und für sein Pferd ein ranghoher und zuverlässiger Boss wird. Die einzelnen Arbeitsschritte dazu können Sie im letzten Kapitel nachschlagen. Erst wenn Ihr Pferd die Bereitschaft hat, uneingeschränkt auf Sie zu achten, sollten Sie das Programm fortführen und sich allen weiteren Arbeitsschritten widmen.

## Passt Ihr Pferd auf?

*1. Ist Ihr Pferd am Boden aufmerksam?*
Beobachten Sie genau, wie sich Ihr Pferd beim Führen, beim Putzen und beim Reiten verhält. Bestehen Sie unbedingt darauf, dass es seine Ohren auf Sie gerichtet hat und dass sich sein Kopf in einer geraden Position befindet.

Die Ohren Ihres Pferdes sollten im Idealfall auf Sie gerichtet sein; auch ein Umherschauen gestatten Sie Ihrem Pferd nicht – es sei denn, Sie fordern es ausdrücklich dazu auf. Ein gezielter »Zupfer« am Führstrick und ein Geraderichten des Kopfes sollten ausreichen, um Ihr Pferd jeder Zeit wieder aufmerksam zu machen. Achten Sie aber bitte darauf, die Hilfen stets weich und gefühlvoll einzusetzen und arbeiten Sie mit Impulsen (mehr dazu im folgenden Kapitel).

Das »Zurückholen« der Pferdeohren sowie das Geraderichten des Kopfes ist ein Prozess, der Ihnen am Anfang sicher nicht ganz leicht fallen wird.

Besonders bei Pferden, die – aus welchen Gründen auch immer – für sich ein extrem hohes Maß an Sicherheit beanspruchen und den Menschen mit großem Misstrauen begegnen, kann allein diese Trainingseinheit am Boden sehr viel Zeit in Anspruch nehmen.

*Verlangen Sie zu jeder Zeit die absolute Aufmerksamkeit Ihres Pferdes.*

Wie Sie inzwischen wissen, halte ich es für wichtig, dass erst dann zum nächsten Schritt übergegangen wird, wenn der vorherige wirklich 100 %ig »sitzt«.

»Der Geitner hat wohl einen Vogel«, meinen deshalb Einige. »Wenn ich mich daran halte, kann ich Wochen lang nicht in den Sattel steigen, weil allein das Fordern der Aufmerksamkeit schon irrsinnig viel Zeit in Anspruch nimmt.« Das stimmt haargenau; doch diese Zeit ist nicht verloren, sondern sehr gut investiert.

Vergessen Sie nicht: Was Ihr Pferd einmal gut und intensiv gelernt hat, wird es Zeit seines Lebens nicht wieder vergessen. Das heißt: Wenn es einmal gelernt hat, in allen Situationen auf Sie zu achten, dann werden Sie mit dieser Lektion so gut wie keine Schwierigkeiten mehr haben und können sich schrittweise weiter vortasten.

*2. Achtet Ihr Pferd unter dem Sattel auf Sie?*
Erst wenn Sie sicher sein können, dass Ihr Pferd auch am Boden die Bereitschaft hat, auf Sie zu achten, üben Sie das Ganze vom Sattel aus. Bei der ersten Konfrontation mit den »Kommunikationsantennen« ihres Pferdes im Sattel sind die meisten Reiter erst einmal vollkommen »baff«, verunsichert und auch ein wenig überfordert.

Nicht umsonst heißt es in der Kommunikationslehre: »Wer fragt, der führt.« Und welcher verantwortungsbewusste Reiter überlässt seinem Pferd schon gern die Führung?

Manch einem erscheint es so, als würden die Ohren seines Pferdes sich zu eigenständigen Lebewesen entwickeln, die zu allem Überfluss auch noch äußerst aktiv sind. Plötzlich ist es so, als würde man sich in einer völlig neuen Sprache miteinander verständigen. Der Vorteil an der Geschichte ist, dass nur Sie diese »Sprache« erlernen müssen, denn Ihr Pferd beherrscht sie bereits.

Gleich nach dem Aufsitzen achten Sie darauf, dass Ihr Pferd beide Ohren auf Sie gerichtet hat. Es ist so ähnlich, als wollten Sie bei einem Radiogerät den richtigen Sender einstellen.

*Auch im Sattel sollten die Ohren des Pferdes von der ersten Sekunde an auf den Reiter gerichtet sein.*

Sie haben mehrere Möglichkeiten, den richtigen »Sender« zwischen Ihnen und Ihrem Pferd zu suchen. Ihre Kommunikationsmittel sind dabei Ihre reiterlichen Hilfen (überwiegend Zügel- und Schenkelhilfen). Erfahrungsgemäß reagieren Pferde sehr gut darauf, wenn Sie für das »Zurückholen« des rechten bzw. linken Ohres kurz den gleichseitigen Zügel oder Schenkel einsetzen – auch hier natürlich immer sanft, aber bestimmt.

Durch das ständige »Zurückholen« der Ohren teilen Sie Ihrem Pferd mit: »Ich habe es auch gesehen; ich bin bei dir und habe alles im Griff.« Worauf Ihr Pferd am besten reagiert, sollten Sie in der Praxis ausprobieren.

Nicht alle Pferde verstehen sofort und jedes einzelne Pferd besitzt eine andere, individuelle Prägung. Wenn wir das beim Training berücksichtigen, erhalten wir zum »Dank« das zuverlässige und/oder leistungsstarke Pferd, das wir uns wünschen.

■ **Die Reiterin schaut in die Richtung, in die sie reitet. Das Pferd achtet auf seine Reiterin, das erkennt man an seinen Ohren, die in ihre Richtung zeigen. Für das Pferd ist es klar, dass seine Reiterin auf die »gefährlichen Pferdefresser« aufpasst.**

KAPITEL 5

# Vertraust Du mir, vertraue ich auch Dir

## Vertrauens-Killer

Wer hat ihn nicht – den Wunsch vom absoluten Verlasspferd, das in jeder Situation cool und berechenbar bleibt? Denn ein verlässliches Pferd ist eines, dem man auch vertrauen kann. Andersherum ist es auch für das Pferd ein echter Glücksfall, wenn es auf einen Menschen trifft, auf den es uneingeschränkt in sämtlichen Lebenslagen bauen kann.

Im Alltag mit unseren Pferden sieht die Sache freilich ganz anders aus. Immer wieder geraten wir in Situationen, die uns zeigen, dass das volle Vertrauen leider nicht beidseitig vorhanden ist. Pferde signalisieren uns mangelndes Vertrauen,

indem Sie sich zum Beispiel weigern, mit ihren Menschen an Plastikplanen, Traktoren oder anderen »Pferdefressern« vorbei zu gehen. Manchmal verweigern sie auch Hindernisse, möchten während des Ausrittes nicht durch Pfützen gehen oder nehmen die reiterlichen Hilfen nicht mehr an.

Den Menschen wird das Misstrauen ihren Pferden gegenüber bewusst, wenn diese sich (wieder einmal) vollkommen »merkwürdig« verhalten und einfach nicht mehr berechenbar sind. Anflüge von Angst sind die Folge; mitunter sogar regelrechte Panikattacken.

Vielleicht ist es ein kleiner »Trost« für Sie, wenn ich Ihnen sage: Ihrem Pferd geht es höchst-

■ **Wenn das Vertrauen nicht da ist, folgt das Pferd den Reiterwünschen in den meisten Fällen nicht. Dieses Pferd hat die Entscheidung getroffen, nicht zu springen. Der Mensch ist in diesem Fall machtlos.**

wahrscheinlich genauso wie Ihnen. Wenn Sie im Sattel sitzen und denken: »Oh mein Gott. Gleich fängt mein Pferd wieder an zu spinnen; das kann ja heiter werden.« Dann hat Ihr Pferd ganz ähnliche Gedanken, wie: »Hilfe. Der da oben dreht wieder durch; jetzt aber nichts wie weg hier.«

*Ohne gegenseitiges Vertrauen gibt es keine echte Harmonie. Ohne Kommunikation gibt es kein Vertrauen. Und ohne Vertrauen kann es keinen Respekt geben.*

Sie merken: Der erfolgreiche Umgang mit Pferden ist also ein ständiger Kreislauf aus Vertrauen, Respekt und Kommunikation. Alles ist irgendwie miteinander verknüpft. Hapert es an einem dieser wichtigen Punkte, wird der Erfolgskreislauf unterbrochen. Dann ist sowohl die Leistungsbereitschaft des Pferdes als auch die des Menschen stark eingeschränkt und es kommt zu mehr oder weniger starken Disharmonien.
Fälschlicherweise wird sehr häufig angenommen, dass das Vertrauen nur in ganz spektakulären Situationen bricht; zum Beispiel nach einem schlimmen Sturz, einem Unfall oder ähnlichem. Das ist aber nur bedingt richtig. In den allermeisten Fällen bricht das Vertrauen in kleinen Alltagssituationen.

*Vertrauen bricht immer dann, wenn das Pferd gezwungen ist, eigene Entscheidungen zu treffen. Das gilt auch für »kleine« Alltagsentscheidungen.*

Manchmal sind diese Entscheidungen (allerdings nur aus unserer Sicht) völlig banal; ja, wir bemerken Sie häufig nicht einmal. Aber Pferde sind mit einem ausgesprochen guten Erinnerungsvermögen ausgestattet. Sie »speichern«

diese winzig kleinen Momente quasi auf ihrer »Gehirnfestplatte« ab, und in einer »haarigen Situation« aktiviert sich postwendend der innere Computer mit der Meldung: »Vertraue dem bloß nicht. Das ging schon häufig schief.«
Im Alltag gibt es viele Situationen, in denen Vertrauen brechen kann. Es ist unmöglich, in diesem Buch alles aufzuführen, was letztendlich zu einem Vertrauensbruch führen kann. Aber ich möchte Ihnen dabei helfen, einen Blick für diese »Vertrauens-Killer« zu entwickeln, Möglichkeiten der Vermeidung aufzeigen und Sie mit dem Hintergrundwissen versorgen, das Ihnen erleichtern wird, Fehler selbstständig zu erkennen und zu umgehen.

## Die Überforderungsfalle

Wann ist ein Pferd überfordert und an der Grenze seiner Leistungsfähigkeit angelangt? Die Beantwortung dieser Frage löst häufig Diskussionen aus. Manche meinen: »Mehr als eine Stunde reiten möchte ich meinem Pferd nicht zumuten. Alles, was darüber hinausgeht, ist Tierquälerei.« Andere sagen: »Mein Pferd soll ordentlich schwitzen; erst dann ist ablesbar, dass es wirklich gearbeitet hat.«
Die wenigsten Reiter werden ihre Pferde ganz bewusst überfordern. So etwas geschieht schleichend und fast unmerklich. Ich arbeite daher streng nach sehr verlässlichen Regeln, die eine Überforderung des Pferdes so gut wie ausschließen:

*1. Trainieren Sie nie länger als 20 Minuten.*
»Trainieren« bedeutet für mich aber nicht, das Pferd »nur« zu bewegen. Trainieren heißt: Dem Pferd etwas beizubringen, das man sich vorher genau überlegt hat, und das erfordert ein Höchstmaß an Konzentration.
Es ist erwiesen, dass die Konzentrationsgrenze bei Pferden nach etwa 20 Minuten erreicht ist; danach nimmt ihre Leistungsfähigkeit deutlich

ab, weil sie einfach nicht mehr aufnahmefähig sind.

Es macht also absolut keinen Sinn, einem Pferd nach Ablauf dieser Zeitspanne noch etwas Neues beizubringen oder das Absolvieren einer Übung zu verlangen, die es noch nicht so gut beherrscht.

*Nach 20 Minuten ist die Konzentrationsgrenze Ihres Pferdes erreicht.*

Sehr viele Reiter merken nicht, wenn ihre Pferde sich mental von ihnen verabschieden. Sie werden stattdessen ungeduldig, schimpfen oder bestrafen ihre Pferde, weil mit einem Mal überhaupt nichts mehr klappen will. Das ist ein Vertrauensbruch! Denn wir sollten von unseren Pferden niemals mehr verlangen, als sie leisten können Schließlich könnten wir nach zweistündigem, intensiven Kopfrechnen auch keine Quadratwurzeln mehr ziehen.

*2. Belohnen Sie Ihr Pferd während des Trainings, indem Sie Ruhepausen einlegen.*
Die beste Belohnung für jedes Pferd ist, es im (natürlich richtigen Augenblick) zu loben und es völlig in Ruhe zu lassen.
»In Ruhe lassen« bedeutet: Ich verhalte mich total passiv. Die Schenkel liegen ganz ruhig an; die Zügel liegen auf dem Hals des Pferdes. Ich gestatte ihm, sich vollkommen zu entspannen und zwei bis drei Minuten lang einfach nur zu relaxen.
Halten Sie die Zügel nicht in der Hand, denn sonst kann sich Ihr Pferd nicht entspannen. Es wartet immer das noch etwas kommt. Am Anfang kann es durchaus sein, dass Ihr Pferd immer wieder nach vorne tritt, aber dies wird bald besser. Ihr Pferd merkt, dass es ihm gut tut, wenn es ruhig steht. Wenn sich Ihr Pferd einen Schritt oder mehr nach vorne bewegt, dann – aber erst dann – nehmen Sie die Zügel auf und stellen es auf die Ausgangsposition zurück.

Wenn Sie dieses Prinzip anwenden und Ihr Pferd gelernt hat, dass es sich in dieser Zeit ausruhen darf, werden Sie bei ihm eine Reaktion bemerken, die als echtes Kompliment für den Reiter interpretiert werden darf: Nach kurzer Zeit wird es den Hals absenken und anfangen, zu schlecken und zu kauen. Das sieht so ähnlich aus, als hätte es ein Kaugummi im Maul; und es bedeutet so viel wie: »Ich fühle mich bei dir wohl und sicher und vertraue dir.« Ein schöneres Lob für den Reiter kann es kaum geben.

## Das Schlecken und Kauen: Ein Zeichen des Vertrauens und Wohlbehagens

*Wenn Ihr Pferd sich mit Ihnen sicher und wohlfühlt, zeigt es Ihnen dies unter anderem mit deutlichen Kaubewegungen und es beginnt zu »schlecken«. Dies ist ein angeborener Mechanismus, von dem fälschlicherweise manchmal angenommen wird, dass Pferde uns damit sagen wollen: »Ich bin ein Pflanzenfresser und tue dir nichts.« Dies ist aber eine falsche Interpretation. Es ist der jeweilige psychische Zustand des Pferdes zu beachten. Ist das Pferd entspannt, drückt es dem Menschen gegenüber sein Wohlbehagen aus. (Das machen die Pferde auch untereinander so.) Ist das Pferd in einem Stresszustand, ist dieses Kauen ein Anzeichen von Irritation bzw. Stress im höchsten Maße. Pferde zeigen damit an, dass Sie kurz vor dem »Durchdrehen« sind! Also Vorsicht: Sie sollten in der Lage sein, den Gemütszustand Ihres Pferdes einzuordnen, bevor Sie solche Signale bewerten und Ihr Training darauf abstimmen.*

*3. Halten Sie den Stressfaktor für das Pferd so gering wie nur möglich.*
Neben der Tatsache, dass ich dem jeweiligen Pferd, mit dem ich umgehe, durch meine ständige Aufmerksamkeit und meine Kommunika-

■ Eine Ruhepause während des Trainings gehört unbedingt dazu. Dabei werden die Zügel lang gelassen. Die Pferde sollen diese Entspannungsphase als Belohnung empfinden.

tionsbereitschaft meine Ranghöhe demonstriere, teile ich Trainingssequenzen immer in kleine Teilschritte auf, die ich grundsätzlich nach einem Erfolg beende.

*Stressanfällige Pferde reiten Sie am besten in kurzen Sequenzen; dafür aber hochkonzentriert.*

Wenn ich weiß, dass ein Reiter zum Beispiel Angst hat, mit seinem Pferd alleine ins Gelände zu gehen, empfehle ich immer, zunächst nur in ganz kurzen Sequenzen zu reiten.

Auf diese Weise kann bereits aus einem nur zweiminütigen »Ausritt« ein Riesenerfolg werden. Vor allem dann, wenn ein sonst extrem nervöses Pferd nach diesen zwei Minuten hochkonzentriert und entspannt diesen »Mini-Ausritt« hinter sich gebracht hat.

*Das Pferd lässt seinen Reiter wissen, wann es für den nächsten Lernschritt bereit ist.*

Danach wird selbstverständlich nicht noch irgendetwas anderes gemacht, sondern ich belohne das Pferd, indem ich es nach diesem kurzen, aber erfolgreichen Ritt zurück in die Freiheit (auf die Koppel) entlasse.

*4. Berücksichtigen Sie die Tagesform sowie die Persönlichkeit des Pferdes.*
Genau wie wir Menschen, haben auch Pferde Tage, an denen sie »gut drauf« sind und solche, an denen es weniger optimal läuft. Es ist nicht fair, wenn wir verlangen, dass sie wie Maschinen funktionieren. Wenn wir das erwarten, könnten wir uns ebenso gut auf ein Motorrad setzen.

## In kurzen Sequenzen zum Ziel

Wann immer ein Problem auftaucht, können Sie gute Erfolge erzielen, indem Sie in kurzen Sequenzen reiten.

Haben Sie es beispielsweise mit einem Pferd zu tun, dass ständig und wiederholt buckelt oder durchgeht, erreichen Sie wenig, wenn Sie die Ritte trotzdem ausdehnen. (Es sei denn, Sie sind sattelfest genug, um Ihr Pferd konsequent vorwärts zu reiten, sobald es bockt oder durchgeht, aber das sind die wenigsten Menschen).

Irgendwann während eines längeren Zeitraumes wird »es« passieren und Sie erreichen nichts. Daher ist es wesentlich sinnvoller, nur in kurzen Sequenzen zu reiten. Dafür aber hochkonzentriert und konsequent. Am Anfang genügen fünf Minuten oder weniger. Erst wenn das funktioniert, dehnen Sie das Training zeitlich weiter aus. Damit »sagen« Sie Ihrem Pferd: »Hier passiert nichts Weltbewegendes und es gibt absolut keinen Grund zu buckeln.«

Neben dem konsequenten Vorwärtsreiten ist dies eine der sichersten Möglichkeiten, ein immer wiederkehrendes Problem zu beseitigen.

■ **Das Pferd buckelt und widersetzt sich. Kein Drama für Matthias Baumann, der in solch einer Situation ruhig und gelassen bleibt und das Pferd konsequent vorwärts reitet. Schnell hat er so die Situation wieder im Griff.**

Pferde besitzen – trotz ihrer immer gleich bleibenden Grundstruktur – ihre eigene Persönlichkeit. An solchen »schlechten« Tagen machen Sie am besten Konditionsarbeit und reiten Ihr Pferd am langen Zügel im Trab vorwärts. Meist kommt an solchen Tagen beim Trainieren nicht viel heraus. Sie müssen aber konsequent darauf achten, dass Ihr Pferd die schlechten Tage nicht zur Gewohnheit werden lässt. Wenn Sie an einem guten Tag das Training schnell beenden, wird Ihr Pferd sehr bald herausfinden, wie es sich am besten verhält.

5. Beenden Sie jedes Training nach einem Erfolg.

Dieser Grundsatz ist für viele Menschen ganz besonders schwierig einzuhalten und erfordert schon ein gutes Stück Selbstdisziplin. Wie gut oder wie schlecht das Training tatsächlich verlaufen ist, lässt sich am besten am nächsten Tag ablesen.

Manchmal ist es so, dass eine Lektion überhaupt nicht funktioniert, aber am darauf folgenden Tag klappt sie »wie am Schnürchen«.

Das Gleiche kann Ihnen andersherum genau so gut passieren.

■ **Das Training wird mit einer vom Pferd erfolgreich gelösten Aufgabe beendet. Aber auch bei der Entspannungspause im Gelände zur »Belohnung« muss auf die Reaktionen des Pferdes geachtet werden. Hier stellt das Pferd die Frage: »Hey, ich hab was gesehen, was tun wir jetzt?« Matthias Baumann wird gleich eingreifen und durch einen sanften Zug am linken Zügel die Frage beantworten.**

Eine Übung, die am Montag geradezu perfekt von Ihrem Pferd gemacht wurde, kann am Dienstag misslingen.
Der nächste Tag ist immer eine relativ zuverlässige Messlatte für Ihren Erfolg. Was am Folgetag noch ebenso gut geht wie beim vorherigen Training, hat sich wirklich gesetzt. Was nicht mehr oder nur schlecht funktioniert, muss wiederholt werden.

*Sie trainieren nie für heute, sondern immer für morgen.*

Oft sind wir so begeistert von den tollen Leistungen unserer Pferde, dass wir denken: »Wow! Das hat gut geklappt. Ich probiere es sofort noch einmal.« Oder es schleicht sich sogar ein Gedanken-Teufelchen wie dieses ein, das flüstert: »Dein Pferd ist klasse. Los, probiere mal aus, ob es beim Piaffieren auch einen Salto machen kann.« (Das ist natürlich übertrieben, aber so ähnliche Gedanken kommen, wenn uns der Hafer sticht.)

*Holen Sie Ihr Pferd leistungsmäßig dort ab, wo es sich befindet – und nicht dort, wo Sie es gerne hätten.*

Besonders ehrgeizige Vertreter unserer Spezies neigen auch zu solchen Gedankengängen: »Hach, jetzt ist der Spin uns endlich mal gelungen und keiner hat's gesehen. So ein Ärger. Aber da hinten kommt Kurt; dem muss ich das unbedingt noch mal zeigen.«
Mir fällt es zugegebenermaßen auch manchmal schwer, die nötige Disziplin aufzubringen und

### »Schau mal, was ich alles kann.«

Das Lernverhalten Ihres Pferdes ist in etwa mit der Lernfähigkeit eines Kindes vergleichbar. Am zuverlässigsten lernt es durch:
■ Wiederholung,
■ Versuch und Irrtum,
■ einfache Vorgehensweise (in ganz kleinen Schritten und immer vom Einfachen zum Schwierigen).
Die beste Lernatmosphäre bieten Sie Ihrem Pferd aus einer Grundlage des Vertrauens und Respekts; das gibt dem Pferd Sicherheit und sorgt für gute Voraussetzungen. Um einen Menschen zu motivieren, könnten wir ihm sagen: »Wenn du jeden Tag läufst, bis du an deine Grenzen gelangst, dann wirst du sicher bald eine Olympia-Medaille gewinnen. Du wirst reich werden, berühmt sein und von allen bewundert werden.« Aber Reichtum, Ruhm und Bewunderung ist Ihrem Pferd herzlich egal. Es muss auf einem anderen Weg überzeugt werden. Am effektivsten lernt Ihr Pferd über das Prinzip der positiven Verstärkung. Lob öffnet alle Schleusen für den Lernkanal.
Wenn ein Erstklässler lernt, die ersten einfachen Worte zu lesen und für diese Leistung gelobt wird, wird er jede Gelegenheit nutzen, um sein Können zu zeigen und das entsprechende Lob zu erhalten. Kinder, die durch Lob beständig motiviert werden, sind meist sehr eifrig bei der Sache und gerne bereit, Neues hinzuzulernen.
Bei Pferden funktioniert das ganz ähnlich. Stress- und angstfrei trainierte Pferde zeigen schon nach kurzer Zeit eine deutliche Tendenz, das Erlernte selbstständig und freiwillig (ohne jeden Druck) anzuwenden.
Pferde haben zwei tiefe Sehnsüchte: Zum einen die Sehnsucht nach Sicherheit und die Sehnsucht dem Druck (egal ob vom Gebiss oder Schenkel) zu entweichen.

Gewöhnen Sie sich an, Ihr Pferd immer sofort nach der erwünschten Reaktion zu loben (nicht erst am Ende der Stunde, denn dort macht es keinen Sinn). Angst dagegen, wirkt wie eine Motivationsbremse. Entspanntes, konzentriertes und leistungsstarkes Arbeiten ist bei ängstlicher Unterwürfigkeit unmöglich; das Talent und die natürliche Lernwilligkeit des Pferdes kann auf diese Weise nicht genutzt werden.
Pferde sollten niemals grundlos gestraft, aber ebenso wenig grundlos gelobt werden. Nur so können sie Erwünschtes und Unerwünschtes deutlich voneinander unterscheiden. Wenn Sie einmal strafen müssen, dann gilt auch hier, dass die Strafe sofort erfolgt und zwar immer nur punktuell. Danach muss es »wieder gut« sein, denn Ihr Pferd soll die Möglichkeit erhalten, wieder auf Sie zugehen zu können.

■ **Ein schwieriger Sprung, denn das Pferd hat keine optische Begrenzung und könnte ohne Problem an ihm vorbeilaufen. Solche Hindernisse werden nur erfolgreich genommen, wenn das Verhältnis zwischen Mensch und Pferd eindeutig geklärt ist. Das Pferd muss dem Reiter vertrauen.**

die eben gelungene Glanzleistung nicht nochmals vor Zuschauern zu verlangen. Aber ich versuche mir dann klarzumachen, dass ich meinem Pferd mit diesem Verhalten nichts Gutes tue.

Vergegenwärtigen Sie sich: Das Pferd hat seinen »Job« mit Sternchen und Auszeichnung erledigt. Und womit »bedankt« der Mensch sich? Er sagt: »Toll, das hast du so gut gemacht, dass du das ganze Programm jetzt bitte noch mal abspulst. Am besten, noch besser als vorhin.«

Das ist weder motivierend, noch vertrauensfördernd.

## Die Falle »Ehrgeiz« – Unzufriedenheit im Sattel

Für Pferde gibt es nichts Schlimmeres, als zu bemerken, dass ihr selbsternannter »Ranghoher« emotional instabil ist. Gefühlsmäßige Unausgeglichenheit, aber auch Angst und Unsicherheit des Reiters können im Sattel zum reiterlichen »Supergau« führen.

Anhand zweier Beispiele möchte ich Ihnen verdeutlichen, was in Pferden vorgeht, wenn sie mit menschlichen Gefühlen konfrontiert werden. Besonders intensiv möchte ich das Thema »Angst« behandeln, da diese Emotion am weitesten verbreitet ist.

Es sind zwei Gefühlsregungen der Menschen, mit denen Pferde am häufigsten »überfallen« werden. Neben der weit verbreiteten Angst ist auch Unzufriedenheit eine der vorherrschenden Gefühlslagen, wenn Menschen mit ihren Pferden umgehen.

Erinnern Sie sich: Als »Muskelleser« ist das Pferd in der Lage, die kleinsten unserer Bewegungen zu registrieren. Das heißt, alles, was Sie denken, fühlen, erwarten oder beabsichtigen, »beamen« Sie automatisch zu Ihrem Pferd hinunter. Es empfängt Ihre Gedanken aber nicht über Telepathie, sondern registriert anhand Ihrer Körperspannung, dass irgendetwas nicht stimmt.

Viele Reiter sind relativ schnell unzufrieden. Sie finden, dass ihre Leistungen nicht gut genug sind, glauben, dass ihre Pferde viel mehr schaffen könnten und lassen sich allzu schnell von den Meinungen anderer beeinflussen. Durch den ständigen Druck, den der Mensch sich selbst bereitet, befindet er sich in einer »emotionalen Zwangsjacke«, die ihn nicht nur selbst behindert, sondern auch sein Pferd in eine Hab-Acht-Haltung versetzt.

Denn die Körperspannung des Reiters versteht das Pferd nicht als Aufforderung: »Ich bin unzufrieden mit deiner Leistung, streng' dich bitte mehr an, sondern bedeutet lauernde Gefahr, und es macht sich auf die Suche nach versteckten »Pferdefressern«.

*Bemühen Sie sich um eine positive Grundeinstellung.*

■ **Ich habe stets eine positive Einstellung und gehe davon aus, dass ich das Problem gemeinsam mit meinen Schülern lösen werde.**

Ohne dass der Mensch sich darüber im Klaren ist, gerät er so in eine »Spirale«, aus der es keinen Ausweg gibt, solange er seine innere Einstellung nicht ändert. Das Pferd wird durch die »Emotionsflut« seines Reiters immer mehr verunsichert, kann sich nicht mehr auf seinen »Job« als Reitpferd konzentrieren; und die Übungen gelingen zwangsläufig von Minute zu Minute schlechter, was dann wiederum die Unzufriedenheit des Menschen steigert.

Wenn Sie während des Unterrichtes von Ihrem Reitlehrer zu hören bekommen: »Schau nicht so verbissen drein, sondern lächele«, dann ist das keine Floskel, sondern hat seinen Sinn und seine Berechtigung. Es spielt auch erst einmal keine Rolle, dass Ihnen vielleicht überhaupt nicht nach lächeln zumute ist, weil es in Ihrem Inneren brodelt wie in einem Hexenkessel.

Je mehr Sie sich einreden: »Alles ist klasse, alles ist toll und sowieso wird alles wieder gut«, desto mehr wird sich dieses positive Gefühl in Ihnen ausbreiten und auch nach außen – zu Ihrem Pferd – getragen.

Nehmen Sie die Situation deshalb so an, wie Sie ist. Sie befinden sich zurzeit noch in einem bestimmten Leistungsstadium und beginnen nun damit, die Dinge neu zu betrachten. Sie werden merken: Mit der Zeit entspannen Sie sich, werden lockerer und geben Ihrem Pferd das Gefühl: »Alles ist in Ordnung, und wir beide werden gemeinsam unser Ziel erreichen.«

## Das emotionale »Überfall-Kommando« – Die Angst im Sattel

Das Thema »Angst im Sattel« ist häufig tabu. Dass es eine ordentliche Portion Mut erfordert, seine Angst zuzugeben, wird nur in seltenen Fällen honoriert. Doch fast jeder Reiter ist irgendwann schon einmal in eine Lage geraten, in der es »eng« wurde und er Angst bekam. Einige geben das zu, andere überspielen dieses Gefühl lieber.

Tipps wie: »Versuche einfach mal, nicht an die Angst zu denken«, helfen nichts, denn unser Gehirn funktioniert leider in dieser Hinsicht nicht wie ein Computer, bei dem man unerwünschte Daten einfach löschen kann. Der Versuch, an etwas nicht zu denken, scheitert zwangsläufig. Am oft zitierten Beispiel des »lila Elefanten« können Sie das einfach nachvollziehen: Versuchen Sie in den nächsten zwei Minuten nicht an einen lila Elefanten zu denken – unweigerlich werden Sie diesen vor Augen haben.

Dass Pferde – durch den Angstschweiß des Reiters – Angst förmlich riechen können, stimmt nicht. Sie werden vielmehr durch die Gefühlslage des Reiters und die damit verbundene Körperspannung verunsichert.

### Wie Pferde die Angst ihres Reiters erleben

*Das Erleben der Angst ist grundsätzlich mit physiologischen Vorgängen (wie zum Beispiel Herzklopfen, Zittern und Muskelanspannung) verbunden. Das Pferd als »Muskelleser« registriert jede kleinste Verspannung unseres Körpers. Es weiß, solche Signale zu erkennen und zu deuten.*

*Angenommen, Sie haben Angst, mit Ihrem Pferd an einem Traktor vorbeizureiten. Sie sehen das Gefährt schon von weitem und denken: »Gleich geht's wieder los und mein Pferd wird zum Schleudersitz.« In diesem Augenblick haben Sie das Pferd schon in Alarmbereitschaft versetzt und ihm unbewusst Informationen geliefert, bevor der Vierbeiner auch nur einen Gedanken an diesen Trecker verschwendet hat.*

*Möglicherweise interessiert sich Ihr Pferd überhaupt nicht für den Traktor und würde ihn von sich aus gar nicht als »gefährliches Raubtier« einstufen. Sie sind es, die ihm durch Ihre Muskelanspannung beim Auftauchen des Treckers Gefahr signalisieren.*

Wie jedes andere Gefühl beeinflusst Angst unser Handeln. Angst kann unser Verhalten sowohl aktivieren als auch lähmen. Sie kann uns zu Passivität verleiten, zu Überreaktionen führen oder auch Vermeidungsverhalten auslösen. Ob Sie nun im Sattel zur »Salzsäule« erstarren, Sie beinahe hyperventilieren oder versuchen, der Situation zu entgehen, indem Sie sie einfach vermeiden, spielt für Ihr Pferd keine Rolle. Ihr Vierbeiner registriert nur, dass etwas »anders ist als sonst«, wird vermuten, dass an dieser Stelle Pferdefresser unterwegs sind und zu seiner eigenen Sicherheit eine Entscheidung fällen. Denn Sie sind in diesem Augenblick viel zu verunsichert, aufgeregt und vor allem zu inkonsequent, um Ihrem Pferd die (lebens-)notwendige Entscheidung abzunehmen. Dass sich Ihre Gefühlslage durch die Anspannung der Muskeln auf Ihr Pferd überträgt, können Sie nicht verhindern.

Je mehr Sie versuchen, diese Mechanismen zu unterdrücken und vor Ihrem Pferd zu verheimlichen, desto mehr Probleme werden Sie bekommen. Fortgeschrittene Reiter machen sich diese Fähigkeit ihrer Pferde übrigens gerne zu Nutze. Sie denken zum Beispiel ans Galoppieren und das Pferd springt sofort auf die »unsichtbare Hilfe« seines Reiters an, weil allein der Gedanke ans Galoppieren die Muskeln für die entsprechende, reiterliche Hilfe aktiviert. Der berühmte »Kluge Hans« konnte deshalb »rechnen«, weil er die minimalen Signale seines Trainers wahrgenommen hat, der ihm das richtige Ergebnis übermittelte.

Damit die Situation bei einem ängstlichen Reiter nicht eskaliert, ist es notwendig, dass er absolut konsequent bleibt. Leichter gesagt als getan, meinen Sie? Das stimmt. Aber ich versichere Ihnen, dass es nicht unmöglich ist, sich die nötige Konsequenz (am besten mit Hilfe eines guten Reitlehrers) durch gezieltes Training anzueignen.

Wenn Sie die Reaktionen Ihres Pferdes sehr gut kennen und Sie auch seine körpersprachlichen Signale zu deuten wissen, werden Sie Angst belasteten Situationen gelassener und selbstverständlicher begegnen. Darüber hinaus werden Sie in der Lage sein, frühzeitig einzugreifen; sodass eine Eskalation von vornherein vermieden werden kann. Mit der Zeit werden Sie routinierter und selbstsicherer agieren und nicht mehr das Gefühl haben, von den Reaktionen Ihres Pferdes »überrumpelt« zu werden oder der Situation hilflos ausgesetzt zu sein.

## Die Macht der eigenen Gedanken: Wie Sie mit Hilfe Ihrer Muskeln mit Ihrem Pferd »telefonieren«

*Bevor das Pferd einen »Fehler« macht, war oft schon der Gedanke des Reiters da. Wenn der Mensch zum Beispiel denkt: »Gleich kommt diese blöde Ecke. Ich weiß ganz genau, dass mein Pferd da sowieso nicht durchgeht«, dann wird es ganz genau so passieren.*

*Anders als bei »Aladins Wunderlampe« registriert das Pferd nämlich nicht nur Wünsche, sondern auch »Nicht-Wünsche«. Das Pferd will seinen Menschen keineswegs ärgern, sondern der Reiter hat seinem Pferd durch seine Gedanken und die damit verbundene Muskelanspannung genau gesagt, was zu tun ist. Und diese Muskelanspannung »sagt« dem Pferd: »Du wirst nicht durch diese verflixte Ecke gehen.«*

*Vermeiden können Sie Schwierigkeiten dieser Art, indem Sie Ihre Gedanken positiv formulieren und eine innere Einstellung zur Selbstverständlichkeit entwickeln. Gehen Sie davon aus, dass Ihr Pferd ganz sicher »funktionieren« wird, und kreieren Sie in Ihrem Kopf Bilder, die den Idealzustand zeigen. Sammeln Sie für jede Lektion, die Sie reiten, all ihre Kraft und Energie; zeigen Sie Ihrem Pferd, was Sie wirklich wollen und wohin Sie möchten. Hören Sie auf, vorsichtig zu bitten, sondern entwickeln Sie das Selbstbewusstsein zu sagen: »Wir nehmen das Ganze nun in Angriff und wir beide werden es schaffen.«*

## Nur keine Panik – Möglichkeiten der Angstbewältigung

*Akzeptieren Sie Ihre Angst und lassen Sie sich auf keinen Fall zu etwas überreden, was Sie nicht verantworten können.*
Wenn Ihnen jemand sagt: »Du springst jetzt mit deinem Pferd über diesen Oxer«, Sie aber ein schlechtes Gefühl dabei haben, dann werden Sie »halbherzig« handeln und es kann gefährlich werden.
*Arbeiten Sie mit »Bildern«.*
Stellen Sie sich in einer ruhigen Minute eine konkrete Situation mit Ihrem Pferd vor, die bei Ihnen Angst auslöst, und überlegen Sie sich, wie Sie in einer solchen Lage am besten reagieren werden. Kreieren Sie ein detailliertes Bild von den Hilfen, die Sie Ihrem Pferd dann geben werden und stellen sich vor, wie Sie letztlich gemeinsam diese Situation bewältigen werden.
Wenn Sie in der Realität schließlich mit solchen Schreckmomenten konfrontiert werden,

sind die entsprechenden Lösungsbilder in Ihrem Kopf besser abrufbar. Sie werden Ihnen helfen, Denkblockaden zu lösen und richtig zu agieren.
Das Bewusstsein darüber, was Sie wie und warum tun, versetzt Sie in die Lage, eine gewisse Distanz zu Ihren Gefühlen einzunehmen.
*Bleiben Sie immer konsequent.*
Signalisieren Sie Ihrem Pferd deutlich (und wenn es sein muss mit Nachdruck), dass Sie sehr genau wissen, was Sie wollen. Das erfordert ein wenig Übung, aber es ist wirklich erlernbar. Vergessen Sie nicht, dass Ihr Pferd wesentlich mehr Angst hat als Sie und dass es in diesen Augenblicken Ihren Schutz und Ihre Sicherheit ganz dringend braucht.
*Haben Sie keine Angst davor, Fehler zu machen.*
Riskieren Sie es ruhig einmal, etwas falsch zu machen. Nichts zu tun, ist nicht besser als etwas Falsches zu tun.
*Reiten Sie in kurzen Sequenzen.*
Sollten Sie sich unwohl fühlen, wenn Sie mit Ihrem Pferd alleine in der Halle oder auf dem

■ Wenn Ihnen das Reiten manchmal ein »mulmiges« Gefühl im Magen beschert, sind Sie gut bedient, wenn Sie sich an die von mir definierten Grundsätze halten. Bleiben Sie stets konzentriert und konsequent in Ihrem Handeln.

Reitplatz sind, werden Sie Ihre Angst in den Griff bekommen, wenn Sie nur in ganz kurzen Sequenzen reiten; dabei aber absolut konzentriert und konsequent vorgehen.

Wenn Sie die Arbeit dann immer nach einem Erfolg für beide Seiten beenden und das Training dann ganz langsam weiter ausdehnen, werden Sie immer wieder mit einer positiven Erinnerung ins nächste Training starten können. Das stärkt das Selbstbewusstsein und fördert das gegenseitige Vertrauen.

*Achten Sie auf Ihre Atmung.*

Bewusstes, aber entspanntes Ein- und Ausatmen verhindert, dass sich im Körper Spannungen aufbauen, die das Pferd verunsichern.

*Wenden Sie sich an einen Reitlehrer, der Verständnis für Ihr Problem hat.*

Wenn Sie bemerken, dass Sie Ihre Angst nicht alleine bewältigen können, haben Sie die Möglichkeit, sich an einen Trainer zu wenden, der sich auf dieses Problem spezialisiert hat. Guter Reitunterricht kann Ihnen helfen, Ängste abzubauen; so können beispielsweise besondere Sitzschulungsübungen Ihre Sattelfestigkeit verbessern oder ein professionelles Falltraining Ihnen die Angst vor einem möglichen Sturz nehmen.

Natürlich ist es immer leicht, Tipps und Ratschläge zur Angstbewältigung zu geben, solange man nicht in der Haut des »Gebeutelten« steckt. Aber ich kann Ihnen versichern, dass auch ich manchmal Angst habe, wenn ich mit Pferden arbeite. Was meinen Sie, wie oft mich Angst beschleicht, wenn ich mit dem – mir anvertrauten – Zebra-Mix arbeite. Ich weiß nie, ob sich Zesel nach einem gut gelaufenen Training von mir verabschiedet, indem sie mir ihre Hufe um die Ohren donnert.

Sie sehen: Auch Profis haben Angst; da bilde ich bestimmt keine Ausnahme; doch eines bin ich immer, nämlich absolut konsequent.

*Trotz Angst ist es möglich zu reiten. Nur konsequent müssen Sie bleiben.*

# Vertrauens-Knüller – Fairness und Vertrauen im Sattel

### Gutes Reiten ist angewandter und aktiver Tierschutz

Jeder Reiter kann natürlich frei entscheiden, wohin und wie weit er sich mit seinem Pferd entwickeln möchte. Doch sollten dabei gewisse Grenzen nicht unter- oder überschritten werden, da ansonsten die Gesundheit und die Belastungsfähigkeit des Pferdes leidet.

»Berufskrankheiten« wie zum Beispiel das »Kissing-Spine-Syndrom«, wobei sich die Dornfortsätze der Wirbelkörper zu stark annähern, sind nicht auf Sportpferde beschränkt, sondern treten häufig auch bei nicht gymnastizierten und falsch gerittenen Freizeitpferden auf. Doch in der »anspruchsvollen Reiterei« können häufig weniger schöne Beobachtungen gemacht werden.

Hier werden manchmal Ausbildungselemente eines sehr hohen Niveaus einfach vorweggenommen; Pferde werden durch zu frühes und zu hartes Training hoffnungslos überlastet. Es ist für mich manchmal erschreckend, wenn ich beobachte, auf welch' rüde Weise einige Reiter ihre Pferde davon überzeugen wollen, etwas ganz Bestimmtes für sie zu tun. Permanent klopfende Schenkel, Zügelreißen und unruhige, »schwammige« Gewichtshilfen sind keine Seltenheit.

Wenn dann noch hinzukommt, dass die Pferde viel zu kurz ausgebunden werden, sie (häufig unsinnigerweise) mit Kandaren geritten werden (mit denen manche Reiter nicht umzugehen wissen und die häufig noch nicht einmal dem Ausbildungsstand des Pferdes entsprechen); wenn in falschen Augenblicken die Gerte, die Zügelenden oder die Sporen zum Einsatz kommen, dann tut mir das wirklich in der Seele weh. Hätten diese Reiter in solchen Augenblicken die Gelegenheit, in die Gesichter ihrer Pferde zu blicken, würden sie erschrecken. Weit aufgerissene Pferdemäuler und Augen, in denen Angst, Panik und Schmerz zu erkennen sind, sind kein schöner Anblick.

Pferde, die ständig unter Stress stehen, die Schmerzen haben oder andauernd so behandelt werden, dass sie sich ständig Sorgen um ihre Sicherheit machen müssen, erkennen Sie an den »Stress-Kuhlen« oberhalb der Augenpartie. Das sind richtige »Löcher«, die sich dort bilden.

Pferde können unglaublich viel ertragen. Die meisten Pferde entwickeln gewisse Schemen und Verhaltensauffälligkeiten, an denen wir deutlich ihren Stress erkennen können. Doch es gibt auch Ausnahmen. Einige Pferde resignieren, weil der Wille/der Widerstand gebrochen wurde; das muss nicht durch körperliche Gewaltanwendung des Menschen geschehen, sondern kann auch auf mentaler Ebene geschehen.

Solchen Pferden wird dann nachgesagt, sie seien besonders brav und unkompliziert. Tatsächlich hat das Pferd einfach resigniert und gelernt, dass es am besten überleben kann, wenn es immer ruhig bleibt und nicht aufmuckt.

Mit all dem Hintergrundwissen, das wir inzwischen haben, ist es unsere Pflicht, Aufklärungsarbeit zu betreiben und den Menschen klarzumachen, dass Pferde auch psychisch viel zu erleiden haben, wenn sie es mit Menschen zu tun haben, die ihre Natur nicht berücksichtigen und ihnen nicht die entsprechende Sicherheit bieten.

*Lassen Sie Ihr Pferd »Pferd sein«.*

Als verantwortungsvolle Reiter sollte uns immer bewusst sein, dass wir es mit einem Fluchttier zu tun haben. Den Zugang zu Fluchttieren können wir logischerweise nur dann finden, wenn wir die Fähigkeit entwickeln, immerzu für deren Sicherheit zu sorgen.

*Wo das Wissen aufhört, beginnt leicht die Gewalt.*

Das Bieten der Sicherheit fällt uns verhältnismäßig schwer, weil wir diese Panikgedanken der Tiere nur bedingt nachvollziehen können und uns der Blick dafür fehlt, ob ein Pferd nun gerade Stress empfindet oder nicht. Sehr viele Pferde leiden ihr Leben lang »still und stumm«, ohne dass es ein Mensch je registriert.

Ich sehe das Ganze so: In dem Augenblick, in dem ich das Pferd aus seinem Sicherheitsbereich (also aus seiner Herde) »entferne«, übernehme ich die Verantwortung für das Pferd. Dazu gehört, dass ich – während ich mit ihm umgehe – dafür Sorge trage, die Grundbedürfnisse des Pferdes zu berücksichtigen, damit meine Gegenwart für das Pferd zum Segen und nicht zum Fluch wird.

Wenn reiterliche Hilfen undeutlich oder falsch gegeben werden, wenn das Pferd seinen Reiter nicht versteht, entsteht zwangsläufig ein Sicherheitsdefizit, welches sich negativ auf das Vertrauensverhältnis zwischen Mensch und Pferd auswirkt. Auf den folgenden Seiten möchte ich Sie dazu anregen, Ihre reiterlichen Hilfen so einzusetzen, dass Ihr Pferd diese als Sicherheits- und nicht als Stressfaktor betrachtet.

### Erst denken, dann lenken! Sanfte Anlehnung bedeutet Sicherheit.

Das Wörtchen »Anlehnung« wird häufig falsch verstanden. Meist ist es eher der Reiter, der glaubt, sich irgendwo »anlehnen« zu müssen. Ein Großteil aller Reiter »hängt« mit viel zu viel Gewicht in den Zügeln und vergisst dabei, wie empfindlich das Pferdemaul ist. Wie würden Sie sich mit einer Eisenstange im Mund fühlen, an der ständig jemand herumzieht?

Viele Reiter »halten sich am Zügel fest« und gewinnen daraus ein trügerisches Gefühl von »Sicherheit«. Tatsächlich bewirken sie jedoch

■ **Wenn die Rangordnung geklärt ist, sind solche Aktionen kein Problem.**
**Dann können Sie mit Ihrem Pferd eigentlich alles erreichen, was Sie möchten.**

das Gegenteil. Pferde, die im Maul anhaltend mit Schmerz und Zug konfrontiert werden, sind schon bald gar nicht mehr zu kontrollieren – sie laufen nur noch vor dem beständigen Schmerz davon. Die richtige, gefühlvolle Anlehnung, die dem Pferd Sicherheit bietet, ist dagegen eine vertrauensbildende Maßnahme.

Während meiner Kurse, aber auch in meinem Internet-Forum stellen mir Reiter immer wieder Fragen zu den Zügelhilfen. Eine Auswahl dieser Fragen und meine Antworten lesen Sie im Folgenden.

*Beispiel 1: Der »Zügeldieb«*
*Frage*: Meinem Pferd gelingt es immer wieder, mir die Zügel aus den Händen zu reißen, nach-

dem ich es angehalten habe. Warum tut es das, und wie kann ich das verhindern?

*Antwort*:
Solange das Pferd keine Probleme mit den Zähnen hat oder Verletzungen und Entzündungen im inneren Maulbereich diese Schwierigkeiten hervorrufen, ist das »Klauen« der Zügel der Regel ein Zeichen dafür, dass das Pferd kein Vertrauen in die »Zügelhand« seines Reiters hat. Es versucht also, den unangenehmen Druck loszuwerden, indem es mit dem Kopf schlägt und Ihnen auf diese Weise die Zügel entreißt. Verhindern können Sie diese Schwierigkeit nur, indem Sie Ihre Zügelhilfen stets weich und gefühlvoll einsetzen. Das heißt für Ihr spezielles

■ Das Pferd wider-
setzt sich massiv
und kämpft gegen
das Gebiss. In solch
einem Zustand ist an
vernünftiges Reiten
nicht zu denken,
denn vom Pferd
wird viel zu viel
Energie nutzlos für
den Kampf gegen
das Gebiss ver-
braucht.

Problem: Sie üben leichten Druck aus, während Sie Ihr Pferd anhalten und geben sofort sehr deutlich nach, wenn das Pferd zum Anhalten ansetzt (nicht erst dann, wenn es steht).
Wenn Sie das rechtzeitige Nachgeben vergessen, denkt Ihr Pferd nämlich: »Ich hab' doch angehalten. Wieso ist denn dieser Druck immer noch da?« Sollten Sie über einen längeren Zeitraum Ihr Pferd so anhalten wie bisher (also ohne den Druck fortzunehmen), könnte es Ihnen sogar passieren, dass Ihr Pferd gar nicht mehr stehen bleiben wird, weil es denkt: »Es ist sowieso egal, was ich tue. Der lästige Druck bleibt trotzdem.« Also, wenn Ihr Pferd steht, legen Sie ihm die Zügel auf den Hals und es wird ins »Leere« ziehen. So hört Ihr Pferd damit auf, gegen die Zügel zu gehen, weil es bald merkt, dass kein Widerstand mehr da ist.

*Beispiel 2: Der »Gebiss-Büffel«*
*Frage:*
Mein Pferd legt sich ständig aufs Gebiss. Inzwischen ist es schon so »hart« im Maul, dass es

kaum noch auf meine Zügelhilfen reagiert. Wäre die Verwendung eines schärferen Gebisses vielleicht eine Lösung?

*Antwort:*
Um Himmels Willen. Bloß kein schärferes Gebiss. Ihr Pferd »beißt sich fest«, weil es ein grundsätzliches Problem mit der Reiterhand hat; es ist also nicht das Gebiss, welches die Schwierigkeit verursacht, sondern die Art und Weise, wie es benutzt wird. Wenn Sie sich dazu entschließen, ein schärferes Gebiss zu verwenden, verstärken Sie die Problematik nur.
Ein Pferd, das Sie nicht mit der Wassertrense oder einem vergleichbar mildem Gebiss reiten können, werden Sie auch nicht effektiv und sinnvoll mit einer Kandare oder ähnlichem beherrschen können.
Kehren Sie deshalb an die Wurzel des Problems zurück und überprüfen Sie, wie Sie Ihre Zügelhilfen einsetzen. Es ist sehr wichtig, dass Sie immer nur dann Druck aufbauen, wenn Sie etwas Bestimmtes von Ihrem Pferd verlangen

und sofort sehr deutlich nachgeben, wenn Ihr Pferd die richtige Reaktion zeigt. Nur so machen Sie Ihrem Pferd verständlich, was Sie überhaupt von ihm verlangen.

*Beispiel 3: Der »Hyperaktive«*
*Frage:*
Mein Pferd ist sehr temperamentvoll und meistens ziemlich flott unterwegs. Eigentlich finde ich es toll, dass ich es nicht ständig antreiben muss. Aber beim Galoppieren puscht sich mein Pferd manchmal dermaßen auf, dass ich es nicht mehr zurückhalten kann. Meine Zügelhilfen ignoriert es total. Selbst, wenn ich mich mit aller Kraft in die Zügel »hänge«, wird es nicht langsamer. Was kann ich dagegen tun?

*Antwort:*
Wenn Pferde zum Vorwärtsstürmen neigen, hat das normalerweise wenig mit »Temperament« zu tun, sondern hängt damit zusammen, dass sie als Fluchttiere ein enormes Sicherheitsbedürfnis besitzen. Sie rennen davon, wenn sie irgendwo eine Gefahr wittern. Das Kernproblem ist also nicht, dass Ihr Pferd im Galopp mit Ihnen wegschießt, sondern das mangelnde Vertrauen und dieses Problem ist in der Regel nicht erst im Galopp vorhanden, sondern schon im Schritt. Ich nenne diese Pferde deshalb auch »Schrittflüchter«. Es ist überzeugt davon, dass Sie nicht für seine Sicherheit sorgen können und trifft deshalb die Entscheidung zu flüchten. Neben intensiver Basisarbeit empfehle ich Ihnen, Ihr Pferd sensibel für die Zügelhilfen zu machen. Hierfür beginnen Sie im Schritttempo. Wann immer Sie bemerken, dass Ihr Pferd auch nur minimal schneller wird, nehmen Sie die Zügel sanft an und behalten den Druck beständig bei, bis Ihr Pferd den Ansatz zum Langsamerwerden zeigt. In diesem Augenblick müssen Sie unbedingt sofort wieder nachgeben.
Üben Sie Tempowechsel zunächst ausschließlich im Schritt. Reagiert Ihr Pferd zuverlässig auf Ihre Zügelhilfe, beginnen Sie damit, dies

auch beim Traben anzuwenden. Und wenn Sie bei der Trabarbeit keine Probleme mehr haben, wird es auch beim Galoppieren in Zukunft sehr leicht sein, das Pferd zu regulieren.
Meine Antworten auf diese drei ausgewählten Fragen, zeigen im Wesentlichen schon an, worauf es bei den Zügelhilfen ankommt:

> *»Gute«, das heißt effektive und Pferden gerecht werdende Zügelhilfen sind ein gut überlegtes (und gut »erfühltes«) Wechselspiel aus Druckaufbau und Drucknachlass.*

Der Druck, den das Gebiss im empfindlichen und hochsensiblen Maul des Pferdes verursacht, löst natürlich Schmerzen aus. Nun sind manche Menschen der Meinung: »Mein Pferd ist da ganz gewiss eine Ausnahme. Bei der Kraft, mit der es sich freiwillig aufs Gebiss legt, kann es gar keine Schmerzen haben.«
Diese Annahme ist falsch. Der Druck, den der Reiter durch seine zu feste, harte Hand über die Zügel auf das Gebiss und damit auf das Pferdemaul ausübt, ist in etwa vergleichbar mit dumpfen, monotonen Zahnschmerzen. Wenn uns einmal ein schmerzender Zahn plagt, lassen wir diesen meistens auch nicht in Ruhe, sondern wackeln mit der Zunge und den Fingern daran herum oder beißen auf den Zahn. Das lindert den Schmerz zwar nicht wirklich, aber wir bekommen so wenigstens das Gefühl, ihn in irgendeiner Form beeinflussen und verändern zu können.
Dasselbe machen Pferde mit dem Gebiss. Sie beißen sich mehr oder weniger fest oder »legen« sich darauf und versuchen, den Schmerz dadurch zu beeinflussen. Das ist der Grund dafür, dass schätzungsweise 50–60 % aller Pferde Schwierigkeiten mit dem Gebiss haben oder sogar so etwas wie eine »Gebiss-Phobie« entwickeln.
Wenn Sie mit der Zügelhand nur Druck aufbauen, wenn es wirklich erforderlich ist und

gleich wieder nachgeben, wenn das Pferd richtig reagiert, versteht Ihr Vierbeiner sehr schnell, dass nun nicht mehr mit permanentem Druck gearbeitet wird, und es wird die Arbeit mit Ihnen schon sehr bald nicht mehr als lästig und unangenehm empfinden. Darüber hinaus ist diese impulsartige Form der Hilfengebung die beste Methode, um Pferden etwas beizubringen.

## Impulsreiten heißt:

*Die Schenkel liegen sanft an, die Zügel sind ganz leicht durchhängend und haben noch keinen direkten Kontakt zum Pferdemaul. Erst wenn das Pferd von sich aus die vorgegebene Richtung verlässt oder das Tempo verändert, wird sofort und deutlich reagiert.*
*Sobald das Pferd die richtige Reaktion zeigt, wird es wieder in Ruhe gelassen. Reißen am Zügel oder eine schnelle und daher unberechenbare Hand sind absolut tabu. Solche Einwirkungen der Hand verunsichern Ihr Pferd und lassen es unberechenbar werden; es passt dann nicht mehr auf, was der Reiter von ihm will, sondern ist ständig in Sorge, wann der nächste Ruck im Maul kommt.*

Sie müssen bedenken, dass Pferde durch Versuch und Irrtum lernen. Das heißt, sie probieren etwas aus und der Mensch teilt ihnen anschließend mit, ob dieser Versuch richtig gewesen ist oder nicht. Wenn das Pferd etwas richtig gemacht hat, belohnt der Mensch es am besten nicht nur mit der Stimme, sondern lässt es gleich wieder in Ruhe. Das ist, wie Sie ja schon wissen, die wirksamste Form der Belohnung.

*Pferde lernen durch Versuch und Irrtum.*

Angenommen, Sie trainieren mit Ihrem Pferd, aus der Bewegung anzuhalten. Sie reiten also an, überlegen sich, an welcher Stelle das Pferd stehen soll und nehmen die Zügel gleichmäßig auf. Beim Pferd kommt das ungefähr so an: »Das ist aber kein schönes Gefühl im Maul. Anscheinend will mein Reiter, dass ich stehen bleibe; aber sicher bin ich mir nicht.« Zögernd verlangsamt das Pferd das Tempo, weil es eben noch nicht so genau weiß, was von ihm verlangt wird.
Wenn der Reiter den Druck nun beibehält, statt das Verlangsamen durch ein Lockerlassen des Zügels zu belohnen, »denkt das Pferd«: »Anscheinend will mein Mensch doch irgendwas anderes von mir. Aber was?« Also marschiert es einfach weiter, spürt diesen andauernden Druck, ist irgendwann völlig verwirrt und beginnt eventuell, gegen diesen nervenden Druck anzukämpfen. Dabei kann es sehr erfinderisch sein; von heftigem Kopfschlagen über Rückwärtsgehen bis hin zum Bocken oder Wegrennen hat es dabei so ziemlich alles in seinem Repertoire.

*Der Druckabbau am Gebiss hat immer dann zu erfolgen, wenn eine gewünschte Reaktion eintritt.*

Die richtige Vorgehensweise für das Anhalten wäre: Um Ihr Pferd anzuhalten, nehmen Sie gleichmäßig beide Zügel an und atmen dabei deutlich aus. (Wenn Sie die Zügel annehmen und gleichzeitig einatmen arbeiten Sie kontraproduktiv. Sie bauen Körperspannung auf, dies bedeutet eigentlich »los vorwärts«, wollen aber Ihr Pferd anhalten!) Sobald das Pferd auch nur den Ansatz einer richtigen Reaktion zeigt, geben Sie sofort und deutlich nach. Damit zeigen Sie Ihrem Pferd: »Dein Gedanke/dein Versuch war richtig. Genau das habe ich verlangt.«
Natürlich kann es Ihnen passieren, dass Ihr Pferd dann gleich wieder weiterläuft, aber das ist am

Anfang überhaupt nicht schlimm. Wenn das geschieht, nehmen Sie die Zügel erneut auf und wiederholen den Vorgang.

Es gibt kein Pferd, das dieses Prinzip nicht in Windeseile erlernt und nach wenigen Trainingseinheiten noch nicht in der Lage ist, feinste Druckeinwirkung mit sofortigem Nachgeben

## Vertrauen fördern
## mit impulsartigen Hilfen

*Jeder Druck, egal ob er nun über die Zügel oder die Schenkel des Reiters erfolgt, ist für das Pferd unangenehm und oft sogar mit Schmerz verbunden. Es schadet dem Vertrauensverhältnis sehr, wenn der Reiter nur Druck ausübt, dem Pferd jedoch keinen Ausweg (der zum Druck-nachlass führt) ermöglicht.*

*Jeder Zügeldruck und jede Schenkelhilfe sollte deshalb unbedingt impulsartig gegeben werden. Das bedeutet: Der Reiter baut Druck über den Schenkel oder Zügel auf und teilt dem Pferd dadurch mit: »Ich möchte, dass du nun dorthin gehst oder dahin weichst.« Sobald das Pferd beginnt, auch nur in die richtige Richtung zu denken (Sie merken das an der Muskelanspannung Ihres Pferdes), muss der Druck sofort weggenommen werden.*

*Die Geschwindigkeit des Nachgebens ist ein extrem wichtiger Aspekt bei der Hilfengebung. Wenn Sie nachgeben, dann sollten Sie das so schnell tun, als hätten Sie sich an den Zügeln die Finger verbrannt.*

*Das Prinzip gilt für Schenkel- und Zügelhilfen gleichermaßen. Vergessen Sie das Nachgeben im richtigen Augenblick, versperren Sie Ihrem Pferd dadurch den Ausweg und es wird aus dieser Situation nichts lernen.*

*Pferde lernen durch Druckaufbau und Druck-nachlass. Mit Hilfe dieses einfachen Prinzips sind Menschen in der Lage, ihre Pferd so fein zu reiten, dass diese auf die kleinsten und feinsten Hilfen sofort reagieren.*

zu beantworten. Während meiner Wochenend-seminare werden bezüglich dieses Problems nur innerhalb von zwei Tagen meist schon sehr gute Ergebnisse erzielt.

Das gleiche Prinzip gilt natürlich auch, wenn Sie zum Beispiel Ihr Pferd rückwärts richten möchten oder einen Richtungswechsel verlangen. Dabei achten Sie bitte darauf, dass Ihre Zügel-fäuste parallel zueinander stehen; die äußere Zügelhand »stützt« oder begrenzt und die innere Zügelhand führt.

## Der »faire« Schenkel

Mit Hilfe der Schenkel ist der Reiter in der Lage, seinem Pferd Sicherheit zu bieten (das gilt übrigens auch für Westernreiter). Das bedeutet: Der Schenkel »rahmt« das Pferd leicht ein,

■ **Drehen Sie die Wade leicht, so wird es für Sie einfacher, dem Pferd verständlich zu machen, was Sie von ihm möchten.**

ohne dabei Druck auszuüben. Schenkeldruck wird nur bei Bedarf eingesetzt. Auch mit den Schenkeln wird – meist unbewusst – viel zu viel gearbeitet. Die meisten Reiter bemerken gar nicht, wann sie treiben.

Machen Sie sich bewusst, dass Sie Ihrem Pferd mit jeder unnötig gegebenen Hilfe die Chance nehmen, fein und sensibel zu reagieren. Wenn Ihr Pferd permanent Druck durch den Reiterschenkel erfährt, verliert dieser an Bedeutung. Das Einzige, was das Pferd dabei lernt, ist, ein bestimmtes Maß an Schenkeldruck konsequent zu ignorieren.

Pferde können (und werden) niemals sensibel auf die Hilfen ihrer Reiter reagieren, wenn deren Hilfen sowieso schon immer so stark eingesetzt werden, dass ein »Zulegen« kaum mehr möglich ist.

Oft behaupten Reiter: »Mein Pferd geht nicht seitwärts«, oder »Mein Pferd kann nicht auf der Vorhand wenden.« In den meisten Fällen liegt das daran, dass der Druck des Schenkels nicht rechtzeitig nachlässt, wenn das Pferd richtig reagiert. Stattdessen wird munter weiter geklopft und getrieben.

Es ist das gleiche Prinzip wie bei den Zügelhilfen. Das Pferd kann nur begreifen, was der Reiter von ihm möchte, wenn dieser ihm das Richtige angenehm und das Falsche unangenehm macht. Und Druck ist immer unangenehm. Bleibt er dauerhaft bestehen, weiß das Pferd nicht, was von ihm erwartet wird.

*Weniger ist mehr.*

Für die Praxis bedeutet das zum Beispiel für die Seitengänge: Sie legen den Schenkel an (und geben dabei die entsprechende Zügel- und Gewichtshilfe). Sobald das Pferd auch nur das Gewicht verlagert, um seitwärts zu treten, lässt der Druck sofort nach. Ein winziger Schritt reicht – wie immer – am Anfang vollkommen aus.

Loben Sie Ihr Pferd, lassen Sie es einen Moment lang stehen und machen Sie ihm so das Richtige angenehm. Möchten Sie Ihr Pferd später mehrere Schritte seitwärts gehen lassen, verfahren Sie ganz genau so. Nach dem Ansatz des ersten Schrittes, verschwindet umgehend auch der Druck. Für die Einleitung des zweiten Schrittes wird der Druck erneut aufgebaut. Reagiert das Pferd, lassen Sie nach.

Wenn Sie konsequent mit diesem Prinzip arbeiten und dabei nicht ungeduldig werden, dauert es nicht lange und Ihr Pferd wird auf minimale Hilfen flüssig und gern zur Seite treten.

## Der Sitz des Reiters und die Vorteile guten Unterrichts

Die Be-strict-Methode ist kein Ersatz für Reitunterricht. Ich bin der Überzeugung, dass Unterricht nötig ist, weil die Kontrolle von außen da sein muss. Außerdem schleicht sich nur allzu schnell der »Schlendrian« ein, wenn niemand da ist, der beim Korrigieren hilft.

Ein guter, entspannter Sitz ist der Traum vieler Reiter. Einige von ihnen verbringen ihr gesamtes Reiterleben damit, ihren Sitz ständig zu korrigieren und zu verbessern.

Um impulsartige Hilfen geben zu können, benötigt der Reiter ein relativ gutes Körpergefühl. Während meiner Kurse sind gut zwei Drittel aller Reiter komplett verwirrt, wenn ich sie dazu auffordere, einfach einmal »passiv« im Sattel zu sitzen. Denn genau das ist notwendig, um Hilfen signalartig und punktuell setzen zu können.

In vielen Fällen wird nach dieser Aufforderung munter weiter geklopft, geschoben und mit den Zügeln herumhantiert – nicht, weil die Reiter »Bohnen in den Ohren« haben oder weil sie diese Lektion als sinnlos oder albern betrachten, sondern weil ihnen überhaupt nicht bewusst ist, was sie »da oben« alles veranstalten.

■ **Ein korrekter Sitz und die richtig Zügelführung sind für die optimale Verständigung zwischen Reiter und Pferd unerlässlich. So muss ein Pferd weniger ausbalancieren und kann sich auf die Hilfen des Reiters und die Ausführung der Übungen konzentrieren.**

Wenn ich sie dann beim munteren Schenkelklopfen ertappe und ihnen sage: »Nun halte doch einmal Deine Beine still«, bekomme ich die entrüstete Antwort: »Aber ich hab' doch gar nichts gemacht.«

*Reduzieren Sie Ihre reiterlichen Hilfen auf ein Minimum.*

Haben Sie schon einmal versucht, absolut »passiv« im Sattel zu sitzen? Mit »passiv« meine ich keineswegs, dass Sie zusammensacken, wie ein altersschwacher Luftballon, oder sich herum-

lümmeln, wie in Ihrem Lieblingssessel. »Passives Sitzen« bedeutet, dass Sie sich den natürlichen Bewegungen des Pferdes anpassen, ohne es dabei in irgendeiner Form zu behindern, zu beeinflussen oder zu stören.

Das heißt, sie unterdrücken bitte ab sofort den eingefleischten Drang, Ihr Pferd permanent mit den Schenkeln treiben zu wollen; Sie treiben auch nicht mit dem Kreuz. Die Zügel sind fortan maximal dafür da, eine ganz seichte Verbindung zum Pferdemaul zu halten.

Lassen Sie sich bei diesem Test vom Boden aus beobachten, und Sie werden staunen, wie oft es Ihnen noch nicht einmal bewusst ist, dass Sie Ihrem Pferd irgendwelche Signale geben. Erst wenn Sie wissen, wie es sich anfühlt, wenn Sie tatsächlich »passiv« sitzen, werden Sie in der Lage sein, Ihre Hilfen impulsartig und damit wohl dosiert einzusetzen.

Bevor Sie also damit beginnen, Ihrem Pferd neue Lektionen beizubringen, empfehle ich Ihnen, zuerst ein Gefühl für den »passiven« Reitersitz zu entwickeln. Ansonsten besteht die Gefahr, dass Ihr Pferd Sie nicht verstehen wird, weil Sie ihm unbewusste Befehle erteilen. Dies wiederum kann dazu führen, dass Ihr Pferd diese unbewussten Befehle zwar korrekt ausführt, Sie diese Reaktion aber als einen »Fehler« wahrnehmen. Und schon treibt wieder ein Stück Vertrauen unbeabsichtigt den Bach hinunter, weil Sie Ihr Pferd möglicherweise für etwas bestrafen, was es im Prinzip richtig gemacht hat.

Beim Reiten kommt es sehr häufig vor, dass sich Fehler einschleichen, die der Reiter selbst überhaupt nicht registriert. Aus diesem Grunde halte ich die Kontrolle von außen für wichtig. Professionelle und objektive Ratschläge eines guten Reitlehrers sind schon allein deshalb nötig, um herauszufinden, in welche Richtung Sie sich eventuell spezialisieren möchten. Denn manchmal liegen Welten zwischen der Wunschvorstellung und dem, was Ihr Pferd wirklich mit Ihnen leisten kann.

Auch grobe Sitzfehler können die allerwenigsten Reiter selbstständig korrigieren. Auf sich

### Zuckerbrot oder Peitsche? Wie Sie Lob oder Tadel gezielt einsetzen

*Auf meinen Seminaren habe ich eine interessante Entdeckung gemacht: Am Boden neigen die meisten Menschen dazu, Ihre Pferde immerzu berühren und liebkosen zu wollen (was, wie Sie wissen, nicht richtig ist). Umso erstaunlicher ist es, dass dieser »Streichelzwang« des Menschen wie von Geisterhand zu verschwinden scheint, sobald er im Sattel Platz genommen hat.*

*Kurz: Im Sattel hört auch das Loben auf. Stattdessen wird hier wesentlich häufiger gestraft; oft auch ungerechtfertigt. Lob ist aber ausgesprochen wichtig, wenn es Ihnen am Herzen liegt, mit Ihrem Pferd eine Basis des Vertrauens zu schaffen.*

*Suchen Sie deshalb nicht akribisch nach den Fehlern, die Ihr Pferd macht, um es anschließend dafür zu bestrafen, sondern konzentrieren Sie sich vor allem auf Dinge, die Ihr Pferd gut macht, damit Sie es belohnen können.*

*Wenn Ihr Pferd ausschließlich eine Rückmeldung über das erhält, was es alles »verbockt« hat, kreieren Sie eine Motivationsblockade. Stellen Sie sich vor, Ihr Chef würde Sie ständig nur anbrüllen und ihnen das Gefühl vermitteln, dass Sie eine absolute Niete in Ihrem Job sind. Würden Sie dann morgens noch mit Elan und Freude zur Arbeit gehen wollen?*

*Und noch etwas: Sie haben nur etwa 1–2 Sekunden Zeit, um Ihr Pferd für etwas zu belohnen bzw. um es zu korrigieren. Denn nach Ablauf dieser Zeitspanne kann es Ursache und Wirkung nicht mehr miteinander verknüpfen und weiß nicht mehr, warum oder weshalb es bestraft oder auch gelobt wurde. Fazit: Es wird kein Lerneffekt erzielt.*

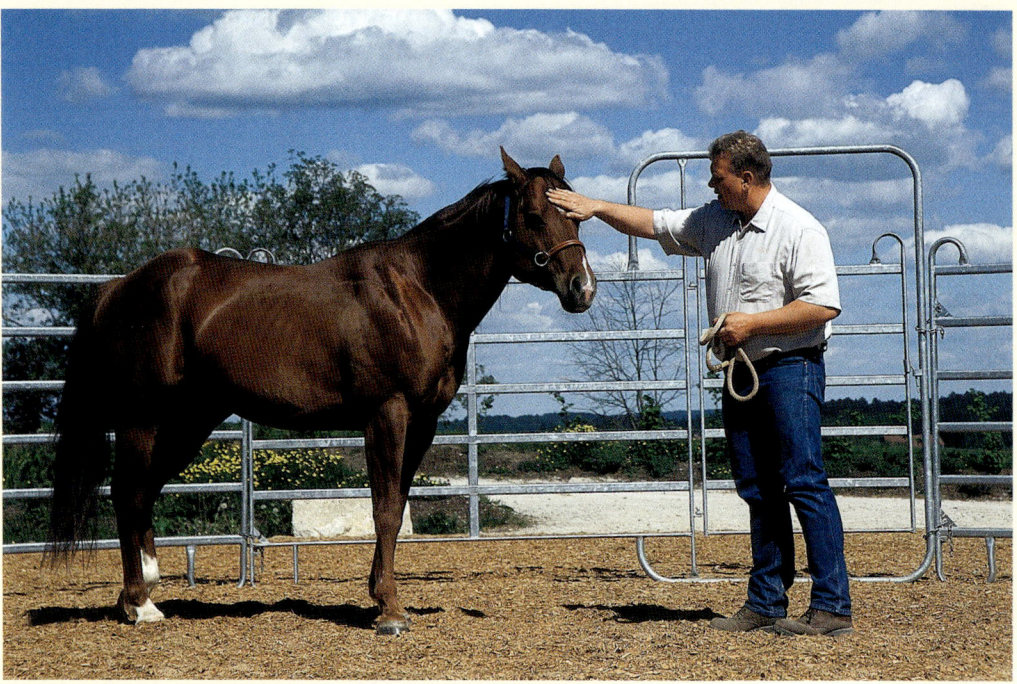

■ **Ein kurzes Streichen über die Stirn, reicht als Lob in der Regel meist aus. Im Gegensatz zu einem Leckerli, haben Sie Ihre Hand immer dabei und können Ihr Pferd loben, wenn es angebracht ist.**

allein gestellt, ist jeder Mensch nur bedingt beurteilungsfähig; und jede Reflexion wird von subjektiven Eindrücken geprägt sein, die die Realität verfälschen.

Wenn Sie in der glücklichen Lage sind, einen sehr guten Reitlehrer gefunden zu haben, werden Sie außerdem sehr bald feststellen, dass sich dessen Vorgehensweise mit den Prinzipien des Be-strict-Konzepts deckt.

Sollten Sie nicht die Möglichkeit haben, in Ihrer Umgebung Reitunterricht zu nehmen, empfehle ich Ihnen, hin und wieder Wochenendkurse oder Seminare zu besuchen, die sich mit Ihrer bevorzugten Reitweise beschäftigen. Solche Intensiv-Lehrgänge bei seriösen Trainern können unglaublich viel bewirken.

## Der Vertrauens-Check

Im Folgenden beschreibe ich drei Tests, mit denen Sie überprüfen können, ob Ihr Pferd Ihnen vertraut.

### Test 1: Entspannt sich Ihr Pferd in Ihrer Gegenwart? Die vertikale Kopfkontrolle

Ein aufgeregtes, angespanntes Pferd ist auch ein sorgenvolles, ängstliches und gestresstes Pferd. Es ist logisch, dass es unter solchen schlechten Voraussetzungen weder konzentrationsfähig ist noch lernen kann. In jeder Reitweise gibt es daher den Grundsatz, ein Pferd erst einmal zu »lösen«, bevor es trainiert wird.

Was allerdings zuweilen unter »Lösen« verstanden wird und vor allem: Welche Methoden es gibt, um genau das zu erreichen, nimmt bisweilen schon ziemlich abenteuerliche Züge an. Meistens wird das Pferd während der Lösungsphase »irgendwie« bewegt und einfach abgewartet, bis es sich entspannt. Manchmal klappt es, manchmal nicht. Die Methode, das Pferd müde zu reiten, bis die ersehnte Dehnungshaltung eintritt, kann auch nicht empfohlen werden.

Es bringt einige Vorteile mit sich, wenn der Reiter seinem Pferd jeder Zeit bei der Entspannung behilflich sein kann. Erstens kann während der Lösungsphase Zeit eingespart werden und zweitens kann der Reiter sein Pferd auch in Stress-Situationen in diese Haltung bringen. Das unterstützt das Vertrauensverhältnis natürlich erheblich; und es ist auch nicht schwierig, dieses »Cool down« zu erreichen.

Es ist sinnvoll, wenn die Übung erst am Boden einstudiert wird. Hierfür üben Sie mit dem Führstrick einen gleich bleibenden, abwärts weisenden Druck aus, den Sie solange beibehalten, bis das Pferd kurz einmal im Genick nachgibt. In diesem Augenblick lassen Sie sofort nach und loben Ihr Pferd.

Es wird nicht lange dauern und Ihr Pferd weiß, dass es dem Druck ausweichen kann, indem es den Kopf absenkt. (Es ist also wieder eine impulsartige Hilfe, die Sie Ihrem Pferd geben.) Das Absenken des Pferdekopfes können Sie am Boden in jeder erdenklichen Situation üben, und zwar, wann immer Sie Ihr Pferd aufgehaltert oder aufgetrenst haben. Auch während des Putzvorganges ist es möglich, dies zu trainieren.

Wenn Sie diese Lektion regelmäßig üben, wird eine minimale Handbewegung Ihrerseits in Richtung Führstrick ausreichen, und Ihr Pferd wird sofort den Kopf absenken. Es lernt dadurch: »Hier passiert nichts besonderes; ich kann mich ausruhen.«

Mit gesenktem Kopf dazustehen, ist für Pferde sehr wohltuend. Wenn Pferd dösen, haben sie ebenfalls meistens den Hals dabei abgesenkt. Entspannte Pferde tragen den Kopf tief und werden in dieser Haltung wesentlich weniger erschrecken und ihre Fluchtbereitschaft zeigen. Funktioniert das Ganze am Boden und hat Ihr Pferd verstanden, wie es dem Druck weichen kann, wird es auch im Sattel für Sie sehr einfach sein, Ihrem Pferd beizubringen, auf Ihr Signal den Kopf zu senken.

■ **Sie ziehen am Strick gleichmäßig aber stetig nach unten.
Sobald Ihr Pferd nachgibt,
lassen Sie sofort den Druck
nach und loben es. Viele Pferde
»nicken« nur ganz leicht, deshalb erfordert diese Übung
volle Konzentration.**

Sie beginnen mit dieser Übung
zunächst im Stand. Hierfür nehmen Sie beide Zügel gleichmäßig
auf und üben sanften, aber bestimmenden Druck aus. Auch hier
wird der Druck solange beibehalten, bis Ihr Pferd im Genick nachgibt. Erfahrungsgemäß ist es so,
dass die meisten Pferde den Kopf
gleich wieder hochnehmen; das
macht aber nichts. In diesem Fall
nehmen Sie die Zügel sofort wieder auf und wiederholen die Lektion.

Wenn Sie das Ganze dann später
im Schritt üben, kann es sein, dass
Ihr Pferd seinen Hals zwar relativ
tief trägt, ihn aber dabei bewegt.
Das liegt daran, dass es seine neu
gewonnene »Freiheit« noch gar
nicht fassen kann und muss nun
die Haltung finden, die für ihn am
bequemsten ist.

Jedes Pferd hat – ganz individuell
– eine andere Stellung, in der es
den Kopf gern trägt. Hat Ihr Pferd
erst einmal herausgefunden, welche Position für ihn die ange-
nehmste ist, wird es sehr gerne in
dieser entspannten Haltung laufen.

Falls Sie sich unsicher sind, ob Sie
»erfühlen« können, wann Ihr Pferd
im Genick nachgibt, können Sie
einen Spiegel zu Hilfe nehmen

■ **Dasselbe wird auch im Sattel geübt. Wenn Ihr Pferd vom Boden aus gelernt hat, nachzugeben, wird es Ihnen auch im Sattel gelingen, dass das Pferd seinen Kopf senkt. Auch hier gilt: Gibt das Pferd nach, dann werden auch Sie sofort mit der Hand weich und geben nach.**

## Die Vorteile des Trainingshalfters

*Für das Training – sowohl mit fremden als auch mit meinen eigenen Pferden – verwende ich das Geitner-Halfter aus Nylon, das ich gemeinsam mit Erich Dolz konstruiert habe. Durch den weichen, in sich geteilten, Nasenriemen aus Leder wird leichter Druck auf den Nasenrücken des Pferdes ausgeübt.*

*Die impulsartigen Hilfen, die ich gebe, kommen somit sehr deutlich bei den Pferden an, und der Lerneffekt stellt sich schon innerhalb sehr kurzer Zeit ein. Wir haben das Halfter so konstruiert, dass Sie den Führstrick unmittelbar an den Ringenden des ledernen Nasenriemens befestigen können, während Sie mit Ihrem Pferd arbeiten. Dadurch erhöht sich der Druck minimal und das Pferd wird sensibler reagieren (zum Beispiel beim Rückwärtsrichten).*

*Außerdem ist es möglich, eine Longe an beiden Seiten einzuhängen. Mittlerweile hat sich das Halfter auch bei vielen Reitern bewährt, die eine gebisslose Zäumung bevorzugen. Bitte klären Sie mit Ihrer Versicherung ab, ob sie Schäden auch dann übernimmt, wenn Sie gebisslos Reiten (fast alle tun dies), bevor Sie mit dem Geitner-Halfter ins Gelände reiten.*

oder jemanden bitten, das Ganze vom Boden aus mitzuverfolgen, damit er ihnen sagen kann, wann Sie nachgeben müssen. Erfahrungsgemäß benötigen Pferde übrigens selten mehr als zehn Minuten, bis sie dieses Prinzip verstanden haben.

### Test 2: Können Sie mit Ihrem Pferd problemlos Hindernisse überwinden?

Wenn Pferde im Gelände über jede Wurzel stolpern, wenn sie mit ihren Hufen an sämtlichen, herum liegenden Ästchen »hängen bleiben« oder bei den meisten, zu überspringenden Hindernissen die Stange »mitnehmen«, bekommen sie allzu schnell den Stempel »unfähig« oder »tollpatschig« aufgedrückt.

Das ihnen so etwas aber offensichtlich nur unter dem Reiter passiert bzw. dann, wenn der Mensch mit ihnen umgeht, sollte uns zu denken geben. Merken Sie sich bitte folgenden Satz:

> *Der Reiter trägt die Verantwortung dafür, dass das Pferd nicht »gefressen« wird. Und das Pferd übernimmt die Verantwortung dafür, zu sehen, wohin es seine Hufe setzt.*

Das Pferd kann seiner Verantwortung nur nachkommen, wenn der Reiter für dessen Sicherheit sorgt. Denn wenn Ihr Pferd ständig darauf achten muss, ob nicht irgendwo ein Raubtier aus dem Gebüsch springt, kann es nicht aufpas-

■ **Über Stangen zu gehen bzw. zu traben, ist eine wichtige Basisübung. Verändern Sie dabei immer wieder den Abstand der Stangen, damit keine Routine aufkommt. Idealerweise sollte das Pferd dabei den Kopf nach unten nehmen.**

sen, wohin es tritt. Versuchen Sie mal, anständig geradeaus zu laufen und dabei nicht zu stolpern, während Sie in die Luft gucken. Das geht gar nicht.

Gezielte Stangen-Arbeit ist eine wichtige Grundlektion zur Förderung des gegenseitigen Vertrauens. Erst wenn Ihr Pferd am Boden liegende Stangen in unterschiedlichen Abständen fehlerfrei und aufmerksam überwinden kann, steigern Sie den Schwierigkeitsgrad langsam, indem Sie die Hindernisse erhöhen.

Wichtig ist, dass Sie Ihr Pferd vor der Bewältigung eines Hindernisses jeglicher Art noch einmal kurz entspannen und aufmerksam machen. Damit teilen Sie ihm mit: »Ich bin bei dir und es kann nichts passieren, denn ich passe auf dich auf.«

Als Reiter sind Sie nicht in der Lage zu bestimmen, wann Ihr Pferd abspringen sollte, um das Hindernis ohne Schwierigkeiten zu überwinden. Ihr Pferd weiß selbst am allerbesten, wann der richtige Zeitpunkt für den Absprung gekommen ist, denn schließlich sagt ihm auch sein Boss in der Herde nicht, in welcher Sekunde es nun abspringen soll.

Den richtigen Zeitpunkt zu bestimmen ist einzig und allein der »Job« Ihres Pferdes; und diesen Job wird es nur dann gut machen, wenn Sie es zulassen, indem Sie es nicht behindern und die nötigen Voraussetzungen schaffen.

Das heißt: Sie machen Ihr Pferd zwar kurz vor dem Sprung noch einmal aufmerksam, übergeben ihm dann jedoch die Verantwortung. Kurz bevor und während Ihr Pferd mit Ihnen das Hindernis bewältigt, bestehen Sie also sinnigerweise nicht mehr darauf, dass es sich auf Sie konzentriert. Denn in diesen wenigen Sekunden benötigt Ihr Pferd seine ganze Konzentration, um zu sehen, wohin es seine Hufe setzen muss.

*Konzentrieren Sie Ihr Pferd vor jedem Hindernis, entspannen Sie es und übergeben Sie ihm anschließend die Verantwortung für die korrekte Bewältigung.*

Zugegeben: Stangenarbeit erfordert viel Feingefühl und ein sehr hohes Maß an Konzentration (für Pferd und Reiter). Bei dieser Lektion zeigt sich, wie gut die Kommunikation zwischen Ihnen und Ihrem Pferd wirklich funktioniert, ob Ihr Pferd Ihnen vertraut und ob Sie bereit sind, sich vertrauensvoll auf die Erfahrung Ihres Pferdes zu verlassen, indem Sie ihm kurzzeitig die Verantwortung übergeben.

## Test 3: Geht Ihr Pferd mit Ihnen über eine Plastikplane?

Jedes Pferd kennt sie, die »gefährlichen Raubtiere«, die überall auftauchen können. Sie verstecken sich in Sträuchern, hocken im Gebüsch, lauern niederträchtig hinter Weggabelungen; und manchmal tauchen sie sogar in Pfützen unter, um dort ihr Unwesen zu treiben und warten nur darauf, den hilflosen Vierbeiner in die Tiefe zu ziehen.

Dummerweise kommt hinzu, dass das Pferd nie wissen kann, wie die Unholde aussehen und wo sie genau zu finden sind. Wie furchtbar, wenn dann niemand zur Stelle ist, der dem Krisen geschüttelten Vierbeiner sagen kann: »Mach dir keine Sorgen; es ist alles gar nicht so schlimm wie du denkst.«

Es kommt häufig vor, dass Pferde sich weigern, mit ihren Reitern durch oder über etwas Unbekanntes zu gehen. Das können Brücken sein, Pfützen, Bäche usw. Anhand des Trainings mit der Plastikplane möchte ich Ihnen verdeutlichen, wie Sie Bodenhindernisse solcher Art am besten mit ihrem Pferd bewältigen und wie Sie Ihrem Pferd in so einer Situation die nötige Sicherheit bieten können.

*1. Fehler: Zwang*
Die meisten Reiter machen den Fehler, dass sie Ihre Pferde regelrecht in das Hindernis (und damit in die Gefahr) hineinziehen. Häufig setzen sie dabei sogar die Gerte oder die Sporen ein.

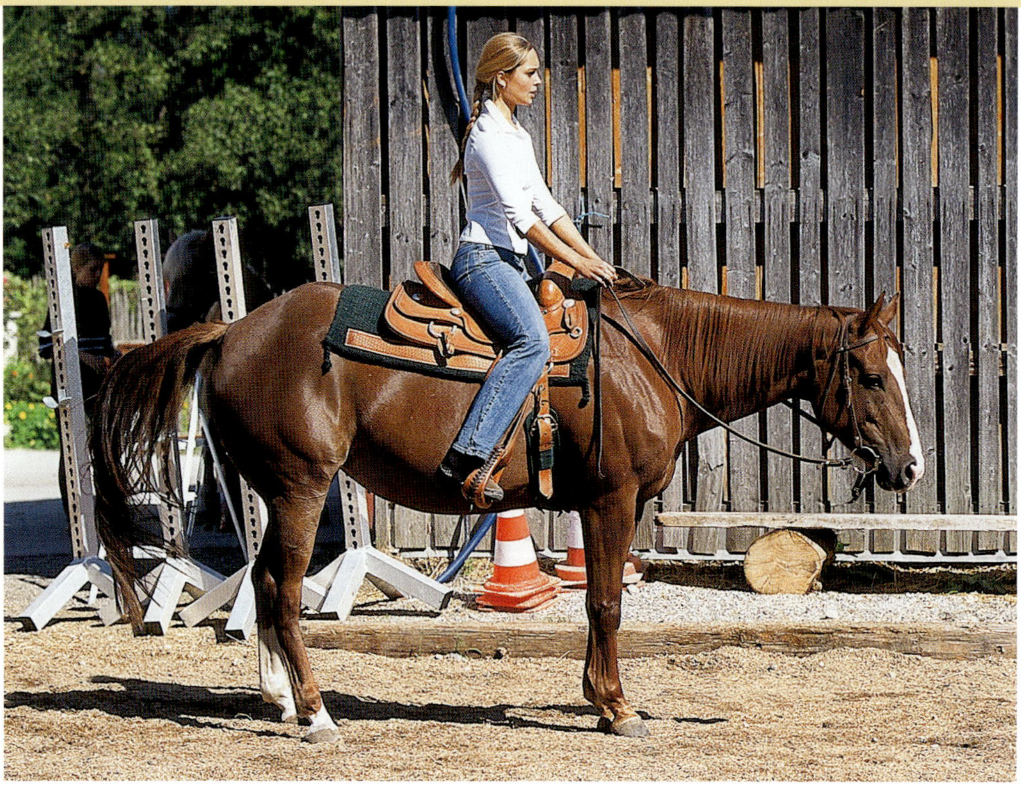

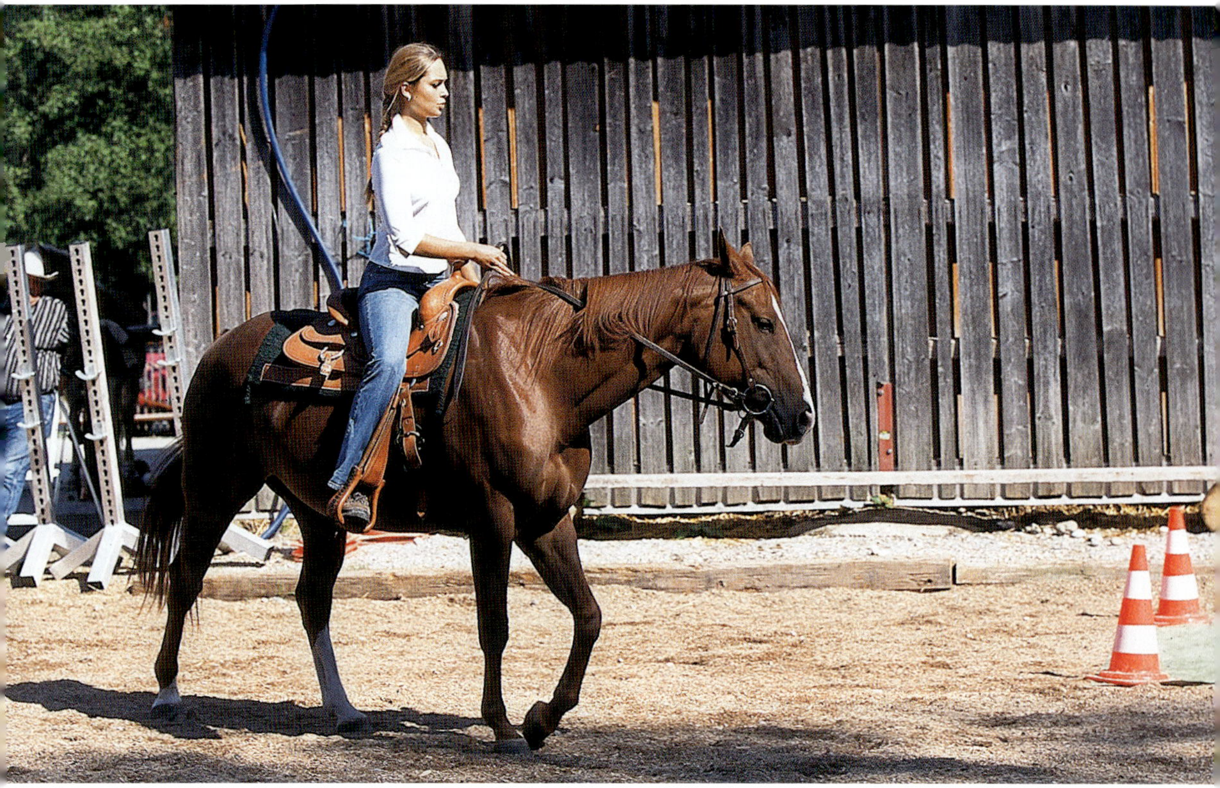

■ Das Pferd über eine Plane gehen zu lassen, ist eine Basisübung, die jedes Pferd locker beherrschen sollte. Lassen Sie sich Zeit, aber bleiben Sie beharrlich in Ihrem Vorhaben.

Was einem Pferd in so einem Augenblick wohl durch den Kopf gehen mag, liegt auf der Hand: »Dreht mein Zweibeiner nun vollkommen durch?«, wird es glauben. »Da unten hockt vielleicht ein Raubtier und er will uns geradewegs in dessen Schlund hineinbugsieren.«

Wenn Sie Ihr Pferd also in die Gefahr hineinziehen, sagen Sie ihm damit nichts anderes als: »Ich habe keine Ahnung und bin mindestens genauso gefährlich wie das Ding, das da am Boden lauert.«

Sie bestätigen dem Pferd in diesem Augenblick genau das, was es sowieso schon von uns Menschen denkt, nämlich das wir die Gefahren nicht erkennen und daher auch keine Sicherheit bieten können.

Die Lösung lautet: Gehen Sie das Hindernis an, indem Sie keinesfalls nach unten zur Plane sehen. Schauen Sie über die Plane, und fixieren Sie einen Punkt am Ende der Halle oder dem Reitplatz. Denken Sie immer wieder laut: Ich weiß, die Plane tut uns nix. Wenn Ihr Pferd beim erstenmal ausweicht, ist das nicht so schlimm. Reiten Sie einfach an der Plane vorbei, und gehen Sie das Hindernis immer wieder an. Runde für Runde nähern Sie sich der Plane an. Sie werden sehen, dass die meisten Pferde nach ein paar Versuchen problemlos über die Plane marschieren.

■ Links: Das Pferd soll über die Plastikplane gehen. Man sieht deutlich, dass es die Situation fragend betrachtet. Das Pferd geht nicht geradeaus auf die Plane zu, sondern schiebt über die Schulter nach rechts.

*2. Fehler: Aufforderung zur Auseinandersetzung*
Ein weiterer Fehler besteht darin, dass der Reiter glaubt, seinem Pferd etwas Gutes zu tun,

■ Das Pferd trägt den Kopf hoch und zeigt durch das »Schweifschlagen« an, dass es diese Gangart nicht allzu gerne ausführt. Der nach unten gerichtete Blick der Reiterin, macht es dem Pferd auch nicht leichter. Im Gegenteil, es spürt, dass die Reiterin nicht für seine Sicherheit sorgt.

■ Hier läuft das Pferd über die äußere Schulter weg. Die innere Schulter der Reiterin ist zu weit hinten und die innere Zügelhand zu weit unten. Das Pferd wird förmlich eingeladen, über die Schulter zu gehen.

wenn er es dazu veranlasst (oder es ihm zusteht), sich das »Monster« genauer anzusehen. Auch das führt im Regelfall dazu, dass das Pferd völlig verunsichert wird. Denn eine Sache, die so ungeheuer wichtig ist, dass man gleich mehrmals hingucken sollte, ist höchstwahrscheinlich auch gefährlich.

Spätestens nach dem zweiten Hingucken wird das Pferd fragen: »Was ist denn nun? Ist das Ding jetzt gefährlich oder nicht? Wo kommen die Raubtiere raus?« Wenn Sie dann nicht den Kopf Ihres Pferdes gerade richten und sich seine Aufmerksamkeit zurückholen, wird Ihr Pferd beschließen, dass das Ding da unten wirklich ein Pferdefresser ist. In seinen Augen wissen Sie nicht, was zu tun ist.

Und was geschieht? Es trifft seine eigene Entscheidung und die heißt flüchten. Richtig reagieren Sie, wenn Sie ihrem Pferd wohl ein kurzes Hinsehen gestatten, dann aber sofort dessen Kopf wieder in eine gerade Position bringen und sich die Aufmerksamkeit zurückholen.

> *Nehmen Sie Ihrem Pferd die Wichtigkeit der Dinge; bieten Sie ihm Sicherheit.*

Mit dieser Reaktion sagen Sie Ihrem Pferd: »Es ist nicht wichtig. Pass auf. Ich weiß genau, wo die Grizzlys sitzen und in welcher Ecke Pumas lauern. Ich bin bei dir und habe alles unter Kontrolle.«

3. Fehler 3: Das »Mähnen-Kino«. Der Reiter schaut nach unten.
Durch das Hinunterschauen teilen Sie Ihrem Pferd mit: »Hey, jetzt musst du aber ganz besonders gut Acht geben, denn da unten stimmt etwas nicht. Es könnte passieren, dass uns gleich irgendetwas anspringt.« Und schon wieder befindet sich Ihr Pferd in der Entscheidungsnot.

Wenn Sie ständig nach unten oder auf die Mähne Ihres Pferdes schauen, signalisieren Sie Ihrem Pferd damit: »Ich kümmere mich nicht

mehr um die Raubtiere, sondern um die Bodenbeschaffenheit.« Und das entspricht nicht der Rollenverteilung: Die Pferdefresser sind Ihr Job und Ihr Pferd sollte sich um die Bodenbeschaffenheit kümmern, damit es auch sehen kann, wohin es tritt.

Richtig ist es, aufrecht zu sitzen und den Blick in die Bewegungsrichtung zu richten. Stellen Sie sich vor, Sie stehen auf einem Felsvorsprung in den Rocky Mountains und sehen von dort aus in das weite Land. Mit diesem Bild im Kopf sollten Sie reiten. Und zwar nicht nur dann, wenn »Pferdefresser« im Anmarsch sind, sondern immer.

### Gute Seiten, schlechte Seiten

*Erfahrungsgemäß ist es so, dass die meisten Pferde unbekannte Dinge auf der einen Seite besser akzeptieren als auf der anderen Seite. Bei dieser Übung lässt sich übrigens sehr gut feststellen, auf welcher der beiden Seiten das Pferd schlechter zu reiten ist. (Bei den meisten Pferden ist die rechte Seite die besser trainierte.) Hat Ihr Pferd zum Beispiel ein deutlicheres Problem damit, linksseitig an einer Plane vorbeizugehen, so ist es auch beim Training meistens so, dass es sich auf dieser Seite nicht so gut stellen/ biegen lässt.*

*Ich vertrete die These, dass das nicht allein an der schlechten Gymnastizierung dieser Hand liegt, sondern auch daran, dass eine der beiden Gehirnhälften weniger Erfahrungen »abgespeichert« hat. Folglich tritt auf der »schlechten« Seite so etwas wie ein »Sicherheitsvakuum« auf. Achten Sie deshalb unbedingt darauf, dass beide Seiten gleich gut trainiert werden und dass Sie Ihrem Pferd Unbekanntes immer von allen Seiten zeigen. Lassen Sie sich nicht entmutigen, wenn Sie für die »schlechte Seite« wesentlich mehr Zeit verwenden müssen.*

*Wenn Sie als Rechtshänder lernen müssten, mit der linken Hand zu schreiben, würden Sie das sicher auch nicht von heute auf morgen lernen.*

KAPITEL 6

# Zurück zu den Wurzeln! Rangorientiertes Reiten ist sicheres Reiten

# Der Umgang mit Schwierigkeiten

### Wenn Pferde »durchdrehen«

Immer wieder höre ich Fragen, wie: »Was kann ich tun, wenn mein Pferd steigt?« Oder: »Wie sollte ich vorgehen, wenn mein Pferd ständig bockt oder mit mir im Sattel durchgeht?«
Natürlich könnte ich nun ganz genaue Anweisungen geben, was der Reiter in jedem einzelnen Falle tun muss, wenn sein Pferd zum Beispiel steigt – er lehnt sich nach vorne, um das Gewicht auf die Vorderhand zu bringen, gibt Paraden usw. –, damit ist aber niemandem langfristig gedient, weil hier nur an den Auswirkungen einer Problematik herumkuriert wird, aber die eigentliche Ursache des Problems ungelöst bestehen bleibt.

*Was geschieht, wenn Probleme isoliert betrachtet werden.*
Anhand der Problembeschreibung kann ich erkennen, dass die meisten Pferdemenschen dazu neigen, Probleme weitgehend isoliert zu betrachten. Was fast alle Reiter sehen bzw. bewusst wahrnehmen, ist nur die Auswirkung eines viel tiefer sitzenden Problems.
Stellen Sie sich bitte einmal vor, Sie beziehen ein neues Haus oder eine neue Wohnung. Während Sie mit den Renovierungsarbeiten beschäftigt sind, stellen Sie fest, dass sich an einigen Wänden in Ihrem neuen Domizil Schimmel gebildet hat. Da diese ekelhafte Pilzbildung nicht nur unschön aussieht, sondern auch noch ungesund ist, beschließen Sie ganz richtig: »Das Zeug muss weg.« Fragt sich nur, wie?
Viele rücken dem Schimmelproblem mit einem Anti-Schimmel-Spray und einem Pinsel zu Leibe. Die betroffenen Stellen werden also mit diversen »Wundermittelchen« angesprüht und mit Farbe überstrichen, in der Hoffnung, das Problem damit beseitigt zu haben. Doch spätestens, wenn es regnerisch wird, blüht der Schimmel wieder auf, eventuell auch an ganz neuen Stellen.
Der Grund ist, dass das Schimmelproblem nicht an der Wurzel beseitig wurde, sondern nur die sichtbaren Auswirkungen kaschiert wurden. Das nach wie vor bestehende Grundproblem ist in diesem Falle ein Pilzgeflecht, das sich durchs Mauerwerk zieht. Wenn man das Problem also langfristig beseitigen möchte, muss das befallene Mauerwerk saniert werden, denn dort liegt die eigentliche Ursache.

> *Betrachten Sie Probleme nie isoliert, sondern kehren Sie an die Wurzel der Schwierigkeit zurück.*

Machen Sie sich bei jedem auftretenden Problem stets bewusst, wie anstrengend es für das Pferd sein muss, mit einem Menschen zusammen zu sein, der seine Rangposition ständig wechselt (und das tun die meisten Reiter). Es ist kein Wunder, dass manche Pferde durchdrehen.
Auf meinen Kursen erlebe ich es immer wieder, dass schon am zweiten Kurstag Probleme »verschwinden«, an denen sich die Teilnehmer oft Monate lang regelrecht die »Zähne ausgebissen« haben. Und das liegt nur daran, weil die meisten Pferde schon nach zwei Tagen begriffen haben, dass sie sich keine Sorgen mehr um ihre Sicherheit machen müssen und sich voll und ganz auf ihren Reiter konzentrieren können.

### Zurück zu den Wurzeln

Genau an dieser Stelle setzt das Be-strict-Konzept an. Also nicht an dem Punkt, an dem die

> *Nahezu jedes Problem, das sich im Umgang mit Pferden ergibt, hat seine Ursache in der ungeklärten Rangordnung.*

Schwierigkeit ihre Auswirkungen zeigt, sondern dort, wo das Problem entstanden ist.

Der Schwerpunkt meines Systems liegt darin, solche Schwierigkeiten gar nicht erst entstehen zu lassen bzw. Probleme jeglicher Art an deren Wurzel zu beseitigen.

*Ein Pferd wird nur dann zum Problempferd, wenn ihm der »Führer« fehlt.*

Immer wenn Pferde das Gefühl entwickeln, dass ihre Sicherheit in irgendeiner Form nicht mehr gewährleistet wird, werden sie eigene Entscheidungen treffen. Ich vertrete den Standpunkt, dass die meisten aller Schwierigkeiten im Sattel von vorneherein vermieden werden können, wenn der Mensch das Vertrauen des Pferdes mittels Kompetenz gewinnen kann.

Doch vertrauen werden uns Pferde nur dann, wenn wir deren Sprache sprechen und wir ebenso konsequent und ranghoch werden wie das Leittier innerhalb der Herde. Mit einem kompetenten »Boss« an der Seite geraten Pferde nicht in Stress und werden sich auch nicht genötigt fühlen, nach Auswegen zu suchen bzw. eigene Entscheidungen zu treffen.

Mit jeder einzelnen Stufe, die der Mensch auf der Rangordnungs-Skala erklimmt, verschiebt er die Grenze, an der sein Pferd eigene Entscheidungen trifft, weiter nach hinten.

*Je höher der Mensch in seinem Rang ist, desto weniger eigene Entscheidungen wird das Pferd treffen und desto weniger Probleme wird der Mensch im Sattel haben.*

Die notwendige Ranghöhe grundsätzlich herzustellen und beizubehalten, wird das vorherrschende Thema dieses Kapitels sein.

Wie ich bereits erwähnt hatte, gehen Vertrauen und Respekt geradezu nahtlos ineinander über.

Daher lassen sich spezielle Respekts- bzw. Vertrauensübungen so gut wie gar nicht voneinander trennen. In der Praxis ist es wichtig, dass Sie sich später also nicht nur auf die Vertrauens-Übungen beschränken oder sich allein den Lektionen zur Erarbeitung des Respekts widmen.

Bedenken Sie bitte stets, dass das eine ohne das andere nicht funktionieren kann. Um ein Haus bauen zu können, benötigen Sie ein Fundament. Um erfolgreich mit Pferden arbeiten zu können, brauchen Sie eine Grundlage aus Vertrauen und Respekt.

Beides können Sie mit Hilfe der Basisübungen herstellen und aufrechterhalten. Dazu gehört, dass Sie Ihr Pferd in jeder Situation aufmerksam machen, dass Sie stets kommunikationsbereit bleiben, das Grundvertrauen herstellen, sowie einen Blick dafür entwickeln, wann Ihr Pferd eigene Entscheidungen treffen möchte und damit Ihren Rang in Frage stellt.

## Sicherheit geht vor

*Bei allem Spaß und bei all der Freude, die wir beim Reiten und während des Umgangs mit unseren Pferden entwickeln, sollten wir nie vergessen, dass der Reitsport zu den gefährlichsten aller Sportarten gehört. Um den Gefahrenfaktor und das Unfallrisiko beim Reiten so gering wie nur möglich zu halten, ist es von Nöten, sich der fundierten Grundausbildung zu widmen.*

*Ein Pferd, das zuverlässig an den Hilfen steht, auch in »brenzligen Situationen« gelassen und kontrollierbar bleibt und insgesamt eine sehr gute Grundausbildung erhalten hat, ist der beste Schutz und die beste Sicherheit, die ein Reiter haben kann.*

*Zuverlässiges Anhalten, langfristiges Stehen an einem zugewiesenen Platz, flüssiges Rückwärtsgehen, sowie das Einhalten der Geschwindigkeit und der Richtung sind die wichtigsten Basisübungen innerhalb einer fundierten Grundausbildung.*

Entscheidungen, die Pferde treffen, sind manchmal derartig winzig und unscheinbar, dass der Mensch sie kaum wahrnimmt bzw. keine tiefere Bedeutung dahinter vermutet. Auf den folgenden Seiten möchte ich Ihnen helfen, einen Blick für solche Entscheidungen zu entwickeln.

Sie erhalten hier Tipps und Ratschläge, wie Sie mit einfachsten Mitteln Ihre Rangposition stärken und Ihrem Pferd zeigen, dass Sie der kompetente Boss sind, den es zu seiner eigenen Sicherheit benötigt.

## Das Pferd auf der Suche nach seinem Herdenchef

### Naturgesetze

Mehrmals täglich wird sich Ihr Pferd vergewissern wollen, ob es sich bei und mit Ihnen noch sicher und wohl fühlen kann. In vielen, kleinen Alltagssituationen stellt es Ihnen – auf seine Weise – die Frage: »Bist du wirklich ranghoch oder muss ich allein auf mich aufpassen?«

In den meisten Fällen erhalten die Pferde keinen Beweis dafür, dass sie es mit einem kompetenten Boss zu tun haben. Vielmehr kommen sie zu der niederschmetternden Erkenntnis, dass sie wieder einmal einen Unsicherheitsfaktor mit sich herumtragen müssen.

*Wenn Pferde ihre Menschen »testen«, geschieht das niemals aus Berechnung oder Boshaftigkeit.*

Pferde haben keineswegs Freude an irgendwelchen sinnlosen »Machtspielchen«, sondern suchen lediglich – gemäß ihrer Natur – nach jemandem, der sie leitet, führt, beschützt und dafür sorgt, dass die Herdenregeln konsequent und verlässlich eingehalten werden.

Welche Regeln in der vertrauten Herde Gültigkeit besitzen, weiß jedes Pferd ganz genau. Im Rahmen dieser uneingeschränkt geltenden Gesetze fühlen sich Pferde sicher.

*Jeder Regelverstoß, der vom Boss nicht registriert und korrigiert wird, führt dazu, dass die Kompetenz des »Führers« in Frage gestellt wird und hat zur Folge, dass das Pferd im Zweifelsfall eigene Entscheidungen treffen wird.*

Damit der Mensch eine reale Chance hat, von seinem Pferd ebenso geachtet und respektiert zu werden wie das ranghohe Alpha-Tier in der Herde, muss er sich erst einmal darüber im Klaren sein, welche Regeln Pferde kennen und zu ihrer Sicherheit benötigen.

Grob umschrieben gelten in jeder Herdengemeinschaft folgende, wichtige Gesetze:

1. Der Ranghohe bestimmt jeder Zeit die Richtung (und das nicht nur auf der Flucht).
2. Der »Führer« wird niemals ungefragt überholt oder gar umgerempelt.
3. »Alpha« sorgt stets dafür, dass die geforderte Geschwindigkeit eingehalten wird.
4. Der Rangniedere darf sich dem Individualbereich eines Ranghohen nur mit dessen Erlaubnis nähern und weicht ihm (in jeder Richtung) aus, sobald es verlangt wird.
5. Der Rangniedere folgt anstandslos allen Anweisungen des Herdenbosses.

Diese unumstößlichen Gesetze gelten jeder Zeit. Der Ranghohe sorgt immer dafür, dass diese Regeln von allen rangniederen Herdenmitgliedern eingehalten werden. Nur so kann eine Schutzgemeinschaft wie diese auch in Augenblicken der Gefahr funktionieren.

*Als ranghoher Mensch haben Sie nicht nur Sorge dafür zu tragen, die Raubtiere von Ihrem Pferd fernzuhalten, sondern müssen außerdem immer darauf achten, dass die notwendigen Gesetze und Regeln eingehalten werden.*

Auch wenn das nach reichlich viel Arbeit klingt und Sie denken: »Hilfe, wie soll ich das nur schaffen?«: Diese Gesetze gelten in jeder Sekunde, die Sie mit Ihrem Pferd verbringen. Denn Ihr Pferd benötigt sowohl am Boden als auch im Sattel Ihre Führung, Ihre Leitung und Ihren Schutz.

Wenn es schon am Boden in den ersten Sekunden Ihres Zusammenseins den Eindruck erhält: »Mein Mensch ist als Boss eine totale Niete«, dann werden Sie es im Sattel verflixt schwer haben. Ihr Pferd wird sich voraussichtlich dagegen sträuben, sich von Ihnen etwas beibringen zu lassen. Und mal ehrlich: Wenn Sie Ihren Chef in der Firma für einen inkompetenten »Hanswurst« halten, nehmen Sie dessen Ratschläge und Anweisungen doch sicher auch nicht so Ernst?

Weitergedacht, werden Sie sicher ganz schnell zu der Schlussfolgerung kommen, dass Sie in einer Gefahren-Situation mit Ihrem Pferd als »Möchtegern-Chef« absolut keine Chance haben werden. Spätestens, wenn es einmal »eng« wird, wird Ihr Pferd seine eigene Entscheidung treffen, und das kann ziemlich böse »ins Auge« gehen.

## Rangordnungs-Regeln im Alltag

Wie Sie wissen, kommunizieren Pferde oft auf sehr feine und »unauffällige« Art und Weise mit uns Menschen. Ebenso »unauffällig« fragen sie uns, ob wir die Qualifikation zur Führungspersönlichkeit haben.

Bereits eine winzige Abweichung vom Hufschlag ist schon ein Regelverstoß und eine vom Pferd getroffene Entscheidung. Wenn das Pferd selbstständig auch nur minimal das Tempo erhöht oder verringert, hat es eine Entscheidung getroffen. Jede (noch so kleine), vom Reiter nicht verlangte Bewegung ist auf eine vorherige Entscheidung des Pferdes zurückzuführen.

Es sind im Regelfall Augenblicke, die Sie als Reiter so gut wie gar nicht wahrnehmen. Aber Sie können ganz sicher sein, dass Ihr Pferd sehr wachsam ist und genauestens registriert hat, dass Sie nicht aufgepasst haben. Die »Quittung« für diese »Schlafmützigkeit« erhalten Sie meist viel später – oft erst dann, wenn Sie gar nicht mehr damit rechnen.

Es erfordert ein hohes Maß an Konzentration, Selbstdisziplin und Übung, um solch winzige Entscheidungen des Pferdes erkennen zu können.

Wie Sie im Alltag mit Hilfe gezielter Lektionen der »Rangordnungsfalle« entgehen können, beschreibe ich Ihnen auf den nun folgenden Seiten. Auch die empfohlene Trainingsanleitung im nächsten Kapitel wird Ihnen bei der effektiven Umsetzung helfen.

## Rangordnungs-Check Nr. 1: Das Anhalten aus der Bewegung

Folgt Ihr Pferd Ihren Anweisungen? Ein Großteil meiner Leser wird an dieser Stelle höchstwahrscheinlich sagen: »Aber natürlich lässt sich mein Pferd anhalten. Ich bekomme es immer ›irgendwie‹ zum Stehen.« Ein Pferd »irgendwie« zum Stehen bringen zu können, ist aber nicht das, was ich unter einem gut ausgebildeten Pferd verstehe, das seinen Menschen als den Ranghohen akzeptiert.

*Pferde, die auf das Kommando Ihres Menschen nicht anhalten, ignorieren eine Anweisung und begehen damit einen Regelverstoß.*

Pferde, die ihren Menschen als den Ranghöheren akzeptieren, halten an, wann immer es von ihnen verlangt wird – und zwar ohne zu zögern und ohne dabei einen Bremsweg wie ein Ozeandampfer an den Tag zu legen.

Jedes Pferd sollte – schon allein aus Sicherheitsgründen – jeder Zeit anzuhalten sein, und zwar punktgenau. Das heißt, sobald sie das ent-

■ Das Pferd lässt sich hinterherziehen und der Mensch hat keine Kontrolle.
So kann der Mensch die Fragen des Pferdes niemals beantworten.

■ So ist es richtig, der Kopf des Pferdes ist in Schulterhöhe, so kann der Mensch sehen,
wenn sich sein Pferd von ihm abwendet, um dann sofort einzugreifen.

sprechende Kommando erhalten, stehen sie da »wie angegossen« – und das in jeder Situation.

*Festigen Sie Ihre Rangordnungs-Position.*

**1. Können Sie Ihr Pferd anhalten, während Sie es führen?**
Gleich nachdem Sie Ihr Pferd von der Koppel/ aus der Box geholt haben, können Sie den ersten Rangordnungs- und Aufmerksamkeits-Test machen. Während Sie Ihr Pferd zu seinem Putzplatz führen, achten Sie bitte darauf, dass es sich mit seiner Aufmerksamkeit bei Ihnen befindet.

Schon nach wenigen Metern bleiben Sie abrupt stehen; verwenden Sie dabei in der Anfangszeit zur Unterstützung am besten das Stimmkommando »Steh!« oder »Whoa!«. Beobachten Sie genau, was danach geschieht.

Ignoriert Ihr Pferd Ihre Aufforderung und läuft einfach weiter? Kommt es nur zögernd zum Stehen? Oder passt es etwa überhaupt nicht auf und schlittert Ihnen geradewegs in den Rücken hinein?

All das ist für einen Ranghohen absolut inakzeptabel. »Steh!« bedeutet: »Du bleibst jetzt und sofort stehen.« Schon eine Verzögerung von zwei Sekunden können zwei Sekunden zu viel sein, wenn Sie mit Ihrem Pferd einmal in eine gefährliche Situation geraten und unter allen Umständen sofort anhalten müssen.

Behalten Sie diesen Gedanken am besten immer im Hinterkopf, während Sie diese Lektion mit Ihrem Pferd einstudieren. Außerdem sollte Ihnen bewusst sein, dass der »Boss« niemals ungefragt überholt oder gar umgerempelt wird. Hält Ihr Pferd nicht punktgenau an (was zu erwarten ist, wenn es die Lektion noch nicht kennt), dann wiederholen Sie die Übung noch einmal. Gehen Sie bitte aber nur drei Schritte vorwärts, um dann das Kommando für das Anhalten zu geben. Setzen Sie Ihre Körpersprache

ein, indem Sie deutlich anhalten, lassen Sie einen »Ruck« durch Ihren Körper gehen. Erst wenn Ihr Pferd punktgenau angehalten hat, loben Sie es kräftig, beenden diese Sequenz und setzen Ihr Programm für den jeweiligen Tag fort.

Sollten Sie länger als zehn Minuten benötigen, um diese Lektion mit einem eindeutigen Erfolg abzuschließen, so wird die Lösung des Problems zu Ihrer Tagesaufgabe. Das heißt, Sie kümmern sich an diesem Tag ausschließlich um die Lösung dieses einen Problems und verlangen nichts anderes mehr von Ihrem Pferd, als punktgenau auf Ihr Kommando zum Stehen zu kommen.

Diesen »Test« können Sie durchführen, wann immer Sie Ihr Pferd führen. Auf dem Weg von der Koppel zur Box, auf dem Weg zur Reithalle, wenn Sie Ihr Pferd nach dem Reiten zurück auf die Koppel bringen usw.

Je besser Ihr Pferd diese wichtige Grundlektion beherrscht, desto angenehmer wird es für Sie werden, mit ihm umzugehen. Wenn diese Lektion erst einmal sehr gut von Ihrem Pferd verinnerlicht wurde, wird es eine Leichtigkeit sein, es auch in einer Angst auslösenden Situation anzuhalten.

**2. Hält Ihr Pferd unter dem Sattel jeder Zeit auf Ihr Kommando an?**
Den gleichen Test können Sie auch im Sattel immer wieder durchführen. Schon innerhalb der ersten Schritte nach dem Anreiten, können Sie herausfinden, ob Ihr Pferd wirklich aufmerksam und bereit ist, Ihren Anweisungen zu folgen. Hierzu fordern Sie Ihr Pferd bereits nach wenigen Metern zum Stehen auf. Nehmen Sie beide Zügel gleichmäßig auf und unterstützen Sie die Lektion gegebenenfalls mit Hilfe des Stimmkommandos »Steh!« oder »Whoa!«.

Hält Ihr Pferd gar nicht oder nur verzögert an, wiederholen Sie die Übung. Gehen Sie nur einen Schritt vorwärts, halten Sie sofort wieder an, danach verlangen Sie das Stehen nach zwei Schritten, dann nach drei Schritten usw.

■ **Das Anhalten sollte aus jeder Gangart möglich sein und zwar unmittelbar. Ist Ihr Pferd aufmerksam, wird es Ihren Anweisungen gerne folgen.**

Vergessen Sie dabei bitte nicht, die Zügel rechtzeitig nachzugeben (also dann, wenn das Pferd auch nur den Ansatz einer richtigen Reaktion zeigt).

*»Schritt für Schritt und bitte eins nach dem anderen«, so lautet unsere Devise. Kleine Schritte sichern langfristig großen Erfolg.*

## Rangordnungs-Check Nr. 2: Das langfristige Stehen an einem zugewiesenem Platz

Bleibt Ihr Pferd langfristig an einer Stelle stehen, ohne sich unerwünscht »davonzustehlen«?
Auch diese Lektion unterstützt Ihre Rangposition erheblich und erleichtert Ihnen darüber hinaus den Umgang mit Ihrem Pferd in sehr hohem Maße. Im Alltag bieten sich unendlich viele Möglichkeiten, diese Übung einzustudieren bzw. zu testen, ob Ihr Pferd Ihrer Anweisung folgt.
Diese Trainingssequenz können Sie mit Ihrem Pferd an jedem erdenklichen Platz üben. Veran-

lassen Sie Ihr Pferd mit Hilfe des Stimmkommandos und der entsprechenden Körperhaltung dazu, stehen zu bleiben. Steht Ihr Pferd aufmerksam, entfernen Sie sich langsam, indem Sie einmal um es herumlaufen. Dabei beobachten Sie Ihren Vierbeiner sehr genau, um ihn bei Bedarf rechtzeitig korrigieren zu können. Gelingt es Ihnen schließlich, sich sowohl rechts als auch links herum von Ihrem Pferd zu entfernen, ohne dass es sich von der Stelle rührt (Lob nicht vergessen!), erweitern Sie diese Übung, indem Sie den Abstand zu Ihrem Pferd immer weiter ausdehnen.
Dies ist einer der zuverlässigsten und einfachsten Methoden, einem Pferd beizubringen, den ihm zugewiesenen Platz nicht zu verlassen.

*1. Bleibt Ihr Pferd an seinem Putzplatz stehen?*
Schon während des Putzvorgangs können Sie positiven Einfluss auf den bevorstehenden Ritt nehmen, indem Sie Ihr Pferd davon überzeugen, dass Sie als ranghoher Mensch auf das Einhalten der Regeln bestehen.
Ist Ihr Pferd angebunden und Sie beginnen es zu putzen, dann sollte es Ihre erste Priorität sein, dass es ruhig steht (Stimmkommando »Steh!« oder »Whoa!«).

■ Dieses Pferd ist extrem unruhig und scheint sich sehr unwohl zu fühlen. Jedes Pferd sollte in der Lage sein, ruhig an einer Stelle stehen zu bleiben. Mit einem Pferd, das diese Reaktion zeigt, sollte intensiv gearbeitet werden.

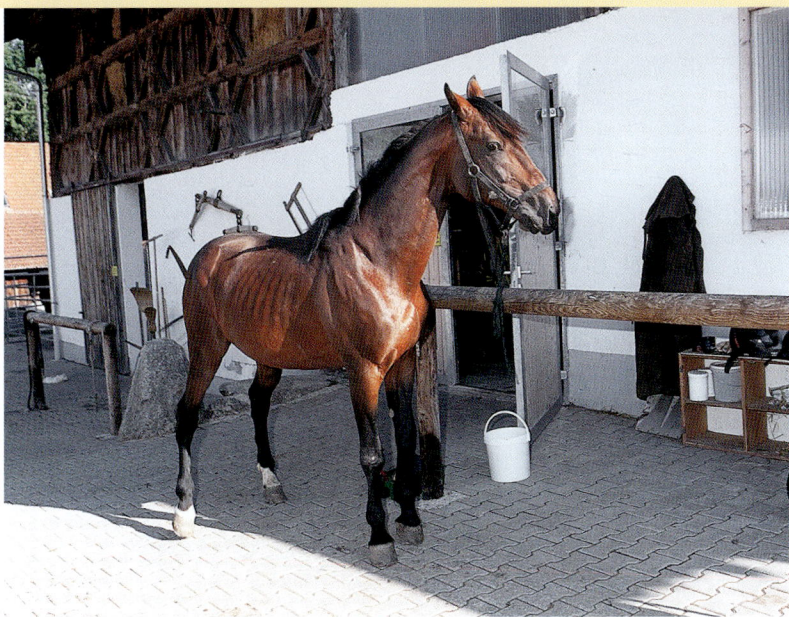

»Ruhig« stehen bedeutet nicht allein, dass Ihr Pferd gleichmäßig auf allen vier Hufen steht; es bedeutet außerdem, dass es nicht in der Gegend umherschaut, nicht mit seiner Nase auf dem Stallboden auf Entdeckungsreise geht, dass es nicht jeden zweiten Ihrer Stallkollegen nach Leckerlis abrüsselt und auch nicht den Führstrick mit seinen Zähnen in sämtliche Einzelteile zerlegt.

Alles, was für Ihr Pferd in diesen Momenten der Fellpflege interessant und wichtig sein sollte, sind Sie. Korrigieren Sie Ihr Pferd, sobald es den Gedanken fasst, eine Entscheidung zu treffen und sich von der Stelle zu bewegen. Warten Sie nach Möglichkeit nicht ab, bis es den (absehbaren) Fehler tatsächlich macht, sondern »erinnern« Sie es rechtzeitig daran, dass es an Ort und Stelle stehen zu bleiben hat.

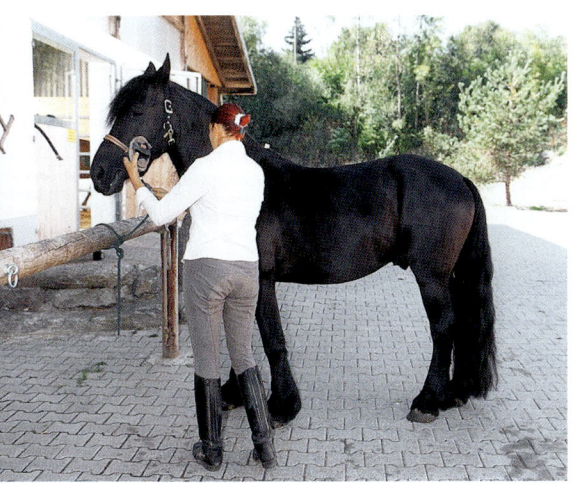

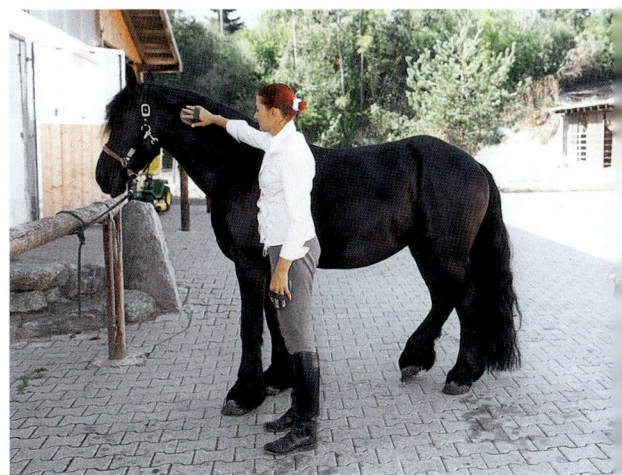

■ Links: Das Pferd hat den Kopf zur Seite gedreht. Die Reiterin reagiert und richtet ihn gerade. Rechts: Jetzt kann das Putzen weitergehen. Das Pferd steht ruhig und gelassen. Denken Sie daran, dass auch das Putzen zum Trainingsprogramm mit Ihrem Pferd gehört.

Bringen Sie Ihr Pferd immer wieder in die erwünschte Ausgangsposition zurück und bestehen Sie darauf, dass es an seinem – ihm zugewiesenem – Platz stehen bleibt.

*2. Steht Ihr Pferd still, während Sie aufsitzen?*

Es ist relativ häufig zu beobachten, dass manche Pferde schon an dieser Stelle die Entscheidung treffen, das Training einfach ohne ihren Reiter zu beginnen. Ein Großteil der Reitersleute ignoriert diese »dumme Angewohnheit« einfach, weil sie nicht die Notwendigkeit sehen, ihr Pferd wegen »so einer Kleinigkeit« zu korrigieren.

Manche Menschen sind der Meinung: »Mein Pferd bleibt nicht stehen, weil es wahnsinnig temperamentvoll ist« oder (noch »besser«): »Mein Pferd kann es kaum abwarten, endlich arbeiten zu dürfen. So freudig ist es bei der Sache.« Das ist Quatsch. Abgesehen davon, dass es ausgesprochen gefährlich werden kann, wenn das Pferd einfach losmarschiert, während der Mensch bereits den Fuß im Bügel hat, sollten wir nicht vergessen, was dieser winzige Augenblick aus der Sicht des Pferdes bedeutet: Ignoriert der Mensch diesen »Fehler«, hat das Pferd bereits

■ **So muss das Aufsteigen aussehen. Das Pferd bleibt ruhig stehen und wartet geduldig, bis die Reiterin im Sattel sitzt.**

schon die erste, eigene Entscheidung getroffen, ohne dass der Mensch überhaupt im Sattel Platz genommen hat. Es hat (wieder einmal) erfahren: »Hier gibt es keine Regeln und ich bin derjenige, der für die Entscheidungen zuständig ist. Denn: Mein Mensch passt nicht auf und ist unzuverlässig.«

Beachten Sie deshalb Folgendes: Beobachten Sie während des Aufsteigens das Ohrenspiel Ihres Pferdes. Befindet es sich mit seiner Aufmerksamkeit wirklich bei Ihnen oder interessiert es sich für andere Dinge? Erst wenn Ihr

## Denkanstöße

*Aus unserer Jahrhunderte langen Reitkultur, die ein enormes Wissen beinhaltet, gehen auch gewisse Traditionen hervor, deren Sinn und Zweck im Wandel der Zeit fragwürdig erscheint.*

*Eine dieser Traditionen, die in der damaligen Zeit aus rein zweckmäßigen Gründen entstanden ist, sich aber hartnäckig weiter verbreitet, ist unter anderem der Vorgang des Aufsitzens von der linken Seite.*

*In Militärzeiten hatte diese Regel ihre Berechtigung, da die mit Säbeln bewaffneten Soldaten nur von dieser Seite aufsteigen konnten, um nicht von der Waffe, die sie am Körper trugen, behindert zu werden. Da dieser Grund jedoch heute entfällt, stellt sich die Frage, wie sinnvoll diese Regelung noch erscheint. Zumal dem entgegen zu setzen ist, dass die Pferde durch das einseitige Auf- und Absteigen – in nicht zu unterschätzendem Maße – ständig auf dieser Seite mit dem Reitergewicht belastet werden.*

*Das Gleiche gilt für die Regelung, ein Pferd generell nur von der linken Seite zu führen. Schon mancher Reiter kam im Gelände in ungeahnte Schwierigkeiten, wenn er wegen eines Hindernisses von seinem Pferd steigen musste und keine andere Möglichkeit hatte, als es »ausnahmsweise« einmal von der anderen Seite aus zu führen.*

Pferd bei tiefer Halshaltung entspannt steht und beide Ohren aufmerksam auf Sie gerichtet hat, setzen Sie den Fuß in den Steigbügel.

Sollten Sie bemerken, dass Ihr Pferd den Gedanken fasst, ohne Sie loszulaufen, heißt es: Den Fuß sofort aus dem Bügel nehmen und das Pferd mit der Stimme daran erinnern, dass Sie das Stehenbleiben verlangen.

Wiederholen Sie den Vorgang so lange, bis Ihr Pferd das Gewicht im Bügel akzeptiert, ohne dass es loslaufen möchte.

*3. Und wie schaut es nach dem Aufsitzen aus? Wartet Ihr Pferd ab, bis Sie ihm das Kommando zum Loslaufen geben?*

Die meisten Reiter machen den Fehler, gleich nach dem Aufsitzen los zu reiten. Oder noch schlimmer: Das Pferd entscheidet, wann es losgehen soll und der Reiter tut nichts dagegen.

*Pferde treffen mit unterschiedlichen Reitern auch unterschiedliche Entscheidungen. Sie wissen genau, wer oben sitzt und wo die Stärken und Schwachpunkte des Einzelnen liegen.*

Das ist übrigens häufig eine der Ursachen dafür, dass Pferde ihre Reiter gar nicht erst aufsitzen lassen. Sie haben gelernt: »Sobald mein Mensch aufsteigt, geht's auch schon los mit der Arbeit.«

Es ist so ähnlich, als würden Sie morgens ins Büro kommen und Ihr Chef steht bereits im Eingangsbereich, drückt Ihnen bergeweise Akten in die Hand und sagt: »Bitteschön Frau Sowieso. Diese Ordner müssen bis zur Mittagspause durchgearbeitet sein. Also beeilen Sie sich.« Was für ein Arbeitsbeginn.

Es ist ausgesprochen wichtig, dass Sie derjenige sind, der das Startzeichen gibt. Sowohl für den Reiter als auch für das Pferd wird die Arbeit sehr viel entspannter und stressfreier werden, wenn der Augenblick nach dem Aufsitzen zum Entspannen genutzt wird.

Nehmen Sie sich in den ersten Minuten ausreichend Zeit, um den richtigen »Sender« zwischen Ihnen und Ihrem Pferd einzustellen. Halten Sie es aufmerksam (Ohrenspiel), entspannen Sie es (Kopf tief) und überlegen Sie sich noch einmal, wie Sie den heutigen Ritt aufbauen möchten. Fragen Sie sich: Wie gestalte ich die Lösungsphase? An welcher Trainingssequenz wird heute gearbeitet? Was möchte ich erreichen?

Die »mentale Einkehr« ist ein wichtiger Faktor vor dem Trainingsbeginn (und vor jedem Ritt.). Die Arbeit wird Ihnen sehr erleichtert; da Sie genau wissen, was Sie wollen, signalisieren Sie Ihrem Pferd von vorneherein Sicherheit und Kompetenz. Sie werden staunen, was solche kleinen Tricks bewirken können.

## Rangordnungs-Check Nr. 3: Das Beibehalten der Richtung

Können Sie Ihr Pferd so fein lenken und dirigieren, dass es nicht einen einzigen Zentimeter von der beabsichtigten »Spur« abweicht? Erinnern Sie sich: Der Ranghohe bestimmt jeder Zeit die Richtung, und zwar in Alltagssituation ebenso wie auf der Flucht (also im »Ernstfall«). Allein bezüglich dieses Aspektes tappen tagtäglich die meisten Reiter in diese Rangordnungsfalle, ohne es zu bemerken.

Natürlich ist es wichtig, dass ein Pferd, zum Beispiel vor dem Sprung gerade und exakt an das Hindernis herangeführt wird, auch aus Zirkeln und Volten sollten nach Möglichkeit keine Ostereier oder gar verunglückte Quadrate werden. An solchen Stellen lässt sich überdeutlich erkennen, dass oftmals die Pferde diejenigen sind, die die Richtung vorgeben.

Doch was ist in Situationen, die sich außerhalb des »Ernstfalles« ergeben? Nicht jede, vom Pferd getroffene Entscheidung (was das Einhalten der Richtung anbelangt) ist für den Reiter so offensichtlich zu erkennen wie ein schlecht gerittener Zirkel.

Manche Pferde kürzen klammheimlich die Ecken ab, verlassen minimal den Hufschlag bzw. die vorgegebene »Spur« und gehen in solchen Momenten – im wahrsten Sinne des Wortes – schon ihre eigenen Wege. Geschieht das während des Schritt-Tempos, womöglich noch in der Phase des »Warmreitens«, werden solche Fehler meist nicht erkannt.

Stattdessen wundern sich viele Menschen, dass Ihre Pferde in einer höheren Gangart schwer zu kontrollieren sind und manchmal sogar »unlenkbar« werden. Tatsache ist: All die Dinge, die in einer entspannten Situation nicht funktionieren, werden erst Recht nicht klappen, wenn es einmal schwierig wird.

*1. Läuft Ihr Pferd wirklich geradeaus?*

Ich möchte Sie keineswegs veralbern, wenn ich Ihnen diese Frage stelle. »Geradeaus laufen kann doch wohl jedes Pferd mit seinem Reiter«, meinen Sie? Die Realität sieht dennoch in den meisten Fällen anders aus.

Wenn ich meine Kursteilnehmer dazu auffordere, mit ihren Pferden einmal durch die Länge der Bahn zu reiten, ist es mitunter kaum zu glauben, was dabei herauskommt. Merkwürdigerweise beherrschen die Pferde oftmals weitaus schwierigere Dinge – sie piaffieren, beherrschen die Seitengänge, zeigen die wildesten Drehungen. Nur eines tun sie nicht: nämlich anständig geradeaus laufen.

Besonders in der Westernreitweise ist häufig zu beobachten, dass sehr viel Wert auf Biegungen gelegt wird. Es werden Zirkel trainiert, Volten geritten, Drehungen einstudiert – Das Geradeauslaufen wird von vielen als reine »Anfängerlektion« angesehen und gerät unberechtigterweise ins Abseits.

Meist trifft das Pferd beim Einhalten der Richtung bereits in den ersten Sekunden des Rittes eigene Entscheidungen. Sehr viele Reiter lassen Ihre Pferde schon nach dem Anreiten aus dem Stand einfach drauflos »latschen«. Meist geschieht das aus dem Gedanken heraus: »Ich muss mein Pferd ja erst einmal richtig aufwär-

■ **Ein Pferd geradeaus zu reiten ist gar nicht so einfach, wie es aussieht – aber eine der wichtigsten Grundlagen beim Reiten, die höchste Beachtung verdient.**

men; die eigentliche Arbeit kommt schließlich erst später.«

Das ist ein Denkfehler. Selbstverständlich ist die Aufwärmphase wichtig, unter anderem um die Gelenke zu schonen, aber auch innerhalb dieser Phase muss der (ranghohe) Reiter die Entscheidungen treffen.

*Bestimmen Sie in jeder Phase eines Rittes und in jeder Gangart die Richtung. Und zwar exakt.*

In den allermeisten Fällen ist den Menschen aber noch nicht einmal bewusst, wo sie nun eigentlich hin möchten; oft sind es nur reichlich

schwammige »Circa-Werte«, die der Reiter in diesem Augenblick im Kopf hat. Und wenn der Reiter nur eine unklare Vorstellung davon hat, wo er hinreiten möchte, kann er dem Pferd keine sichere Führung bieten.

### Reiten mit Gefühl

*Die meisten Reiter verlassen sich im Sattel vorwiegend auf die Dinge, die sie sehen können. Das heißt, sie sehen, wenn das Pferd den Kopf zur Seite neigt und bringen diesen daraufhin wieder in die richtige (also gerade) Position. Auch wenn das Pferd von einer vorgeschriebenen Linie abweicht, bemerken Sie das meist, indem sie kurz nach unten sehen und nachschauen, ob das Pferd sich noch in der richtigen »Spur« befindet.*

*Der Nachteil daran ist, dass der raumgreifende Blick, der beim rangorientierten Reiten erforderlich ist, extrem darunter leidet. Durch das ständige Hinuntersehen des Reiters, wird das Pferd verunsichert. Es »denkt«: »Der da oben kümmert sich um die Bodenbeschaffenheit, dann halte ich Ausschau nach den Pferdefressern.« Die es dann sicherlich nach kurzer Zeit auch findet. Während meiner Kurse fordere ich die Reiter deshalb dazu auf, im Sattel einmal die Augen zu schließen und zu erfühlen, wann ihre Pferde den Kopf bewegen, wann sie die Geschwindigkeit oder die Richtung wechseln.*

*Das kostet selbstverständlich erst einmal ein wenig Überwindung und sollte natürlich nur innerhalb eines eingezäunten Platzes und unter Aufsicht einer dritten Person geübt werden; doch ein Experiment wie dieses zahlt sich aus.*

*Die meisten Reiter sind schon nach kurzer Zeit hellauf begeistert, weil sich durch das Schließen der Augen eine völlig neue Verbindung zum Pferd herstellen lässt. Die Erkenntnis: »Ich kann wirklich fühlen, was mein Pferd gleich tun wird«, schafft nicht nur Vertrauen, sondern stärkt auch die emotionale Bindung und kann den Sitz des Reiters darüber hinaus erheblich verbessern.*

Und schon ist wieder eine der vielen Rangord-
nungsfallen zugeschnappt und das Pferd kommt
zu der Erkenntnis: » Ich habe ein fragwürdiges,
entscheidungsunfreudiges Objekt an Bord«.
Vermeiden können Sie so einen schlechten
Start, indem Sie von Anfang an ganz bewusst
Ihr Ziel fokussieren. Fragen Sie sich genau, wo
Sie hin möchten, und denken Sie sich eine
exakte Linie, die Ihr Pferd dabei einhalten soll.
Nur so sind Sie in der Lage, kleinste Abwei-
chungen (und damit Regelverstöße) sofort zu
registrieren und zu korrigieren.
Das ist die Sicherheit, Leitung und Führung, die
Ihr Pferd benötigt; sie gilt für jede Phase eines
Rittes.
Bevor Ihr Pferd nicht in der Lage ist, wirklich
genau eine vorgeschriebene Linie beizubehalten, sollten Sie an Zirkel, Biegungen und Volten
nicht einmal denken. Bemerken Sie, dass Sie an
dieser Stelle Schwierigkeiten mit Ihrem Pferd
haben, können Sie mit Hilfe von Pylonen diese
Trainingseinheit weiter ausbauen (siehe »Trainingsanleitung«).

*2. Nimmt Ihr Pferd die reiterlichen Hilfen für den*
*Richtungswechsel ohne zu zögern an?*
Wenn Sie sicher sein können, dass Ihr Pferd
beim Geradeauslaufen nicht aus der Spur gerät, können Sie testen, wie das Ganze bei Bahn-
figuren, Zirkeln oder Volten aussieht. Denken
Sie immer daran, dass Sie die Richtungswechsel
angeben, und zwar auf den Punkt genau.
Auch an dieser Stelle möchte ich Sie noch einmal daran erinnern, unbedingt in die Bewegungsrichtung zu schauen. (Denken Sie an das
Beispiel mit dem Felsvorsprung in den Rocky
Mountains.)
Dazu gehört auch, dass Sie zum Beispiel dafür
sorgen, dass Ihr Pferd die Ecken nicht abkürzt,
dass es beim Absolvieren der Hufschlagfiguren
an den richtigen Stellen abbiegt usw. Sehr exak-
tes, genaues Reiten ist hier ein ganz wesentlicher Faktor.
Nur wenn Sie konsequent darauf bestehen,
dass Ihr Pferd sofort auf impulsartig eingesetz-

■ **Das Reiten durch eine Pylonenreihe för-**
**dert die Konzentration von Pferd und Rei-**
**ter. Außerdem ist es eine sehr gute Übung**
**zur Gymnastizierung Ihres Pferdes.**

te Schenkel- und Zügelhilfen reagiert, werden
Sie ein fein gerittenes Pferd haben, welches zuverlässig an den Hilfen steht und in jeder Gangart sehr gut zu kontrollieren ist.
Wie Sie die Lektionen im Einzelnen aufbauen
und verfeinern können, erfahren Sie in meinem
Schritt-für-Schritt-Programm, das ich in der Trainingsanleitung im letztes Kapitel beschreibe.

## Eine runde Sache

*Um sicher gehen zu können, dass Ihr Pferd die vorgeschriebene Zirkellinie wirklich nicht verlässt, ist es eine gute Trainingsunterstützung, wenn diese Linie zuvor markiert wird. Hierfür nehmen Sie einen Besen-stiel oder ähnliches zur Hand und befestigen daran eine Longe oder ein entsprechend langes Seil.*
*Der Stiel wird im Boden befestigt oder von jemandem gehalten, während das Seil soweit gespannt wird wie es für die Größe des Zirkels erforderlich ist. Anschließend müssen Sie die Longe/das Seil in entspre-chender Länge nur auf leichter Spannung halten und einmal um den Stiel herumlaufen, bis sich eine geschlossene Zirkellinie bildet.*
*Mit welchen Hilfsmitteln diese markiert wird, hängt von der Bodenbeschaffenheit ab. Auf diese Weise haben Sie beim Trainieren dieser Einheit immer eine Linie, an der Sie sich orientieren können und von der Ihr Pferd keinesfalls abweichen sollte.*

■ **Einfach, aber äußerst wirkungsvoll! Das korrekte Reiten auf dem Zirkel wird Ihr reiter-liches Fortkommen enorm unterstützen. Mit einem »Trick«, hat man schnell eine Zirkellinie erstellt, die man nun im Training als »Hilfslinie« einsetzen kann.**

## Rangordnungs-Check Nr. 4: Die Geschwindigkeitskontrolle

Können Sie Ihr Pferd jeder Zeit und in jeder Geschwindigkeit kontrollieren? Mal ganz ehr-lich:
Welcher Reiter passt schon auf, ob sein Pferd immer die Geschwindigkeit beibehält? Die meis-ten Menschen setzen sich einfach aufs Pferd,

reiten ihre Pferde warm und in dieser Zeit ver-lässt das Pferd pro Runde oft schon fünf- bis sechsmal die eigentlich gewünschte Geschwin-digkeit.
Im Regelfall greift der Reiter erst ein, wenn das Pferd vom Trab in den Schritt fällt oder umge-kehrt. Aber das ist viel zu spät.
Pferde wechseln ihr Tempo nicht nur zwischen den Gangarten, sondern auch innerhalb der

einzelnen Gangart. Fast unmerklich werden sie im Schritt schneller oder langsamer, ohne dass der Mensch das registriert und korrigiert.

Damit zeigt er dem Pferd nichts anderes, als dass er nicht bei der Sache ist und seinem Pferd die Verantwortung für Aufgabengebiete übergibt, die überhaupt nicht zu dessen Job gehören.

Etwas, vermeintlich Bedrohliches, das sich hinter dem Pferd abspielt, kann es dazu veranlassen, ein wenig an Tempo zuzulegen (Fluchtverhalten). Dasselbe kann auch von vorn passieren. Es reicht schon, wenn dieser Gegenstand etwas weht. Schon sieht der bekannte Busch am Rande des Außenplatzes ein klein wenig anders aus als sonst, und wer weiß schon, wer gleich da herausspringt? Deshalb wird das Pferd sich dieser Stelle voraussichtlich bei jeder Runde etwas zögernd nähern und sein Tempo verringern.

Die meisten aller Pferde, die während des Trabens oder im Galopp unter ihren Reitern davonrennen, sind »Schritt-Flüchter«, das heißt, sie befinden sich auch in dieser niedrigen Gangart in ständiger Fluchtbereitschaft und sind deshalb schon im Schritt verhältnismäßig flott

unterwegs; das fällt nur den wenigsten Menschen auf. Genauso sieht es bei den »Faulpelzen« aus (wobei ich nicht glaube, dass Pferde »von Haus aus« faul sind, sondern häufig »faul geritten« werden). Die Reiter solcher Pferde haben sich meist schlicht und ergreifend daran gewöhnt, ihre Pferde permanent mit den Schenkeln zu bearbeiten. Die Folge: Die Pferde stumpfen für jegliche Art des Schenkeldruckes ab.

Logischerweise wird diese »Dauerklopferei« im Schritt noch nicht als sehr anstrengend empfunden; doch wehe dem, der Reiter muss sich während des Trabens oder Galoppierens damit herumquälen. Dann wird die »Trägheit« des Vierbeiners auf einmal doch ein Problem.

Weder das eine Extrem noch das andere darf von einem ranghohen Reiter akzeptiert und geduldet werden. Denn immer wenn das Pferd das Tempo eigenmächtig ändert, stellt es damit die Führungsrolle des Reiters in Frage.

*Der ranghohe Reiter bestimmt das Tempo.*

■ Das Tempo sollte der Reiter in jeder Gangart bestimmen können. Beginnen Sie im Schritt und wechseln Sie dann zum Trab. Erst wenn Tempi-Wechsel und das Halten der Geschwindigkeit in beiden Grundgangarten sitzen, gehen Sie zum Galopp über.

*1. Stellt Ihr Pferd schon beim Führen Ihre Qualitäten als Herdenboss in Frage?*

Achten Sie konsequent darauf, dass Ihr Pferd Sie weder anrempelt, überholt, noch sich wie ein störrischer Esel ziehen lässt, und zwar vom ersten Augenblick an und wann immer Sie es führen. Es gibt tatsächlich Pferd-Mensch-Kombinationen, bei denen man sich fragen muss, wer hier mit wem spazieren geht.

*Beachten Sie beim Führen Ihres Pferdes, dass es Sie keinesfalls überholt oder sich hinter Ihnen herziehen lässt.*

Das sieht nicht nur äußerst gewöhnungsbedürftig aus; es ist außerdem sehr gefährlich und zeigt wieder einmal an, dass das Pferd den Menschen nicht als ranghoch betrachtet und ihm damit auch nicht vertraut. Pferde »drücken« dem Menschen förmlich Ihr Tempo auf und das geht so langsam aber konsequent vonstatten, dass sie es gar nicht merken. Sie marschieren auf der Koppel los und ihr Pferd geht noch ganz flott mit, aber mit jedem Schritt, den die Beiden gemeinsam machen, wird das Pferd langsamer – so lange, bis es steht. Natürlich passiert so etwas auch umgekehrt. Man geht mit seinem Pferd spazieren und auf dem Rückweg wird es schneller und schneller, bis man es kaum mehr halten kann. Ich kann es nur noch einmal betonen, man muss sein Pferd immer voll konzentriert führen. Ob Sie es mir glauben oder nicht, 60 % meines Trainingserfolges habe ich in der Tasche, wenn meine Schüler lernen, ihre Pferde korrekt zu führen. Auch bei Zesel geschah der »Durchbruch« nicht bei der Round-Pen-Arbeit, sondern durch das tägliche, voll konzentrierte und von Tempowechseln geprägte Führen auf die Koppel. Achten Sie beim Führen bitte darauf, dass Sie ein »faules Pferd« nicht mit Dauerdruck hinter sich herschleifen und ein hektisches, »lauffreudiges Pferd« niemals durch dauerhaftes Zurückhalten zum Verlang-samen bewegen. Stattdessen üben Sie kurzen, deutlichen Druck aus, wenn das Pferd nicht folgt (notfalls wiederholen) und geben sofort (das ist ganz wichtig) sehr deutlich nach, wenn Ihr Pferd im gewünschten Maße reagiert.

Wenn die Übung nach einigen Tagen perfekt funktioniert, können Sie den Schwierigkeitsgrad erhöhen, indem Sie von Ihrem Pferd Geschwindigkeitswechsel verlangen, während Sie es führen. Sollten Sie unsicher sein, was den Aufbau dieser Lektion angeht, sollten Sie die genaue Anleitung im Abschluss-Kapitel nutzen.

Sie werden sehr bald feststellen, wie angenehm der Umgang mit Ihrem Pferd wird, wenn es diese wichtigen Lektionen beherrscht. In Zukunft müssen Sie nicht mehr vor lauter Scham im Erdboden versinken, wenn der Tierarzt von Ihnen verlangt, Ihr Pferd an der Hand vortraben zu lassen. Denn Ihr Pferd wird nicht mehr hinter Ihnen herschlurfen, sondern in vorbildlicher Manier das Tempo halten.

*2. Hält Ihr Pferd unter dem Sattel die verlangte Geschwindigkeit ein?*

Zwei »besondere Arten« von Pferden können einen Reiter schier zur Verzweiflung bringen: Die einen walzen »panzerartig« durch die Welt und wirken so phlegmatisch, als ob sie ständig unter Valiumeinfluss stünden. Die anderen scheinen einen »Düsenantrieb« zu haben, der ständig auf Hochtouren läuft, was auch nicht sehr beliebt ist.

Die Kandidaten der ersten Gattung können einem fürchterlich auf den Wecker gehen, weil jeder einzelne Schritt aus ihnen »herausgequetscht« werden muss. Die Zugehörigen der zweiten Gattung können sehr gefährlich werden; ihr »Gaspedal« scheint ein »Eigenleben« zu besitzen und kaum jemand kann sie dazu bewegen, das Tempo »herunterzufahren«.

Während meiner Kurse treffe ich sehr oft auf Menschen, die sich genau darüber beklagen. Aus ihrer Sicht sind ihre Pferde entweder zu schnell oder zu langsam. Auffallend bei der Schilderung dieser Probleme ist, dass die Menschen glauben, diese »Schwierigkeit« sei nur im Trab oder beim Galoppieren vorhanden.

Tatsächlich ist es jedoch so, dass die Ursache dieser speziellen Problematik im Schritt liegt. Es ist weit verbreitet, dass Probleme im Sattel erst viel zu spät wahrgenommen werden; nämlich immer erst dann, wenn sie »spektakuläre Auswirkungen« zeigen. Wen interessiert es denn schon, ob ein Pferd im Schritt das Tempo ein klein wenig erhöht oder langsamer wird?

Etwas unangenehmer wird es dann schon beim Traben, aber sehr wichtig wird auch das noch nicht genommen. Doch wenn »ganz plötzlich« beim Galoppieren »die Post abgeht«, findet das niemand mehr lustig.

Der Reiter meint: »Immer wenn ich galoppiere, fängt das Pferd plötzlich mit dieser komischen Spinnerei an und rast viel zu schnell.« Weit gefehlt. Erstens »spinnt« das Pferd keineswegs, sondern sein Reiter hat es versäumt, ihm von Grund auf beizubringen, ganz exakt das Tempo zu halten. Und zweitens taucht dieses Problem nicht »urplötzlich« auf, sondern äußert sich bereits mit Sicherheit schon – wie bereits mehrfach erklärt – im Schritt.

Es ist sehr wichtig, dass Sie ein Gefühl für die wechselnde Geschwindigkeit erhalten, und das nicht nur beim Traben und Galoppieren, sondern auch im Schritt. Als aufmerksamer Reiter werden Sie bald bemerken, dass Ihr Pferd mehrmals die Geschwindigkeit wechseln wird; und das schon in der Phase des »Aufwärmens«.

Bei einigen Pferden findet dieser Wechsel sehr deutlich statt, andere wiederum »erschummeln« sich ihr Tempo kaum merklich. Das geschieht zum Beispiel oft in den Ecken der Reitbahn; dort werden Pferde oft schneller oder langsamer, ohne dass es ihre Reiter wahrnehmen.

*Ein auftretendes Problem lösen Sie niemals in der Gangart, in der es augenscheinlich vorhanden ist. Basisarbeit findet grundsätzlich erst einmal im Schritt-Tempo statt.*

Der Fehler wird – wie so oft – erst in den höheren Gangarten bemerkt. Und man versucht ihn auch dort erst zu korrigieren. Aber das ist der falsche Weg.

Grundsätzlich gilt: Langsame Pferde werden nie dauerhaft vorangetrieben. Das bedeutet: Der Reiter verhält sich passiv, wenn das Pferd die gewünschte Geschwindigkeit hält und treibt nur dann (kurz, aber sehr deutlich) mit den Schenkeln nach, sobald das Pferd das Tempo eigenmächtig wieder verringert.

Auch Pferde, die tendenziell zu schnell sind, werden auf gar keinen Fall mit Dauerdruck zurückgehalten. Nur wenn sie selbstständig das Tempo erhöhen, nimmt der Reiter (sanft aber bestimmend) die Zügel an und gibt sofort deutlich nach, wenn sein Vierbeiner in der gewünschten Geschwindigkeit läuft.

In Kurzform heißt das: »Wenn du dich an die Regeln hältst, lasse ich dich in Ruhe und es ist für dich angenehm. Widersetzt du dich, übe ich Druck aus.« Auf diese Weise verstehen sowohl »Schlafmützen« als auch Pferde mit »Düsenantrieb« in relativ kurzer Zeit, worauf es ankommt – vorausgesetzt, Sie bleiben konsequent und beginnen grundsätzlich im Schritt.

Sollte es Ihnen schwer fallen zu »erfühlen«, wann Ihr Pferd von sich aus die Geschwindigkeit wechselt, macht es Sinn, wenn Sie jemanden bitten, das Ganze vom Boden aus mit zu beobachten. Der Helfer am Boden kann Ihnen punktgenau sagen, wann Sie Ihr Pferd treiben oder »bremsen« müssen bzw. wann Sie sich passiv verhalten sollten. (Mehr dazu in der Trainingsanleitung im letzten Kapitel.)

## Rangordnungs-Check Nr. 5: Das flüssige Rückwärtsgehen

Diese Übung hat unter anderem einen starken, erzieherisch geprägten Wert. Das Pferd lernt, auf den entsprechenden Druck nach hinten zu weichen. Auch das ist ein Prinzip, welches sich aus den Herdenregeln ableiten lässt.

*Der Rangniedere hat dem Ranghohen auf dessen Anweisung auszuweichen.*

Das Rückwärtsgehen gehört also zu den wichtigsten Gehorsamsübungen. Darüber hinaus können Sie so mancher unangenehmen Situation entgehen, wenn Ihr Pferd diese Lektion einwandfrei beherrscht. Denn wenn Sie in unwegsamem oder fremdem Gelände reiten, kann es durchaus vorkommen, dass Sie ein Stück rückwärts gehen müssen, falls Sie auf einem schmalen Weg unvermittelt vor einem verschlossenen Tor stehen oder sich ein ehemals breiter Weg immer mehr verjüngt usw.

Auch wenn das Geländeargument für Sie keine Gültigkeit hat, sollten Sie dennoch nicht auf die Basisübung Rückwärtsrichten verzichten, denn ein rückwärts gehendes (also weichendes) Pferd demonstriert vor seinem Ranghohen Gehorsam und Respekt. Das allein sollte schon Grund

genug sein, mit Ihrem Pferd diese wichtige Lektion einzustudieren.

*1. Ist Ihr Pferd bereit, am Boden rückwärts auszuweichen?*
Sie können diesen einfachen Test durchführen, wann immer Sie mit Ihrem Pferd am Boden umgehen. Es sollte auf feine Signale jeder Zeit bereit sein, genau so flüssig nach hinten wie nach vorn zu treten. Sollte es dies nicht tun, gilt es, diese Lektion einzustudieren.

Es gibt unendlich viele Methoden und Möglichkeiten, einem Pferd am Boden das Rückwärtsgehen beizubringen. Da die Be-strict-Methode insgesamt von dem Einsatz des Druckaufbaus und Drucknachlasses geprägt ist, verwende ich auch für das Einüben des Rückwärtsgehens das gleiche Prinzip. Hierfür übe ich gleich bleibenden, nach hinten weisenden Druck auf den Führstrick aus (auch hier: sanft, aber nachdrücklich). Anfangs können Sie das Stimmkom-

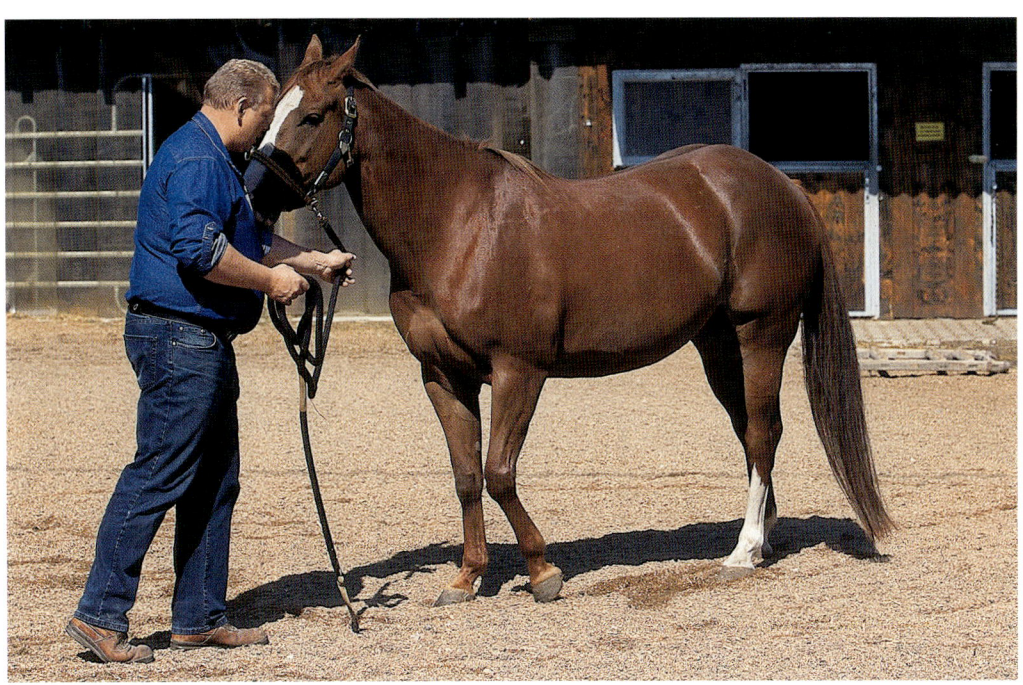

■ **Das Pferd weicht auf leichten Zug nach hinten. Man sollte dabei immer frontal zum Pferd stehen, damit man schon den Ansatz einer Bewegung nach hinten erkennen kann.**

mando »Zurück« oder »Back« dabei verwenden. Das hat den Vorteil, dass das Pferd lernt, dieses Manöver nicht als Korrektur, sondern als neue Lektion wahrzunehmen. Sobald das Pferd den Ansatz zeigt, rückwärts gehen zu wollen, nehme ich sofort den Druck weg und lobe das Pferd zusätzlich.

Am Anfang reicht ein Schritt vollkommen aus. Wenn Sie gleich mehrere Schritte verlangen, könnte es passieren, dass Ihr Pferd eine gewisse Antipathie gegen das Rückwärtsrichten entwickelt.

Im Regelfall lernt mit dieser Methode jedes Pferd sehr schnell, dem Druck nach hinten auszuweichen und wird bald darauf auch sehr willig und ohne zu stocken weitere Schritte anbieten. Wenn Sie diese Tendenz mit Lob unterstützen, wird Ihnen die Lektion schon bald keine Schwierigkeit mehr bereiten.

■ **Flüssiges Rückwärtsrichten ist auch im Sattel eine Grundübung. Gleich wird Roger Kupfer mit den Zügeln nachgeben, da das Pferd nachgegeben hat.**

*2. Geht Ihr Pferd unter dem Sattel ebenso flüssig zurück wie nach vorne?*

Ich habe oft beobachtet, dass sehr viele Reiter dazu neigen, ihre Pferde rückwärts ziehen zu wollen. Das sieht nicht nur fürchterlich aus, sondern vermiest dem Pferd darüber hinaus diese Übung. Wenn Reiter behaupten: »Mein Pferd hat gar keinen Rückwärtsgang. Ich kann machen, was ich will: Es steht da wie ein Esel und weicht keinen Zentimeter nach hinten«, dann hat das fast immer nur einen einzigen Grund: Der Reiter vergisst, die Zügel im richtigen Augenblick nachzugeben. So kann das Pferd nicht lernen.

Es muss immer deutlich zwischen »richtig« oder »falsch« unterscheiden können, und Sie müssen ihm stets einen Ausweg zur Verfügung stellen. Fehlt dieser Ausweg, sucht das Pferd sich eine eigene Lösung. Und die heißt häufig Kampf. Das ist so ähnlich, als würde Ihnen Ihr Begleiter nett und artig die Tür zum Restaurant öffnen und kaum stehen Sie an der Schwelle, schlägt er Ihnen diese wieder vor der Nase zu. Würden Sie da nicht auch sauer werden?

Richten Sie Ihr Pferd nicht mit Kraft, sondern vor allem mit Verstand zurück. Nehmen Sie die

Zügel gleichmäßig auf (wie gehabt: sanft, aber bestimmend), halten Sie den Druck und machen Sie die Beine zu (Schenkeldruck). Sie werden nicht ungeduldig oder laut; sondern Sie sitzen einfach nur da, halten den Druck und warten ab. Völlig egal, wie lange das Ganze dauert: Irgendwann hat auch Ihr Pferd begriffen, dass es diesem lästigen Druck nach hinten ausweichen kann und dass es damit »erlöst« wird. Wenn Ihr Pferd auch nur den Ansatz zeigt, rückwärts gehen zu wollen, lassen Sie bitte sofort die Zügel los, bleiben aber mit den Schenkeln noch leicht dran. Ich möchte, dass Ihr Pferd bald ein paar Schritte mehr nach hinten macht als nur den einen.

Sicher. Es gibt durchaus Kandidaten, die dieses »Spielchen« ungeheuer lange durchhalten können. Macht nichts. Gemeinerweise könnte ich nun sagen: »Wenn das Ganze länger als eine halbe Stunde dauert, dann lassen Sie sich einen Kaffee aufs Pferd bringen.« Aber hinter dieser »Gemeinheit« steckt viel mehr; was ich sagen möchte, ist: »Bleiben Sie in solchen Situationen cool, aber beharrlich, zeigen Sie Ihrem Pferd, was Sie möchten und lächeln Sie dabei.« Das ist der Weg.

So mühselig eine Prozedur wie diese auch erscheinen mag: Sie lohnt sich in jedem Falle und kleine Schritte wie diese können ein riesiger Durchbruch sein.

## Wieso, weshalb, warum?

### Warum machen Pferde ihre Fehler oft an denselben Stellen?

Oft kommt es vor, dass Pferde einen bestimmten »Fehler« immer wieder machen; und das immer an den gleichen Stellen und in ähnlichen Situationen. Das hat einen Grund: Viele Dinge, mit denen Pferde im Alltag konfrontiert werden, lösen bei ihnen Stress und Unbehagen aus. Aber die Lösung ist wirklich nicht schwer. Sie brauchen sich diese Stelle nur zu merken – zum Beispiel in der Reithalle immer in der Mitte der Halle –, nehmen zwei Schritte vor dieser besagten Stelle Energie auf und treiben Ihr Pferd über die Stelle. Schnell wird sich das Schema, immer an dieser Stelle anhalten zu wollen, lösen. Nicht immer haben Pferde – im Zusammensein mit uns Menschen – die Möglichkeit, diesen Stress durch Weglaufen (also durch Flucht) abzubauen. Wenn ihnen in solchen Momenten der »Führer« fehlt, suchen sie häufig ein anderes »Ventil«, um ihre Sorgen loszuwerden. So wird das Buckeln, Steigen, nervöse Umhertrippeln zu einer Form von (verhindertem) Fluchtverhalten und verschafft ihnen in vielen Fällen Erleichterung.

Haben Pferde erst einmal die Erfahrung gemacht, dass sie sich – aus ihrer Sicht – mit Hilfe dieser Verhaltensweisen der »Gefahr« entledigen können, wird sich daraus ein »Muster« entwickeln. Das heißt, sie wiederholen ihre Verhaltensweise, sobald sie in Stress-Situationen geraten, weil sie der Meinung sind, dies sei der sicherste Weg, um ein Problem zuverlässig zu lösen.

Stellen Sie sich beispielsweise vor, Sie reiten mit Ihrem Pferd durchs Gelände. Plötzlich raschelt es im Gebüsch und kurz darauf kreuzt eine Hasenfamilie Ihren Weg. Ihr Pferd vermutet eine »Karnickelattacke«, erschreckt sich und will mit Ihnen auf und davon rennen. Für Sie kommt dieser »Aussetzer« so überraschend, dass Sie selbst völlig konfus sind und vor lauter Schreck erst einmal an den Zügeln ziehen.

Ihr Pferd fühlt sich durch den zugefügten Schmerz im Maul in seiner Angst und seinem Gefahren-Denken bestätigt, sammelt all seine Kraft und rennt nun erst richtig los. Während Sie versuchen, Ihr Pferd zurückzuhalten und ihm damit die Fluchtmöglichkeit verwehren, bekommt es noch mehr Panik. Es versucht sich, dem störenden Druck im Maul zu entledigen, indem es heftig zu bocken beginnt.

Das absehbare Ende des »Liedes« lautet: Sie fliegen herunter und Ihr Pferd läuft noch einige Meter ohne Sie weiter. Nach einer kurzen Distanz wird es langsamer und schaut sich (wie es bei Pferden üblich ist) nach der vermeintlichen Gefahr um. Und was erfährt es in diesem Augenblick?

Alle seine Probleme sind gelöst: Die Pferdefresser sind weg, der nervende Zweibeiner ist auch weg und es selbst lebt noch. Für das Pferd kann dieser Augenblick wie »das Ei des Kolumbus« sein. Es hat einen todsicheren Weg gefunden, sämtliche Probleme auf einen einzigen Schlag zu lösen; und das »nur«, indem es ein wenig herumgebuckelt hat.

Wenn Pferde erst einmal so eine potenzielle »Lösungsmöglichkeit« für sich entdeckt haben, werden sie in Stressmomenten immer wieder auf diese Lernerfahrung zurückgreifen. Durchbrechen lässt sich ein Schema wie dieses nur, wenn dem Pferd begreiflich gemacht werden kann, dass zum Beispiel das Buckeln keine zuverlässige Lösung für diverse Probleme ist. Das geht nur, wenn Sie vorausschauend reiten und Ihr Pferd genau beobachten.

## Was ist zu tun, wenn Fehler sich wiederholen?

Nicht nur Bocken gehört zu den beliebtesten Lösungsschemen eines Pferdes. Auch das »Durchgehen« unter dem Reiter oder auch Steigen wird von Pferden immer wieder angewendet, wenn Sie die Erfahrung gemacht haben, dass sie damit ihre Schwierigkeiten loswerden können. Normalerweise kann so eine heftige Reaktion von vorneherein vermieden werden.

*Reiten Sie vorausschauend.*
Denn wenn der Reiter vorausschauend reitet und sein Pferd sehr gut beobachtet (Ohrenspiel, Atmung, Muskelanspannung usw.), kann er gut erkennen, wann sein Pferd Stress empfindet und wird in der Lage sein, es wieder auf sich zu konzentrieren und es zu entspannen (Kopf tief).
Aber auch »harmlosere Probleme«, die sich wiederholen, können Sie durch vorausschauendes Reiten sehr gut in den Griff bekommen. Wenn Sie zum Beispiel wissen, dass Ihr Pferd immer an der gleichen Stelle des Zirkels nach außen ausbricht, sollten Sie nicht warten, bis Ihr Pferd den Fehler macht, sondern schon kurz vorher eingreifen.
Verhindern Sie das Ausbrechen von vorneherein, indem Sie den äußeren Schenkel begrenzend einsetzen und sagen Sie Ihrem Pferd damit: »Ich weiß genau, was du vorhast, und du wirst das jetzt nicht tun.« Damit umgehen Sie es, Ihr Pferd wieder einmal bestrafen zu müssen und überraschen es angenehm mit Ihrer Weitsicht und Aufmerksamkeit.

*Durchbrechen Sie das Schema, indem Sie die damit verbundenen Rituale verändern.*
Sämtliche Schwierigkeiten, die sich ständig wiederholen, können Sie meist erfolgreich beseitigen, indem Sie die damit verbundenen Rituale verändern. Gibt das Pferd zum Beispiel beim Abtrensen das Gebiss nicht wieder her, öffnen Sie die Trense am Kopfstück (manchmal mögen

Pferde es nicht, wenn Ihnen das Kopfstück über die Ohren gezogen wird).
Läuft Ihr Pferd davon, wenn Sie die Koppel betreten? Es klingt komisch: Aber das kann in Einzelfällen auch am Halfter liegen. Versuchen Sie einmal, Ihr Pferd nur mit dem Führstrick von der Koppel zu holen und legen Sie ihm das Halfter erst an, wenn Sie sich am Tor befinden. Manchmal sind es die merkwürdigsten Kleinigkeiten, die bei Pferden Stress auslösen.

*Reiten Sie vorwärts.*
Aber nicht nur einem ungeübten Reiter kann es passieren, dass er diese winzigen Signale seines Pferdes einmal übersieht. Dann wird er von der heftigen Reaktion seines Pferdes »überrumpelt« und es ist definitiv zu spät, um noch rechtzeitig einzugreifen. In solchen Fällen hilft nur noch eines (unabhängig davon, ob das Pferd nun bockt, steigt, oder mit Ihnen losprescht): So paradox und seltsam es auch klingen mag: Treiben Sie es vorwärts.
Ziehen Sie dabei keinesfalls an den Zügeln, verwehren Sie ihm nicht die Fluchtmöglichkeit, indem Sie es festhalten. Schauen Sie stattdessen nach vorn, geben Sie die Zügel frei, behindern Sie Ihr Pferd nicht, sondern treiben Sie es vorwärts.
Die meisten Menschen sagen in Anbetracht dieses Ratschlages: »Ich bin doch nicht lebensmüde. Das macht ja alles nur noch viel schlimmer.« Aber das stimmt nicht. Es ist ein weit verbreiteter Irrglaube, dass Menschen meinen, ein Pferd, das in der Schrecksekunde vorwärts getrieben wird, würde vollkommen kopflos Kilometer weit mit seinem Reiter davonrennen und wie wild weiter bocken.
Das ist nicht der Fall. Die meisten Pferde sind mit dieser Vorgehensweise sehr schnell wieder kontrollierbar. Das liegt wahrscheinlich daran, dass der Reiter sich zwar bemerkbar macht und ihm signalisiert: »Ich bin noch bei dir«, es aber auf seiner Flucht nicht behindert.
Das sofortige Vorwärtstreiben »sagt« dem Pferd: »Mein Mensch hat das Pferdemonster auch ge-

sehen. Also kann er mir auch sagen, wann die Gefahr wieder vorüber ist.«

Für das Vorwärtsreiben beachten Sie aber bitte, dass es Ihnen überhaupt nicht weiterhilft, wenn Sie halbherzig ein wenig mit den Schenkeln klopfen. Wenn die ganze Aktion etwas bringen soll, handeln Sie hier bitte mit voller Überzeugung; treiben Sie »von innen heraus.« Sehr schnell wird es die Ohren auf Sie gerichtet haben und ist in diesem Augenblick wieder kontrollierbar.

Beantworten Sie das Erschrecken des Pferdes also immer mit der einzig richtigen Reaktion, und die heißt: »Ich habe es auch gesehen.« (Das stimmt zwar nicht, aber das weiß ja das Pferd nicht, wenn Sie es konsequent vorantreiben.) »Hier hast du die Zügel, und nun gib Gas.«

■ **Schrittarbeit scheint zwar nicht spektakulär, aber sie ist die Basis für Sie und Ihr Pferd, um weiterzukommen.**

## Wie wichtig ist das Training im Schritt?

»Trainieren im Schritt. Das ist doch öde.« Dieser Meinung sind sehr viele Reiter. Doch eigentlich ist der Schritt die schwierigste Gangart.

Im Schritt-Tempo werden nämlich die Grundsteine für sämtliche Lektionen gelegt. Alles, was in dieser »lahmen Gangart« nicht 100 %ig funktioniert, rächt sich später in den höheren Gangarten.

Auf meinen Kursen erlebe ich das immer wieder. Meine Teilnehmer reiten mir Hufschlagfiguren im Trab vor, galoppieren Zirkel, traben Seitengänge und sagen: »Schau dir das einmal an. Das klappt vorne und hinten nicht.«

Wenn Ihr Pferd nicht auf dem Zirkel galoppiert, nach außen ausbricht und/oder »die Spur« nicht hält, dann liegt es oft an der mangelnden Tragkraft. Dieses Problem lösen Sie nicht im Galopp, sondern an der Basis (also im Schritt-Tempo).

Einige Pferde entwickeln sich beim Galoppieren zu unerträglichen Faulpelzen oder rennen panisch drauflos. Meistens liegt das daran, dass

in dieser rasanten Gangart der Sicherheitsrahmen des Pferdes gesprengt wird, denn im Galopp fällt es ihm deutlich schwerer, sich auszubalancieren. All diese Schwierigkeiten werden Sie nie wirklich effektiv in der vorhandenen Gangart lösen. Sie beginnen immer im Schritt. Ist ein Pferd hektisch, wird zunächst im Schritt dafür gesorgt, dass es nicht stürmt, dass es entspannt ist und zu jeder Zeit anhält. So ist für jeden Reiter, ganz individuell, etwas anderes wichtig.

*Alles, was im Schritt nicht 100 %ig klappt, geht auch beim Traben schief und funktioniert im Galopp erst recht nicht.*

Manchmal sind es minimale Fehler, zum Beispiel Taktunreinheiten, kaum wahrnehmbare Geschwindigkeits- und Richtungswechsel und/ oder Verzögerungen beim Anhalten, die in den höheren Gangarten zu großen Schwierigkeiten führen können. Der Schritt ist die Gangart, mit der alles steht und fällt. Hier ist geradezu »pingelige« Genauigkeit gefragt; bei allem, was Sie Ihrem Pferd beibringen. Dort ist Hundertprozentigkeit ein absolutes »Muss«, wenn Sie »echten« und langfristigen Erfolg haben möchten. Für die Schritt-Arbeit sollten Sie deshalb besonders viel Zeit verwenden.

Es geht nicht nur darum, Ihrem Pferd in dieser Gangart alle wichtigen Grundlektionen beizubringen, sondern auch darum, schon dort die Rangordnung grundsätzlich herzustellen und an dieser Stelle auch auftretende Probleme zu lösen.

Ihr Pferd galoppiert keine Zirkel? Ganz einfach: Kehren Sie zurück zur Basis und reiten Sie die Zirkel im Schritt. Aber nicht »irgendwie«, sondern mit absoluter Genauigkeit.

Ihr Pferd trabt nicht über Stangen? Dann heißt es auch hier: Zurück zu den Wurzeln. Arbeiten Sie im Schritt, beginnen Sie mit einfachen Stangenkombinationen, verändern Sie nach und nach die Abstände, erhöhen Sie gegebenenfalls die Bodenhindernisse ein klein wenig. Beherrscht Ihr Pferd all das wirklich sehr gut, beginnen Sie mit der Trabarbeit und bestehen auch dort auf absoluter Genauigkeit. Sie werden sehen, wie das Problem fast »wie von selbst« verschwindet.

Genauso gehen Sie mit allen anderen Lektionen vor.

Das Holen der Aufmerksamkeit, die vertikale Kopfkontrolle, Richtungs- und Tempowechsel, Seitengänge usw. All das wird so lange nur im Schritt geritten, bis es 100 %ig »sitzt«. So kommen Sie in kleinen, aber sehr zuverlässigen Schritten voran. Und noch etwas: Langweilig wird Ihnen dabei garantiert nicht.

## Was ist, wenn die Zeit zum Trainieren fehlt?

Nach den vielen Informationen, die Sie innerhalb dieses Buches erhalten haben, mögen Sie sich eventuell fragen, woher Sie die ganze Zeit nehmen sollen, um all das mit Ihrem Pferd einzuüben.

Die wenigsten Freizeitreiter haben viel Zeit für die Ausbildung ihrer Pferde. Ich vertrete die Ansicht, dass das Training weder zur Lebensaufgabe werden sollte, noch dass es im Schnellverfahren »heruntergespult« wird. Erfahrungsgemäß kann ich Ihnen sagen, dass Sie eher weniger Zeit als bisher investieren müssen.

Menschen, die zum Beispiel mit einer sinnvollen Diät beginnen möchten, essen in sehr vielen Fällen auch nicht weniger als sonst, sondern stellen einzig und allein ihr Essverhalten um. So ähnlich funktioniert es auch mit der Be-strict-Methode.

Führ- und Bodentraining kostet Sie zum Beispiel keine Sekunde mehr Zeit. Sie »trainieren« in den Situationen, die sich ohnehin für Sie und Ihr Pferd ergeben. Beim Putzen, beim Holen von der Koppel, beim Satteln und Auftrensen usw.

Der Unterschied zu Ihrer bisherigen Arbeit liegt nur darin, dass Sie fortan jedes Problem sofort und an Ort und Stelle lösen. Wenn ein Problem beim Putzen auftaucht, dann ist es Ihre Tagesaufgabe, diese Schwierigkeit aus der Welt zu schaffen – selbst, wenn das Ganze eine halbe Stunde oder länger dauert. Aber: Danach stellen Sie Ihr Pferd wieder weg und reiten es nicht.

Wenn Sie alles, was Sie demnächst mit Ihrem Pferd unternehmen möchten, bewusst und sehr konsequent tun, dann investieren Sie nicht mehr Zeit als sonst. Denken Sie daran:

> *Es geht nie »um Nichts«. Jede Minute im Zusammensein mit Ihrem Pferd bedeutet: Training.*

Am Anfang ist es noch sehr ungewohnt, in jeder Sekunde zu arbeiten. Womöglich denken Sie auch: »Hilfe, in einer Woche muss ich mein Pferd unbedingt soweit haben, dass es beim Putzen immerzu aufmerksam ist.« Oder Sie meinen: »Gütiger Himmel. Ich arbeite schon seit drei Wochen an der Zirkelarbeit im Schritt und wir haben's immer noch nicht kapiert.« Geben Sie nicht auf. Sie haben Ihren eigenen Lernrhythmus und Ihr Pferd ebenso. Es ist völlig egal, wie lange Sie benötigen, um die einzelnen Schritte zu erarbeiten. Auch Rückschläge wird es beim Training immer wieder geben; das ist vollkommen normal.

Denken Sie daran, dass eine Ausbildung im »Hauruck-Verfahren« Sie an den Punkt bringen wird, an dem Sie mit Ihrem Pferd zwangsläufig scheitern werden und dann sowieso wieder von vorne beginnen müssen.

Ein Pferd, das mit Konsequenz und Aufmerksamkeit erzogen wird, hat eine sehr gute Basis für jeden weiteren Schritt. Ist das Pferd aufmerksam, sind keine unnützen »Schnörkeleien« nötig, um ihm etwas beizubringen. Diskussionen gibt es nicht und basta.

Fakt ist allerdings auch, dass die meisten Leute Ihr Training wesentlich sinnvoller und strukturierter gestalten, wenn sie wissen, dass ihre wöchentliche Arbeitszeit begrenzt ist. Diese Erfahrung habe ich selbst gemacht. Als ich einmal wegen beruflicher Umstände nur ein bis zweimal wöchentlich Zeit hatte, um mit meiner Haflingerstute »Mira« zu arbeiten, war sie nach der Winterpause »ready to Show«. Das heißt, innerhalb weniger Monate hatte ich Sie mit sehr wenig Zeitaufwand turnierfertig trainiert. Sie sehen also:

> *Nicht auf die Zeit, die Ihnen zu Verfügung steht, kommt es an, sondern darauf, wie Sie sie nutzen.*

Wenn Sie sich einem ganz bestimmten Problem widmen möchten, ergibt sich dessen Lösung durch den richtigen Aufbau des Trainings. Hierfür zerlegen Sie die Arbeit in mehrere, kleine Teilschritte (Bausteine) und kreieren Ihr ganz individuelles Ziel (mehr dazu in der anschließenden Trainingsanleitung).

## Kann ich mit meinem Pferd trainieren, obwohl mir weder eine Reithalle noch ein Platz zu Verfügung steht?

Trainieren lässt sich überall. Bei den wenigsten Übungen, die ich beschrieben habe, ist es zwingend notwendig, beim Reiten ein Dach über dem Kopf bzw. einen umzäunten Reitplatz zu haben.

Es kann sogar von Vorteil sein, wenn Sie ein wenig improvisieren müssen, denn aufkommende Routine (die sich ja häufig durch eine gewisse Bequemlichkeit im Denken entwickelt), kann das Training sehr negativ beeinflussen.

Wenn Ihre Möglichkeiten eingeschränkt sind, sind Sie »automatisch« gezwungen, sich Gedanken zu machen. Wenn Sie im Gelände die Augen offen halten, werden Sie sehr viele, gute Trainingsmöglichkeiten finden.

So können Sie umherliegende Baumstämme, kleine Abhänge und bestimmte Waldwege nutzen. So gut wie alles ist trainierbar und macht – gerade im Gelände – auch besonders Sinn. Ich würde auch jedem »Hallen-Reiter« anraten, hin und wieder draußen zu trainieren, denn hier zeigt sich, wie gut Ihr Training tatsächlich bisher gelaufen ist. Es ist ohnehin ein Ziel der meisten Reiter, in Zukunft entspannte Ausritte mit ihren Pferden genießen zu können.

## Welche Reitergruppe soll mit dem Be-strict-Konzept besonders angesprochen werden?

Ich höre schon einige Leute sagen: »Also, dieses Be-strict-Konzept ist ja nicht übel. Aber das ist doch nur was für Reitanfänger. Turnierreiter sind damit total unterfordert und haben dieses Wissen schon.«

Das ist nicht wahr. Wenn sie es wirklich hätten, würden sicher nicht so viele von ihnen meine Kurse besuchen. Grundsätzlich wende ich mich mit diesem Konzept an alle Reiter, die sich mit ihren Pferden weiterentwickeln möchten.

Auf meinen Kursen kommen Freizeit- und Turnierreiter häufig zusammen und jeder von ihnen
zieht seinen ganz individuellen, persönlichen
Nutzen aus meinem Programm.

Wer der Meinung ist: »Ein Freizeitreiter braucht
doch kaum etwas von diesen Übungen. Der
reitet ja sowieso meistens im Gelände«, befindet sich auf dem Holzweg. Erstens hat sich die
Freizeitreiter-Szene in den letzten Jahren sehr
positiv entwickelt. »Freizeitreiter« (das sind für

mich all diejenigen, die den Reitsport nicht pro-
fessionell betreiben), werden leider häufig immer
noch zu Unrecht abgewertet – genau wie deren
Pferde auch.

Zweitens haben sich das Wissen und die Einstellung der Freizeitreiter im Laufe der Zeit
stark gewandelt. Es gab eine Zeit, in der die
»Hobby-Reiter« in der Öffentlichkeit eher vernachlässigt wurden, weil sie sich in der Minder-
heit befanden. Heutzutage gibt es mehr Frei-
zeit- als Profi-Reiter.

Die meisten von ihnen geben sich nicht mehr
damit zufrieden, »nur« mit ihren Pferden ins
Gelände zu reiten und Spaß zu haben. Mit dem
wachsenden Wissen erkennen immer mehr
Menschen, wie wichtig die fundierte Grundausbildung des Pferdes ist (und zwar für beide Seiten). Manch ein Freizeitreiter hat heutzutage
mehr Wissen, was die Psyche und das Lernverhalten der Pferde angeht, als ein Profi-Reiter
mit langjähriger Turnier-Erfahrung.

Michael Putz – ein renommierter Dressuraus-
bilder – hat einmal gesagt: »Wer glaubt, sein Pferd
im Gelände reiten zu können, ohne dabei aufpassen zu müssen, wird niemals wirklich wei-
terkommen.«

## Routine – Eine Alltagsfalle

*Wenn Sie mit Ihrem Pferd immer nur ganz be-
stimmte Wege gehen, beginnt es mit der Zeit
höchstwahrscheinlich immer unaufmerksamer
und schreckhafter zu werden.*

*Es hat quasi jede Einzelheit der Strecke »ab-
fotografiert« im Kopf. So kann es für Ihr Pferd
ein Problem werden, wenn der Bauer, an dem
Sie täglich vorbeireiten, auf seinem Hof einmal
einen Holzhaufen aufschichtet oder wenn ein
Lkw plötzlich dort steht, wo er nun beim besten
Willen nicht hingehört.*

*Auch bei den trittsicheren Haflingern oder Nor-
wegern ist zu beobachten, dass sie in bekannter
Umgebung wesentlich häufiger stolpern. Das
kommt daher, weil sie die Strecke in- und aus-
wendig kennen und deshalb natürlich Ihre Umgebung genau intus haben. Sie achten also ganz
besonders darauf, ob sich nicht vielleicht irgendetwas verändert hat. Denn Veränderungen erkennt Ihr Pferd ja nur an bekannten Objekten.
Wir reiten mit jungen, unerfahrenen Pferden
jedes Mal eine andere Strecke und ersparen
uns dadurch viel Stress und Ärger.*

*Wenn Sie als Autofahrer tagtäglich jeden Mor-
gen an einer Ampel vorbeikommen, die immer
auf Grün steht, ist die Wahrscheinlichkeit sehr
groß, dass Sie sie auch dann überfahren werden, wenn sie einmal auf Rot steht. So ähnlich
ist es auch bei den Pferden: Routine macht unaufmerksam.*

Stressfreies Reiten im Gelände ist schon das
Ende der Arbeit, das Ziel. Doch der Weg dahin
ist lang und muss erarbeitet werden. Darüber
hinaus werden unsere Pferde aufgrund speziel-
ler Züchtungen immer »schlauer« und damit
auch schwieriger. Wer sich nicht ehrlich be-
müht, sich mit ihnen auseinander zu setzen,
wird an Grenzen stoßen.

Also auch Turnierreiter mit langjähriger Erfahrung profitieren durchaus von diesem Konzept.
Und sehr viele von ihnen betrachten die Dinge
nach meinen Kursen mit anderen Augen und
beginnen, ihr Training neu zu strukturieren.

Spitzenpferde/Leistungspferde werden mehr
Leistungsbereitschaft zeigen, wenn der Mensch
in der Lage ist, dessen Psyche zu entschlüsseln.
Wie kann ein Pferd ein Hindernis überspringen,
das es von sich aus als »zu hoch« einschätzt,
wenn es dem Menschen nicht vertraut?

■ **Es ist völlig egal, ob Ihnen eine Reithalle oder ein Außenplatz zur Verfügung steht. Sie können ohne Weiteres auf einer Wiese im Gelände, auf der der Boden zum Reiten geeignet ist, trainieren. Natürlich nur mit Erlaubnis des Pächters.**

Wie soll ein turniergerittenes Westernpferd mit Sliding-Eisen auf rutschigem Untergrund noch sicher galoppieren, wenn es sich bei seinem Reiter nicht sicher fühlt?

Wenn mit Pferden konsequent schon beim tagtäglichen Umgang an einer gesunden Vertrauensbasis gearbeitet wird, dann sind Leistungen machbar, die der Mensch sich nicht einmal im Traum vorstellen kann.

Auch sehr erfahrene Reiter sind immer wieder positiv überrascht über die Entwicklungssprünge und Fortschritte, die sie mit ihren – ohnehin schon leistungsstarken Pferden – mit Hilfe dieses Konzeptes machen.

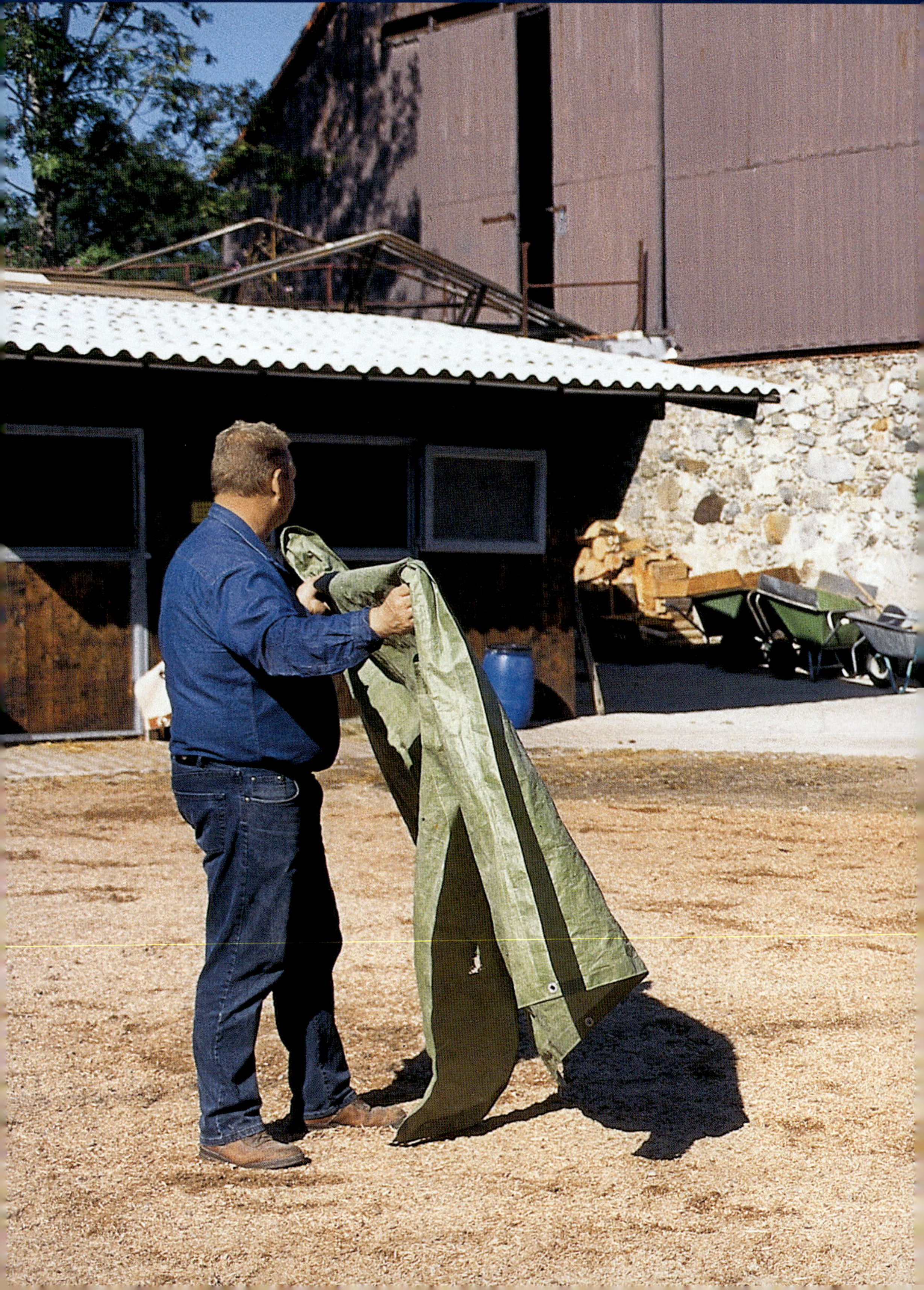

# Step by Step erfolgreicher reiten!

## Sinnvoller Trainingsaufbau für den ranghohen Reiter

### Warum brauchen Sie einen Trainingsplan?

»Ohne einen Weg gibt es kein Ziel!« Dieser schlaue Satz ist auch für Reiter zutreffend. Und zwar für alle Reiter!

Die meisten aller Pferdemenschen gelangen irgendwann einmal an einen Punkt, an dem sie sich hoffnungslos »verheddern«, weil ihnen ein eigenes Konzept fehlt und/oder der Trainingsaufbau zu wünschen übrig lässt.

Wenn Sie sich vornehmen, in Ihrer Wohnung oder in Ihrem Haus den alljährlichen Frühjahrsputz in Angriff zu nehmen, Ihnen dafür aber jede Struktur und Organisation fehlt, werden Sie während der Reinigungsaktion früher oder später im Chaos versinken ... Dann beginnen Sie Schubladen auszuräumen, stolpern dabei über alte Fotos, längst vergessene Erinnerungsstücke, Tagebücher von anno dazumal usw. Ehe Sie sich versehen, hocken Sie mit Ihren neu entdeckten Kostbarkeiten auf dem Teppich in Ihrem Wohnzimmer, schwelgen dabei entzückt in Erinnerungen und vergessen, was Sie eigentlich vorgehabt hatten.

Dass es ursprünglich einmal Ihr Ziel gewesen ist, die Schränke ordentlich auszuwaschen, die Fenster zu putzen und die Abstellkammer »auszumisten«, gerät dann allzu schnell in Vergessenheit. Nach dreistündiger, unkoordinierter Wühlerei und der fünften Tasse Kaffee schauen Sie sich in Ihrem Reich um und stellen fest, dass Sie so gut wie nichts erreicht haben. Ganz im Gegenteil: Um Sie herum schaut es aus wie »bei Hempels unter dem Sofa« und alle guten Vorsätze liegen unter einer dicken Staubschicht begraben ...

Bei der Ausbildung von Pferden geschieht in den allermeisten Fällen etwas ganz Ähnliches: Die meisten Reiter gehen durchaus motiviert und mit allerlei guten Vorsätzen an einen Ritt/ an ein Training heran, weichen aber dann doch von ihren fest vorgenommenen Zielen ab.

Sie beginnen zum Beispiel mit dem Vorsatz: »Heute bringe ich meinem Pferd die Seitengänge bei ...«. Doch schon in der Phase des Warmreitens bemerken Sie eventuell, dass das Rückwärtsgehen heute eine wahre Katastrophe ist, dass das Pferd nicht mehr zuverlässig anhält oder total unaufmerksam ist. Und dann beginnt das Durcheinander: Zuerst wird ein wenig an der Anhalteübung herumgebastelt ... Nun gut, das funktioniert irgendwann einigermaßen ... also korrigiert der Reiter das Rückwärtsgehen ... Klappt es nicht, sagt er sich schnell: »Ach, das ist ja jetzt gar nicht so irrsinnig wichtig! Das Rückwärtsgehen nehme ich ein anderes Mal in Angriff. Am besten, ich lege ein paar Stangen auf den Boden. Diese Übung beherrscht mein Pferd ziemlich sicher ... Aber wieso passt der Büffel schon wieder nicht auf?!« Nach einer Stunde haben Reiter und Pferd so eine chaotische »Hampelei« hinter sich, dass von einem »Erfolgs-Erlebnis« wahrlich keine Rede mehr sein kann!

Was das Pferd in dieser Zeit erfahren hat, ist ein sehr eigenartiges, unstrukturiertes »Gewurstel« ohne jeden Sinn und ohne jedes »Aha-Erlebnis«. Zwangsläufig erfährt der Vierbeiner (wieder einmal): »Ich hab's doch gewusst! ... Der ›da oben‹ weiß nicht, was er überhaupt will.«

Reiter, die sich während des Trainings so oder ähnlich verhalten, werden für ihre Pferde zum Unsicherheitsfaktor! Sie sind in dieser Zeit nicht berechenbar, stellen etliche Regeln auf, die im nächsten Augenblick an Gültigkeit verlieren und mutieren zum zweibeinigen Katastrophen-Gebiet. Das ist unproduktiv!

Damit Ihnen so etwas in Zukunft nicht passiert, finden Sie hier eine Trainings-Anleitung.

Inwieweit Sie diese nutzen möchten, bleibt selbstverständlich Ihnen überlassen – meine Anleitung ist eine von vielen Möglichkeiten, das Training sinnvoll und erfolgsorientiert aufzubauen.

## Wo wollen Sie hin? Formulieren Sie Ihr Ziel!

Ziele hat prinzipiell jeder Reiter, wenngleich sie auch jeder anders für sich definiert. Zumindest das vorhandene Grobziel ist so ziemlich jedem Reiter bewusst.

Ein Grobziel kann beispielsweise sein: »Ich möchte mit meinem Pferd beim nächsten Einsteiger-Turnier starten«; ein Grobziel kann aber auch sein: »Ich brauche ein zuverlässiges Geländepferd, mit dem ich entspannte Ausritte genießen kann ...«

Schwieriger wird es für manche Menschen eher dann, wenn sie sich mit den jeweiligen einzelnen Trainingssequenzen, die zur Erreichung dieses Grobzieles führen sollen, beschäftigen.

Meine Trainingsanleitung bietet jedem Reiter ein ausbau- und erweiterungsfähiges Grundgerüst, welches für die ganz individuellen Zwecke genutzt werden kann.

Ich beschränke mich bei der Trainingsanleitung ausschließlich auf die fundamentalen Grundelemente der einzelnen Trainingssequenzen sowie auf Lektionen, die für Grundausbildung eines jeden Pferdes Gültigkeit besitzen.

Fortgeschrittene Reiter können mit Hilfe dieses Fundamentes ihr Training neu und effektiver strukturieren. Für weniger erfahrene Reiter eignet es sich ebenso gut, um einen Rahmen zu kreieren, in dem sie sich innerhalb ihrer Möglichkeiten bewegen können.

Besonders sinnvoll kann es für Sie sein, wenn Sie den empfohlenen Plan gemeinsam mit Ihrem Reitlehrer oder einem anderen erfahrenen Pferdemenschen weiter ausbauen; die Möglichkeiten sind sehr vielfältig, wenn Sie das Grundprinzip des Be-strict-Konzeptes verstanden haben!

## Die »Basics« in der Übersicht

In den vergangenen Kapiteln sind Sie mit den Hintergründen der Basislektionen vertraut gemacht worden.

Sie wissen, warum es wichtig ist, dass Ihr Pferd zum Beispiel still steht, während Sie in den Sattel steigen ... Ihnen ist geläufig, dass Sie jeder (!) Zeit die Aufmerksamkeit Ihres Pferdes haben müssen, damit es sich voll und ganz auf Ihre Hilfen konzentrieren kann. Auch ein entspanntes, unbesorgtes Pferd ist eine wesentliche Grundvoraussetzung für erfolgreiches und problemloses Reiten. Ganz gleich, welche reiterlichen Ziele Sie mit Ihrem Pferd verfolgen: Die Basisarbeit sollte bei keinem Pferd versäumt werden! Sie ist sozusagen der »Schlüssel« für jeden weiteren Schritt!

Aus diesem Grunde führe ich an dieser Stelle noch einmal die wichtigsten Lektionen für die fundamentale Arbeit auf – und zwar Schritt für Schritt. So können Sie in diesem letzten Kapitel noch einmal nachlesen, wie Sie die Übungen im Einzelnen am besten aufbauen.

### Das Training vor dem Ritt
### Lektion 1: Das Boxentraining

1. Bestehen Sie darauf, dass Ihr Pferd Sie beachtet und auf Sie zutritt, während Sie die Box betreten!
2. Beachtet Ihr Pferd Sie nicht, machen Sie es unbedingt auf sich aufmerksam (rufen, »wedeln« mit dem Führstrick, schnalzen oder ähnliches)!
3. Sieht Ihr Pferd zu Ihnen hin, verhalten Sie sich sofort (!) passiv!
4. Wendet es den Blick von Ihnen ab, bauen Sie erneut Druck auf (siehe Punkt zwei)!
5. Loben Sie Ihr Pferd mit der Stimme, sobald es auch nur den Ansatz zeigt, auf Sie zuzutreten – senken Sie den Blick dabei, verhalten Sie sich defensiv!

6. Kommt Ihr Pferd nicht sofort auf Sie zu, halten Sie die Verbindung (die Pferdeohren sind auf Sie gerichtet – das Pferd schaut in Ihre Richtung). Rufen Sie es in regelmäßigen Abständen, ohne ihm dabei direkt in die Augen zu schauen!
7. Beobachten Sie genau die Reaktion Ihres Pferdes und denken Sie daran, jeden kleinen Fortschritt sofort mit der Stimme und defensiver Körperhaltung zu belohnen!

Haben Sie für dieses Training länger als 15 Minuten benötigt, holen Sie Ihr Pferd nicht aus der Box, sondern loben es überschwänglich und lassen Sie es für diesen Tag vollkommen in Ruhe!
Sie werden feststellen, dass Ihr Pferd schon bald selbstständig auf Sie zukommen wird, ohne dass Sie sich für diesen Schritt großartig Zeit nehmen müssen.
Von nun an achten Sie immer darauf, dass dieses wichtige Rangordnungs-Ritual uneingeschränkt beibehalten wird (ansonsten verliert diese Form des Trainings seinen Sinn)!

## Lektion 2: Das Training auf der Koppel

1. Machen Sie sich bemerkbar, wenn Sie die Weide betreten!
2. Sieht Ihr Pferd Sie an, verhalten Sie sich passiv (Blick gesenkt, defensive Körperhaltung)!
3. Schaut es gleich wieder weg, machen Sie es erneut auf sich aufmerksam. Loben Sie es, sobald es reagiert (zum Beispiel mit der Stimme). Verhalten Sie sich passiv.
4. Tritt Ihr Pferd von sich aus auf Sie zu, loben Sie es kräftig, sobald es bei Ihnen ist.
5. Ist Ihr Pferd nicht bereit, Ihnen entgegenzutreten, nähern Sie sich ihm in bogenförmigen Linien, ohne es direkt dabei anzusehen (Blick gesenkt halten)!
6. Immer, wenn sich Ihr Pferd von Ihnen entfernt, folgen Sie ihm!

7. Bleibt Ihr Pferd stehen, halten Sie ebenfalls an und loben es mit der Stimme!
Bei besonders »hartnäckigen« Pferden kann sich vor allem der sechste und siebte Schritt unendlich lange hinauszögern. Ganz egal, wie lange es dauert: Bleiben Sie auf jeden Fall dran; ändern Sie Ihre Vorgehensweise dabei niemals (das lässt Sie unglaubwürdig und unsicher erscheinen).
Verlassen Sie die Koppel nur nach einem deutlichen Erfolg! Denn wenn Ihr Pferd einmal herausgefunden hat, dass es sich das Halfter nicht anlegen lassen muss, wenn es vor Ihnen davonrennt, wird es daraus ein Schema entwickeln und sich bald gar nicht mehr einfangen lassen!
Pferde, die ein solches Schema bereits entwickelt haben, korrigieren Sie erfahrungsgemäß am besten folgendermaßen:

1. Arbeitsschritte eins bis sechs kontinuierlich (!) beibehalten.
2. Das Pferd beim ersten Erfolg gar nicht aufhalftern, sondern nur bei ihm bleiben und es ggf. berühren; danach die Koppel wieder verlassen und keine weiteren Versuche unternehmen.
(Diesen Schritt eventuell mehrmals an verschiedenen Tagen wiederholen – und zwar solange, bis Ihr Pferd Ihre Gegenwart akzeptiert, ohne den Versuch zu unternehmen, vor Ihnen zu flüchten!)
3. Duldet Ihr Pferd den direkten Kontakt mit Ihnen, versuchen Sie es dazu zu bewegen, dass es auch selbstständig auf Sie zutritt (Trainingsschritte eins bis sechs!)
4. Wenn das mehrmals hintereinander zuverlässig funktioniert, legen Sie ihm das Halfter nur kurz an, loben Ihr Pferd kräftig, nehmen das Halfter gleich wieder ab und verlassen die Koppel.
5. Für den nächsten Schritt nehmen Sie Ihr Pferd zwar mit, reiten es aber nicht. Sie können ihm das Holen auch angenehm machen, indem Sie es nur für die Fütterung kurz in die Box stellen und es danach gleich wieder auf die Koppel entlassen.

Ein solches Problem zu beseitigen, kann manchmal sehr langwierig sein. Doch es lohnt sich, »am Ball« zu bleiben!

Nicht immer funktionieren die Schritte nacheinander vollkommen reibungslos. Wann immer es Rückschläge gibt, gehen Sie wieder einen Trainingsschritt zurück. (Nie eine Trainingseinheit überspringen oder auslassen!)

Denken Sie bitte auch daran, dass es wenig Sinn macht, ein Pferd, das sich schlecht einfangen lässt, schon nach zehnminütigem Weidegang von der Koppel holen zu wollen.

*Lassen Sie sich nicht entmutigen; es lohnt sich!*

### »Aufgepasst!«

*Sie können innerhalb kürzester Zeit die Aufmerksamkeit Ihres Pferdes auf sich ziehen und damit einen wesentlichen Teil der Rangordnung herstellen.*

*Stellen Sie sich vor Ihr Pferd und achten Sie darauf, dass es Ihnen den Kopf dabei zuwendet.*

*Sobald das Pferd zur Seite sieht, fordern Sie es auf, wieder in Ihre Richtung zu blicken. Gegebenenfalls können Sie diesen Vorgang mit dem Stimmkommando »Pass auf!« unterstützen.*

*Achtet Ihr Pferd nur wenige Sekunden auf Sie, dann loben Sie es und wiederholen den Vorgang. Sie machen das solange, bis Ihr Pferd längere Zeit (mindestens 15 Sekunden) gerade auf Sie blickt.*

## Das Training beim Führen des Pferdes Lektion 3: Die richtige Führposition

1. Machen Sie Ihr Pferd noch einmal kurz aufmerksam, bevor Sie mit ihm loslaufen!
2. Während Sie Ihr Pferd führen, achten Sie bitte auch auf Ihre Körperhaltung, die Sie der gewünschten Geschwindigkeit bewusst anpassen sollten!
3. Sobald Ihr Pferd den Kopf von Ihnen abwendet, bringen Sie diesen mit einem kurzen (!) Zug am Führstrick wieder in die richtige Position!
4. Achten Sie beim Führen darauf, dass Ihr Pferd die richtige Position beibehält. Sein Platz ist auf Schulterhöhe! Wenn Ihr Pferd hinter Ihnen hergeht, dann sehen Sie nie, wann es zur Seite schaut weil es etwas entdeckt hat und können somit die Frage Ihres Pferdes nicht beantworten.
5. Ist Ihr Pferd zu schnell/überholt es Sie, dann ziehen Sie deutlich am Strick, solange bis Ihr Pferd wieder langsamer ist, dann bauen Sie sofort den Druck ab, indem Sie den Strick loslassen. Wiederholen Sie das solange, bis Ihr Pferd die richtige Geschwindigkeit einhält. Das kann bei manchen Pferden etwas dauern. Bleiben Sie aber beharrlich und geben nicht auf, der Erfolg wird sich einstellen.
6. Falls Ihr Pferd zu langsam ist, behalten Sie Ihr gefordertes Grundtempo bei. Geben Sie Ihrem Pferd einen ruckartigen, kurzen Impuls mit dem Führstrick (bitte sehr, sehr deutlich!).
   Läuft es daraufhin schneller, hängt der Strick wieder ein wenig durch und Sie loben Ihr Pferd (Stimme, kurzes Stirnstreicheln …) Ziehen Sie niemals Ihr Pferd, hinter sich her, dieses ständige Ziehen erzeugt nur Gegendruck und bringt Sie an den Rand der Verzweiflung. Achtung: Den Führstrick niemals um die Hand oder um das Handgelenk wickeln!
7. Jede noch so geringe Abweichung vom geforderten Grundtempo muss umgehend und sofort korrigiert werden!
8. Wenn diese Lektion nach einigen Tagen sehr gut (nicht einigermaßen oder halbwegs) funktioniert, erhöhen Sie den Schwierigkeitsgrad, indem Sie deutliche Geschwindigkeitswechsel verlangen (langsam … schnell … langsam … usw.)!

### Lektion 4: Das punktgenaue Anhalten aus der Bewegung

1. Machen Sie schon nach wenigen Metern den ersten Aufmerksamkeits-Test, indem Sie abrupt stehen bleiben (eventuell mit Stimme begleiten).
2. Steht Ihr Pferd nicht sofort und punktgenau, richten Sie es sehr deutlich einen Schritt zurück (Stimmkommando: »Steh!« oder »Whoa!«)
3. Laufen Sie erneut los und wiederholen Sie die Übung gleich nach ein bis zwei Schritten noch einmal.
4. Steht Ihr Pferd, loben Sie es und lassen es einen Augenblick stehen (am besten in entspannter Haltung)!
5. Wiederholen Sie das Training so lange, bis Ihr Pferd wirklich punktgenau und ohne jede Verzögerung zum Stehen kommt!

### Bitte beachten Sie:

*Jedes Führen (von der Koppel, zum Reitplatz, bei Spaziergängen an der Hand, zurück zur Weide usw.) ist Training!*
*Wenn Sie bemerken sollten, dass es schon Schwierigkeiten beim Weg von der Koppel zum Putzplatz gibt, kümmern Sie sich um die Beseitigung dieses einen Problems, und es wird gegebenenfalls zu Ihrer Tagesaufgabe!*

### Das Training am Putzplatz
### Lektion 5: Die Aufmerksamkeit des Pferdes

1. Achten Sie stets darauf, dass der Kopf Ihres Pferdes gerade gerichtet ist; auch die Ohren Ihres Pferdes sollten im Idealfall auf Sie gerichtet sein. Bedenken Sie aber bitte, dass die Ohren immer am schnellsten reagieren, wenn sich etwas anbahnt. Deshalb werden Sie die Ohren immer wieder »verlieren«. Versuchen Sie es trotzdem, dass Ihr Pferd die Ohren immer wieder zu Ihnen richtet.
2. Schaut Ihr Pferd weg, holen Sie den Kopf mit Hilfe des Führstrickes wieder »zurück« und bringen ihn in die richtige Position. Üben Sie dabei nur impulsartigen Druck aus (kein Dauerdruck!). Anfangs können Sie hierbei die Stimme einsetzen (»Pass auf!«). Aber bitte nicht vergessen, diese später wieder zu reduzieren. Der Vorgang wird wiederholt, bis Ihr Pferd langfristig reagiert.
3. Wenn das Pferd die Ohren von Ihnen abwendet, machen Sie es auf sich aufmerksam (Stimme, schnalzen, antippen oder Ähnliches).
   Reagiert Ihr Pferd nicht, können Sie auch deutlicher werden und eventuell den Führstrick zu Hilfe nehmen (Strick vibrieren lassen, leicht »zupfen« oder Ähnliches). Sie lassen Ihr Pferd immer erst dann in Ruhe, wenn es die gewünschte Reaktion zeigt! (Loben nicht vergessen!)

### Lektion 6: Das Stehen an einem zugewiesenen Platz

1. Beobachten Sie Ihr Pferd bei allem, was Sie tun!
2. Sobald es (zum Beispiel durch Gewichtsverlagerung) andeutet, dass es seinen Platz gleich verlassen wird, erinnern Sie es mit der Stimme daran, dass es stehen bleiben soll.
3. Bewegt es sich dennoch von der Stelle, bringen Sie es wieder in die Ausgangsposition zurück und wiederholen dabei das entsprechende Stimmkommando.

## Lektion 7: Das »Cool down« – Die vertikale Kopfkontrolle

1. Während Ihr Pferd steht, sollte es im Idealfall den Kopf in seiner natürlichen Entspannungshaltung tragen.
2. Sobald Sie bemerken, dass Ihr Pferd von dieser Haltung abweicht, sollten Sie es umgehend korrigieren!
3. Trägt es den Kopf zu tief (zum Beispiel, weil es gerade mit den Nüstern am Boden »herumrüsselt«), machen Sie es am besten erneut aufmerksam und holen den Kopf mit sanftem aber deutlichem Zug nach oben.
4. Bringen Sie den Kopf Ihres Pferdes in die richtige Position, indem Sie abwärts weisenden, gleich bleibenden Druck mit dem Führstrick ausüben.
5. Sobald Ihr Pferd nur leicht »nickt«, geben Sie sofort nach und loben Sie Ihr Pferd! Gerade das Beachten der ersten oft klitzekleinen Reaktion zeigt dem Pferd, was Sie von ihm wollen. Schnell lernen Pferde dann, den Kopf nur auf den leichtesten Zug hin abzusenken.
6. Nimmt es den Kopf wieder hoch, bauen Sie erneut Druck auf, indem Sie nach unten ziehen. Wiederholen Sie den Vorgang so lange, bis Ihr Pferd dauerhaft entspannt steht!

In der Anfangszeit werden Sie womöglich den Eindruck gewinnen, dass Sie Ihr Pferd mehr korrigieren, als alles andere … Das ist normal! Nur, wenn Sie an dieser Stelle aufgeben und glauben: »Das kriegen wir nie hin!«, werden Sie mit dieser Vorgehensweise keinen Erfolg haben. Die Wiederholung bringt die Fortschritte! Dafür werden Sie Ihr Pferd einmal putzen, satteln und aufzäumen können, ohne dass es unaufmerksam ist oder sich »klammheimlich« davonstiehlt und Ihr Pferd weiß darüber hinaus, dass Sie immer aufpassen und stets für seine Sicherheit sorgen können. Damit haben Sie die besten Grundvoraussetzungen für Ihre Arbeit im Sattel!

## Das Training im Sattel: Lektion 8: Das Aufsitzen

1. Während des Aufsitzens achten Sie darauf, dass Ihr Pferd sich mit seiner ganzen Aufmerksamkeit (Ohrenspiel) bei Ihnen befindet. Sein Kopf ist gerade gerichtet; der Hals sollte entspannt sein. Währenddessen steht das Pferd bei gleichmäßiger Gewichtsverteilung auf allen vier Hufen, das ist sehr wichtig, denn viele Reiter wundern sich, dass ihr Pferd beim Aufsteigen losmarschiert.

   Dies liegt häufig daran, dass das Pferd nicht korrekt steht. Wenn dann Gewicht in den Steigbügel kommt, muss es sich erst einmal ausbalancieren und das geht nun mal nicht ohne dass es sich bewegt. Grundsätzlich empfiehlt es sich, mit einer Aufsteighilfe zu arbeiten. Aber gerade da gilt der Grundsatz, dass das Pferd gelernt hat, ruhig zu stehen.

2. Beobachten Sie Ihr Pferd, während Sie aufsteigen. An seiner Aufmerksamkeit und an der entspannten Halshaltung sollte sich währenddessen nichts verändern. Wenn Ihr Pferd nur das Gewicht verlagert, können Sie daran erkennen, dass es bereits daran gedacht hat, sich zu bewegen. Sie nehmen dann sofort den Fuß aus dem Steigbügel und fordern Ihr Pferd zum Stehen auf. Dieses genaue Beobachten ist äußerst wichtig, Pferde sind sehr beeindruckt, wenn Sie Ihre »Gedanken« lesen können, das können Sie natürlich nicht, aber Sie können Ihre Körpersprache lesen und das ist wichtig.

   Pferde sind schnell bereit, für uns Menschen etwas zu tun, wenn sie merken, dass wir voll konzentriert sind und ihre Gedanken erkennen können.

3. Nähern Sie sich ruhig, aber bestimmt, dem Steigbügel. Zeigt Ihr Pferd den Ansatz, loslaufen zu wollen, »erinnern« Sie es mit dem Stimmkommando »Steh« daran, dass es an Ort und Stelle stehen zu bleiben hat!

4. Wann immer Ihr Pferd sich davonbewegt, bringen Sie es wieder in die Ausgangsposition zurück! Wiederholen Sie den Vorgang solange, bis es eine Berührung des Bügels durch Ihre Hand zulässt!

5. Anschließend bringen Sie – zunächst nur mit der Hand – Gewicht in den Steigbügel. Das heißt: Sie ziehen den Bügel leicht zu sich heran und üben mit den Handflächen gleichmäßigen Druck auf die Trittfläche aus. Den Druck erhöhen Sie immer weiter.

6. Loben Sie Ihr Pferd, wenn es diesen Schritt akzeptiert! – Möchte es loslaufen, korrigieren Sie es auf die bewährte Weise und wiederholen Sie den Vorgang.

7. Wenn Ihr Pferd die vorherigen Schritte anstandslos zulässt, setzen Sie den Fuß in den Steigbügel, ohne ihn dabei gleich mit dem vollen Gewicht zu belasten. Den Druck bauen Sie langsam auf, indem Sie zunächst nur mit dem Standbein »wippen«. Dabei wiederholen Sie zur Unterstützung das Stimmkommando »Steh!« oder »Whoa!« in gleichmäßigen Abständen.

8. Erst, wenn das funktioniert, stoßen Sie sich vollständig vom Boden ab und nehmen (bitte weich!) im Sattel Platz!

Manchmal laufen Pferde los, während der Reiter aufsteigt, weil sie Schmerzen haben oder noch nicht in der Lage sind, sich auszubalancieren. Bitte vergewissern Sie sich, ob keine körperlichen Beschwerden hinter dieser »Marotte« stehen, und prüfen Sie auch, ob der Sattel oder die verwendete Unterlage Ihrem Pferd keine Schmerzen bereitet!
Und noch mal zur Wiederholung, eine Aufstiegshilfe wirkt oft Wunder.

## Lektion 9: Das Stillstehen unter dem Reiter

1. Nachdem Sie weich im Sattel Platz genommen haben, achten Sie bitte darauf, dass Ihr Pferd stehen bleibt! Nehmen Sie nach dem Aufsteigen nicht gleich die Zügel an, für das Pferd heißt das: Auf gehts, arbeiten – legen Sie die Zügel auf den Sattel und halten Sie diese nur locker in der Hand (damit Sie im Notfall nicht erst lange suchen müssen), und signalisieren Sie somit, dass jetzt erst einmal Ruhe ist.

2. Sollte es nach vorn laufen, nehmen Sie beide Zügel gleichmäßig an (ruhig, aber bestimmt) und richten Sie Ihr Pferd ein bis zwei Schritte zurück. Dabei achten Sie darauf, dass der Druck nur solange bestehen bleibt, bis Ihr Pferd den Ansatz zeigt, nach hinten auszuweichen. Ist Ihr Pferd im Begriff, auch nur einen Huf vom Boden zu heben, um nach hinten zu weichen, lässt der Druck umgehend nach! Begleiten Sie diesen Vorgang mit der Stimme (»Steh!« oder »Whoa!«); bleiben Sie dabei geduldig, ruhig und gelassen.

3. Weicht Ihr Pferd nach hinten aus, setzen Sie impulsartig und gleichmäßig kurz beide Schenkel ein und sorgen Sie dafür, dass Ihr Pferd sich wieder in die Ausgangsposition begibt (auch das kann mit der Stimme begleitet werden).

4. Wiederholen Sie die Korrektur notfalls so lange, bis Ihr Pferd wirklich still steht, und vergessen Sie das Lob nicht!

## Lektion 10: Die Aufmerksamkeit des stehenden Pferdes unter dem Reiter

1. Beobachten Sie die Kopfhaltung Ihres Pferdes und dessen Ohren!

2. Der Kopf Ihres Pferdes ist während des Stehens immer gerade gerichtet! Sobald es den Kopf abwendet, bringen Sie diesen mit Hilfe einer gleichmäßigen Zügelhilfe wieder in die richtige Position zurück!

3. Wendet es die Ohren von Ihnen ab, können Sie diese mit Hilfe der Zügel oder der Schenkel wieder »zurückholen«. (Rechter

Schenkel oder Zügel für das rechte Ohr; linker Schenkel oder Zügel für das linke Ohr …). Denken Sie daran, dass Sie sich sofort wieder völlig passiv verhalten, wenn Sie erreicht haben, was Sie wollten.

## Lektion 11: Das »Cool down« beim stehenden Pferd

1. Sorgen Sie dafür, dass Ihr Pferd gleich nach dem Aufsitzen eine entspannte Haltung einnimmt (Kopf tief; und zwar in der Position, die für Ihr Pferd bequem ist).
2. Für diese Übung nehmen Sie beide Zügel sehr gleichmäßig auf und üben sanften, aber bestimmenden Druck aus. Sobald Sie spüren, dass Ihr Pferd im Genick abknickt (leichte »Nick-Bewegung«), geben Sie umgehend nach (so, als hätten Sie sich die Finger an den Zügeln verbrannt) und loben Sie Ihr Pferd mit der Stimme. Sind Sie unsicher, wann der richtige Moment des Nachgebens da ist, können Sie zur Hilfe einen Spiegel benutzen oder jemanden bitten, das Ganze vom Boden aus mitzuverfolgen.
3. Wiederholen Sie die Übung, bis Ihr Pferd wirklich dauerhaft entspannt und aufmerksam an Ort und Stelle stehen bleibt! Die Zügel hängen während dieser Phase leicht durch; legen Sie sie (griffbereit natürlich!) auf dem Pferdehals ab.
4. Nutzen Sie diese ersten zwei bis drei Minuten, um im Geiste noch einmal alle nachfolgenden Trainingsschritte durchzugehen.
   Das entspannte, aufmerksame und langfristige Stehen an einem festen Platz ist eine unverzichtbare Lektion für jedes effektive Training. Es ist nicht nur nach dem Aufsitzen wichtig, sondern hat auch zwischen den einzelnen Trainingslektionen eine besondere Bedeutung.

Beherrscht Ihr Pferd diese Lektion zuverlässig, können Sie es jeder Zeit während eines Rittes mit dieser Trainingseinheit belohnen und dauerhaft entspannen (zum Beispiel bevor Sie eine schwierige Trainingseinheit, einen Sprung oder Ähnliches angehen möchten). Auch für einen Turnierreiter macht diese Übung Sinn. So kann er jeder Zeit sein Pferd vor der zu reitenden Disziplin noch einmal auf sich konzentrieren lassen (und ganz auf sich »einstellen«). Legen Sie zum Entspannen die Zügel immer hin, nur so weiß auch Ihr Pferd, dass relaxen angesagt ist. Außerdem können Sie verhindern, dass Ihr Pferd sich nach einer Begegnung mit einem »Pferdefresser« weiter aufregen wird; viele Situationen werden für Sie somit kontrollierbarer!

## Lektion 12: Die Aufmerksamkeit des Pferdes in der Bewegung

Achtung: Die ersten 20 Sekunden eines beginnenden Rittes, sind die wichtigsten. Bleiben Sie voll konzentriert, und achten Sie ganz genau darauf, was Ihr Pferd macht. Korrigieren Sie jede Abweichung von Richtung oder Tempo. Dieser »Check up!« ist zu vergleichen mit der Tätigkeit eines Piloten, der eine Liste durchgeht, bevor er das Flugzeug startet.

1. Achten Sie in jeder Phase des Rittes (also auch gleich nach dem Loslaufen und während der Arbeits- und Abschlussphase!) darauf, dass Sie die Verbindung zu Ihrem Pferd nie verlieren!
2. Beobachten Sie aus dem Augenwinkel die Ohren Ihres Pferdes, ohne dabei nach unten zu sehen!
3. Beide Pferdeohren sollten stets auf den Reiter gerichtet sein (einzige Ausnahme: Bewältigung von Bodenhindernissen)!
4. Wendet Ihr Pferd sein rechtes Ohr von Ihnen ab, setzen Sie impulsartig den rechten Schenkel oder Zügel ein. Sobald das Ohr wieder »bei Ihnen« ist, lässt der Druck umgehend (!) nach!
5. Zum »Zurückholen« des linken Ohres, verwenden Sie Ihren linken Schenkel, bzw. den

linken Zügel und nehmen den Druck weg, sobald Ihr Pferd die richtige Reaktion zeigt.

6. Erst, wenn Ihr Pferd im Schritt dauerhaft aufmerksam ist, traben Sie an und achten dabei weiter auf das Ohrenspiel Ihres Pferdes.

7. Nur, wenn die Übung im Schritt und ihm Trab sehr zuverlässig funktioniert, übertragen Sie diese Trainingseinheit auf Ihre Galopp-Arbeit!

Diese Übung erfordert eine hohe Konzentration des Reiters, ist in der Anfangszeit sehr ungewohnt und wird oft als schwierig empfunden.

Deshalb bauen Sie die Übung am besten sehr langsam, dafür aber stetig auf. Am Anfang reichen fünf Minuten hochkonzentrierte Schrittarbeit vollkommen aus! Später dehnen Sie das Ganze auf zehn Minuten, dann auf fünfzehn und zwanzig Minuten weiter aus.

Für Ihr Pferd ist das sehr anstrengend und auch Ihr Pferd braucht Zeit, seine Konzentrationsfähigkeit Stück für Stück auszubauen. Bei längeren Ausritten ist das natürlich nicht möglich, da reicht es, wenn Sie Ihr Pferd immer wieder daran erinnern, dass Sie da oben noch da sind und für seine Sicherheit sorgen (erinnern Sie sich: In der Herde passt Ihr Pferd 24 Stunden am Tag auf!); Ihr Pferd muss sich daran »gewöhnen«, dass es nun mit einem ranghohen, aufmerksamen Reiter zu tun hat.

Es ist sehr, sehr wichtig, dass Sie diese Basis der Verständigung mit Ihrem Pferd beherrschen. Nur so können Sie sicher sein, dass es sich jeder Zeit und in allen Lebenslagen voll und ganz auf Sie konzentriert und keine eigenen Entscheidungen mehr treffen muss (denn mit dem »Zurückholen« der Ohren beantworten Sie ihm alle Fragen, die ihm auf der Seele brennen).

Auch effektiv lernen und »zuhören« kann Ihr Pferd immer nur dann, wenn es sich mit seiner ganzen und uneingeschränkten Aufmerksamkeit bei Ihnen befindet!

## Lektion 13: Die Entspannung des Pferdes in der Bewegung

1. Bevor die eigentliche Arbeitsphase beginnt, sorgen Sie dafür, dass Ihr Pferd sich unter dem Sattel entspannt.

2. Hierfür nehmen Sie beide Zügel gleichmäßig und mit weicher, gefühlvoller Hand auf. Das Aufnehmen der Zügel erfolgt bei etwas höherer Handhaltung (in Höhe des Widerristes). Die Hände werden verhältnismäßig weit auseinander geführt.
   Sie geben ihren Pferden zu dem Impuls über die Zügel außerdem ein optisches Signal. Später reicht es dann aus, nur die Hände ein wenig hochzunehmen und das Pferd wird daraufhin ohne jede Zügeleinwirkung sofort den Kopf absenken.

3. Der gleichmäßige, nicht zu starke, Druck wird solange beibehalten, bis das Pferd im Genick nachgibt und den Hals absenkt. Geben Sie in diesem Augenblick blitzartig die Zügel sehr, sehr deutlich nach, um Ihrem Pferd das Dehnen und Strecken zu ermöglichen. Auch hier ist es am Anfang sehr hilfreich, wenn Sie sich eine Person nehmen, die Ihnen mitteilt, wann das Pferd nachgibt, sehr bald werden Sie es selber erspüren, wann der richtige Zeitpunkt gekommen ist, deutlich und schnell nachzugeben.

4. Wenn das Pferd seinen Hals nicht gleich bleibend in der richtigen Position hält, liegt es daran, dass es noch auf der Suche nach der Haltungsposition ist, die es für sich als angenehm empfindet. Behindern Sie es bei dieser »Suche« nicht! Nur, wenn Ihr Pferd den Hals währenddessen zu hoch trägt und wieder in die vorherige Haltung fällt, üben Sie erneut Druck aus!

5. Erst, wenn diese Lektion im Schritt wirklich 100%ig funktioniert, trainieren Sie auf die gleiche Weise im Trab.

6. Das kontrollierte, entspannte Galoppieren am langen Zügel ist erst dann möglich, wenn die Übungseinheit von Ihnen und Ihrem

Pferd auch während der niedrigeren Gangarten sehr, sehr zuverlässig klappt.

Die Konzentration des Pferdes auf den Reiter und die Entspannung des Pferdes gehören zusammen.

Doch am Anfang sollten Sie schrittweise vorgehen (erst intensiv an der Konzentration arbeiten und wenn das zuverlässig funktioniert, nehmen Sie die Entspannungshaltung dazu – erst alles zusammen im Schritt, später im Trab, anschließend im Galopp).

## Lektion 14: Das flüssige Rückwärtsgehen

1. Bauen Sie diese Übung zuerst aus dem Stand auf.
2. Beide Zügel werden gleichmäßig und sanft angenommen.
3. Drücken Sie die Schenkel zusammen und warten Sie einfach ab – auch, wenn das Ganze relativ lange dauert!
4. Sobald Ihr Pferd auch nur geringfügig das Gewicht verlagert, um nach hinten auszuweichen, geben Sie umgehend und sehr deutlich die Zügel nach. Loben Sie Ihr Pferd kurz mit der Hand am Hals, es soll erkennen, was Sie von ihm wollen!
5. Erst, wenn Ihr Pferd bereitwillig und ohne viel Druck zuverlässig einen Schritt nach hinten ausweicht, verlangen Sie zwei Schritte, dann drei usw. Dabei ist es wichtig, dass die Schenkel am Pferd bleiben und nur der Zügelzug nachlässt. Der Schenkel ist hier die treibende Hilfe.

Das flüssige Rückwärtsgehen und alle anderen Trainingssequenzen können niemals an einem einzigen Tag erreicht werden!

Bauen Sie die Übungen grundsätzlich schrittweise auf! (Am ersten Trainingstag ein Schritt, aber dafür sehr exakt), am zweiten Trainingstag zwei Schritte usw.)

Lassen Sie sich nicht dazu verleiten, von dieser Übung abzuweichen. Wenn Ihr Pferd in der Anfangszeit zum Beispiel etwas schräg nach hinten ausweicht, korrigieren Sie es nicht, sondern konzentrieren Sie sich nur auf das Rückwärtsgehen. Sie würden Ihr Pferd nur wieder verunsichern.

Die Kontrolle der Hinterhand ist schon eine andere Lektion, die Sie separat einstudieren sollten.

> *Konzentrieren Sie sich immer nur auf die korrekte Bewältigung einer Lektion!*

Nur, wenn die Hinterhandkontrolle zuverlässig funktioniert, können Sie beide Übungen miteinander verbinden.

## Lektion 15: Das punktgenaue und zuverlässige Anhalten aus der Bewegung unter dem Reiter

*Der Aufbau:*

1. Suchen Sie sich einen bestimmten Punkt, an dem Ihr Pferd stehen soll. (Sie können hierfür eine Markierung zu Hilfe nehmen; zum Beispiel Pylonen, einen Baumstumpf oder Ähnliches.)
2. Reiten Sie diese Markierung gerade an, und nehmen Sie an der vorgesehenen Stelle gleichmäßig beide Zügel auf (mit dem Stimmkommando »Steh!« oder »Whoa!« begleiten.)
3. Steht Ihr Pferd nicht sofort (!), nehmen Sie die Zügel mit weicher Hand (nicht ziehen oder zerren!) deutlicher an, solange bis es anhält.
4. Steht Ihr Pferd, geben Sie die Zügel sehr deutlich nach (wieder so, als hätten Sie sich die Finger an den Zügeln verbrannt)!
5. Lassen Sie Ihr Pferd ganz kurz stehen (für die richtig ausgeführte Korrektur aber bitte

nicht loben, sondern nur für das korrekte Stehen!), und reiten Sie erneut an. Wiederholen Sie den Vorgang gleich nach drei Schritten vorwärts gehen noch einmal.

6. Wiederholen Sie das Ganze, bis Ihr Pferd wirklich ohne jede Verzögerung und absolut punktgenau zum Stillstand kommt. Vergessen Sie dabei nie das sehr deutliche Nachgeben! Wenn Ihr Pferd die Übung erstmals richtig ausgeführt hat, loben Sie es überschwänglich und lassen Sie es daraufhin zur Belohnung ein wenig länger stehen und entspannen.

7. Sollte Ihr Pferd gleich nach der richtigen Ausführung wieder loslaufen wollen, korrigieren Sie es durch das Rückwärtstreten (ein bis zwei Schritte) und wiederholen Sie die Übung. Wenn Sie in diesem Falle das Pferd nur anhalten, wird es nie lernen, dass Sie wollen, dass es stehen bleibt, deshalb bringen wir es ein oder zwei Schritte zurück zum Ausgangspunkt.

*Die »Verfeinerung« der Lektion:*
Hält Ihr Pferd zuverlässig aus der Bewegung an, und bleibt es danach stehen, ohne sich von der Stelle zu bewegen, können Sie die Übung weiter ausbauen und Ihr Pferd noch sensibler für Ihre Hilfen machen …

1. Reiten Sie an und verlangen Sie bereits nach einem Schritt, dass Ihr Pferd zuverlässig steht.

2. Funktioniert die Übung, lassen Sie es einen Moment lang entspannt bei tiefer Halshaltung stehen. Achten Sie währenddessen darauf, dass es aufmerksam bleibt.

3. Anschließend reiten Sie wieder los, verlangen das Stehen nach zwei Schritten, entspannen Ihr Pferd, lassen es stehen …

4. Danach geht das Ganze mit drei Schritten weiter, dann mit vier Schritten usw.

5. Wann immer es nötig ist, dass Sie Ihr Pferd dabei korrigieren müssen, beginnen Sie wieder von vorn …

Sie werden staunen, wie bereitwillig und fein Ihr Pferd bald auf die geringsten Ihrer Signale anhalten wird. Dies ist eine unglaublich wichtige Übung, die Ihrer eigenen Sicherheit dient!
Nur wenn Sie Ihr Pferd punktgenau aus dem Schritt heraus anhalten können, dann sind Sie soweit, es im Trab zu versuchen. Gehen Sie dabei genau so vor wie im Schritt, und wenn es Schwierigkeiten gibt, dann »zurück zu den Wurzeln« (Sie arbeiten wieder im Schritt).

## Lektion 16: Die Richtungskontrolle – Das Sensibelmachen für die Schenkelhilfen des Reiters

1. Benutzen Sie für das Einstudieren dieser Trainingseinheit in der Anfangszeit am besten Hilfsmittel wie Pylonen, mit denen Sie Ihr jeweiliges Ziel markieren.

2. Richten Sie Ihr stehendes Pferd gerade und reiten Sie an, indem Sie einen kurzen, aber gleichmäßigen und impulsartigen Druck mit beiden Waden ausüben. Setzt das Pferd sich in Bewegung, lässt der Druck sofort wieder nach!

3. Rahmen Sie Ihr Pferd bewusst gleichmäßig mit beiden Schenkeln ein, ohne dabei zu klammern.

4. Fokussieren Sie Ihr jeweiliges Ziel genau (zum Beispiel die Pylone, einen Buchstaben an der Bande oder am Rand der Reitbahn oder auch einen Baum im Gelände, einen Stein oder Ähnliches). Schauen Sie dabei geradeaus! Denken Sie an den »Raumgreifenden Blick«, Sie geben Ihrem Pferd dadurch das Gefühl, dass Sie für seine Sicherheit sorgen, ein Ziel im Auge haben und ankommen werden.

5. Weicht Ihr Pferd von der erwünschten Linie ab, indem es nach rechts ausweicht, begrenzen Sie sofort mit dem linken Schenkel; mit den Zügeln bleiben Sie passiv! Sobald Ihr Pferd dem Schenkel weicht, lässt der Druck umgehend nach!

6. Driftet Ihr Pferd nach links ab, setzt sofort (!) impulsartig Ihr rechter Schenkel zur Begrenzung ein. Nehmen Sie den Druck weg, sobald Ihr Pferd »ansatzweise« richtig reagiert.
7. Versuchen Sie zu erfühlen, wann Ihr Pferd nach rechts, bzw. nach links ausweicht, und setzen Sie den jeweiligen Schenkel schon dann ein, wenn Ihr Pferd auch nur leicht die Richtung verlässt!
8. Erst, wenn Ihr Pferd Ihre Schenkelhilfe im Schritt vollständig akzeptiert und auf feinste Signale flüssig zur jeweiligen Seite ausweicht, üben Sie das Ganze während des Trabs.
9. Der Galopparbeit widmen Sie sich erst dann, wenn die Lektion sowohl im Schritt als auch im Trab einwandfrei bewältigt wird!

Es gibt unendlich viele Möglichkeiten, diese Lektion einzustudieren. Schließen Sie die Augen und versuchen zu erfühlen, wann Ihr Pferd vom »rechten« Weg abweicht. Stellen Sie sich Ihr Ziel im Kopf vor und reiten direkt darauf zu.

## Lektion 17: Die Zirkel-Arbeit

1. Markieren Sie sich eine Zirkel-Linie.
2. Begeben Sie sich im Schritt mit leichter Fühlung zum Pferdemaul auf die gekennzeichnete Zirkel-Linie.
3. Beginnen Sie stets, auf der »Schokoladenseite« Ihres Pferdes zu arbeiten.
4. Achten Sie darauf, dass Ihr Pferd bei gleich bleibendem Tempo ganz genau auf der Linie bleibt.
5. Die Korrektur erfolgt ausschließlich über impulsartige Gewichts- und Schenkelhilfen. Der Zügel setzt nur »im Notfall« ein – und auch dann immer nur signalartig!
6. Hält Ihr Pferd bei gleich bleibendem Tempo im Schritt dauerhaft die Spur, ohne dass Sie die Zügel einsetzen müssen, wechseln Sie die Seite!

7. Funktioniert die Übung auf beiden Seiten gleich gut, beginnen Sie auf dieselbe Weise, den Zirkel zu verkleinern, bzw. zu vergrößern (auch hier beginnen Sie auf der Seite, auf der Ihrem Pferd das Arbeiten leichter fällt).
8. Wenn die beschriebenen Sequenzen im Schritt sehr gut verinnerlicht wurden, beginnen Sie mit der Trab-Arbeit und bauen die Übungen genauso auf.
9. Der Galopp-Arbeit widmen Sie sich erst dann, wenn die Übung sowohl im Schritt als auch im Trab einwandfrei funktioniert!

## Lektion 18: Die Geschwindigkeitskontrolle

1. Achten Sie in jeder Phase eines Rittes (auch beim »Warmreiten«) darauf, dass Ihr Pferd die gewünschte Geschwindigkeit immer (!) beibehält. Bauen Sie die Lektion grundsätzlich aus dem Schritt-Tempo und auf geraden Strecken auf!
2. Sobald Sie fühlen, dass Ihr Pferd von sich aus langsamer wird, setzen sofort (!) beide Schenkel kurz, aber deutlich ein. Reagiert Ihr Pferd nicht sofort, wiederholen Sie den Impuls (gegebenenfalls deutlicher als beim vorherigen Mal). Warten Sie immer auf die Reaktion Ihres Pferdes; nur so können Sie das »Dauerklopfen« verhindern.
3. Läuft Ihr Pferd schneller, liegen die Schenkel sofort wieder passiv am Gurt.
4. Erhöht Ihr Pferd eigenständig das Tempo, nehmen Sie beide Zügel sanft, aber bestimmend, an. Der Druck wird solange beständig beibehalten, bis das Pferd die Geschwindigkeit drosselt (auch, wenn es nur minimal ist). Geben Sie umgehend deutlich nach, sobald Ihr Pferd langsamer wird.
5. Läuft Ihr Pferd geradeaus in der gewünschten (Schritt-)Geschwindigkeit, probieren Sie aus, ob es auch während der Richtungswechsel (beim Verlassen des Weges oder

Hufschlags) das Tempo beibehält. Verlässt es das Tempo, reiten Sie die Bahnfigur solange, bis es die gewünschte Geschwindigkeit beibehält.

6. Hat Ihr Pferd gelernt, die geforderte Grundgeschwindigkeit zu halten, reiten Sie (auch im Schritt) punktgenaue Übergänge (schnell, mittel, langsam). Auch hierfür kann es hilfreich sein, wenn Sie sich Pylonen oder Ähnliches zu Hilfe nehmen.

7. Erst, wenn die Übung mit 100%iger Genauigkeit im Schritt funktioniert, üben Sie das Ganze beim Traben.

8. Der Galopp-Arbeit widmen Sie sich – wie immer – erst ganz zum Schluss.

9. Können Sie die Geschwindigkeitswechsel innerhalb der einzelnen Gangarten auf den Punkt genau reiten, haben Sie die Möglichkeit, das Training weiter auszubauen, indem Sie schnelle und langsame Wechsel zwischen den einzelnen Gangarten reiten. Die Geschwindigkeitswechsel sind ein hervorragendes Trainingsmittel, um ein Pferd zu beruhigen, oder ein so genanntes »faules« Pferd schneller bzw. aufmerksam zu machen.

## Lektion 19: Die Bewältigung von Hindernissen

1. Legen Sie 4 bis 5 Stangen (im Gelände können es auch dickere Äste oder Ähnliches sein) so hintereinander, dass Ihr Pferd diese leicht im Schritt-Tempo bewältigen kann.

2. Reiten Sie mit Ihrem entspannten, aufmerksamen Pferd gerade und im Schritt-Tempo auf die Stangenreihe zu.

3. Machen Sie Ihr Pferd kurz vor dem Hindernis noch einmal verstärkt aufmerksam (Ohrenspiel beachten).

4. Haben Sie die Aufmerksamkeit Ihres Pferdes, geben Sie deutlich die Zügel nach und bestehen beim Vorgang der Hindernis-Überschreitung nicht mehr darauf, dass sich Ihr Pferd auf Sie konzentriert.

5. Loben Sie Ihr Pferd, wenn es die Stangenkombination bewältigt hat, ohne die Hindernisse dabei zu berühren.

6. Berührt Ihr Pferd die Stangen, kehren Sie sofort um und wiederholen den Vorgang, bis die Übung problemlos funktioniert.

7. Macht Ihr Pferd seine Sache gut, loben Sie es und lassen es nach der Lektion stehen und dabei entspannen.

*Die Verfeinerung der Lektion*:

1. In der nächsten Trainingseinheit erhöhen Sie den Schwierigkeitsgrad, indem Sie die Abstände zwischen den einzelnen Stangen verändern.

2. Bewältigt Ihr Pferd verschiedene Stangen-Kombinationen mit unterschiedlichen Abständen problemlos im Schritt, beginnen Sie, die Übung im Trab genauso langsam und schrittweise aufzubauen.

Bei der Stangen-Arbeit sind Ihrer Phantasie keine Grenzen gesetzt.

Gemäß Ihrer reiterlichen Ziele, können Sie diese Trainingseinheit nach Ihren eigenen Vorstellungen weiter Schritt für Schritt ausbauen (kreisförmige Anordnung der Stangen, Sprünge usw.) Haben Sie ausschließlich das Ziel, die Aufmerksamkeit und Trittsicherheit Ihres Pferdes zu fördern, genügt das »Grundprogramm«.

## Lektion 20: Das Gehen über Plastikplanen (durch Pfützen, über Brücken usw.)

1. Sorgen Sie dafür, dass Ihr Pferd aufmerksam und entspannt ist (Kopf tief, Ohren beim Reiter).

2. Reiten Sie gerade und im Schritt-Tempo zum Beispiel auf die Plane zu; schauen Sie dabei unbedingt geradeaus (keinesfalls nach unten sehen. Denn Sie signalisieren Ihrem Pferd damit: Pass Du auf die Pumas auf und ich kümmere mich um die Plane).

3. Ist Ihr Pferd nicht bereit, über die Plane zu gehen, umkreisen Sie diese, indem Sie einen großen (!) Bogen reiten, ohne sich dabei wesentlich von der Plane zu entfernen. Beginnen Sie auf der Seite, auf der es erfahrungsgemäß weniger schreckhaft reagiert.

4. Während Sie in einem weiträumigen Zirkel um die Plane herumreiten, konzentrieren Sie Ihr Pferd weiterhin auf Sie. (Dabei bitte nicht beruhigen oder gar streicheln!)
Ziehen Sie Ihr Pferd nicht in die Plane hinein, sobald es den Kopf zur Seite wendet, bringen Sie diesen mit einem sanften Zug am Zügel wieder in die richtige Position (nämlich gerade) und reiten Sie (ohne dabei hektisch zu werden) vorwärts!

5. Wenn es möglich ist, die Plane in einem weiträumigen Zirkel in flüssigem Tempo zu umrunden, ohne dass Ihr Pferd dabei unaufmerksam ist, verkleinern Sie den Zirkel immer ein wenig mehr, bis Sie sehr nahe an der Plane sind, ohne dass Ihr Pferd diese noch als aufregend oder unheimlich empfindet.

6. Versuchen Sie erneut, Ihr Pferd direkt über die Plane gehen zu lassen. Achten Sie darauf, dass es dabei in Bewegung bleibt (halten Sie nicht kurz vor der Überschreitung der Plane an!).

7. Geben Sie die Zügel deutlich nach, wenn Ihr Pferd die Bereitschaft zeigt, die Plane zu betreten und fordern Sie in diesem Augenblick nicht mehr dessen Aufmerksamkeit!
Denken Sie daran, während des gesamten Vorganges unbedingt geradeaus zu schauen!

8. Sollte Ihr Pferd schneller werden, während es über die Plane tritt, lassen Sie es gewähren (niemals zurückhalten!)

9. Loben Sie Ihr Pferd kräftig, während und nachdem es über die Plane gegangen ist. Lassen Sie es zur Entspannung eine Weile stehen (Kopf tief).

10. Denken Sie daran, dass Sie Ihr Pferd auch von der anderen Seite an das Hindernis heranführen!

Mit Hilfe dieser Vorgehensweise können Sie Ihr Pferd sehr zuverlässig an unbekannte Dinge jeder Art gewöhnen.

Es ist empfehlenswert für jedes Pferd (egal, wie es geritten wird), solche Trainingseinheiten zwischendurch immer wieder zu praktizieren.

Schon sehr bald wird Ihr Pferd mit Ihnen Bodenhindernisse jeder Art sicher und zuverlässig beschreiten – vorausgesetzt, Ihre Vorgehensweise ist dabei immer gleich bleibend und Sie weichen nicht von diesen Trainingschritten ab, denn sonst geht (in den Augen Ihres Pferdes) ein Stück Sicherheit verloren.

## Training mit Struktur

### »Wo soll ich nur anfangen?«

»Du lieber Himmel!«, mögen Sie wahrscheinlich denken. »Bis ich all das mit meinem Pferd erreichen werde, vergehen wahrscheinlich Lichtjahre …«

Keine Sorge! Es ist gar nicht so langwierig, wie Sie denken, wenn Sie strukturiert und in vielen, kleinen Schritten dabei vorgehen.

Zuerst geht es natürlich erst einmal darum, die wichtigen Basis-Lektionen einzuüben.

Dazu gehört die Aufmerksamkeit Ihres Pferdes, dessen Entspannung, das zuverlässige Stehen; sowie das Anhalten aus der Bewegung.

Es macht gar keinen Sinn, wenn Sie versuchen, alles auf einmal zu üben.

Beginnen Sie – wie gesagt – in winzig kleinen Schritten. Erarbeiten Sie sich zunächst am Boden die erforderliche Ranghöhe. Reiten Sie in der Anfangszeit weiter wie bisher – mit dem einzigen Unterschied, dass Sie sich fortan dabei voll und ganz auf Ihr Pferd konzentrieren. Allein das ist schon ein Meilenstein auf Ihrem Weg!

Ich habe eine kleine Check-Liste erstellt, die es Ihnen erleichtern soll, wirklich schrittweise vorzugehen.

## Ihr persönlicher »Check-up« zur Ausbildung Ihres Pferdes

*Die Grundausbildung am Boden*

1. Kommt mein Pferd mir entgegen, wenn ich die Box/die Koppel

   betrete?                                               Ja ☐       Nein ☐

2. Kann ich mein Pferd in jeder Situation führen? Behält es dabei

   die richtige Führposition bei?                         Ja ☐       Nein ☐

3. Kann ich mein Pferd punktgenau (!) aus der Bewegung anhalten?   Ja ☐       Nein ☐

4. Bleibt es beim Putzen und in anderen Situationen stehen,

   ohne dass ich es korrigieren muss?                     Ja ☐       Nein ☐

5. Ist mein Pferd immer (!) aufmerksam, wenn ich mit ihm umgehe?   Ja ☐       Nein ☐

6. Kann ich mein Pferd am Boden jeder Zeit dazu veranlassen,

   sich zu entspannen?                                    Ja ☐       Nein ☐


*Die Ausbildung im Sattel*

1. Bleibt mein Pferd stehen, während ich aufsitze?        Ja ☐       Nein ☐

2. Wartet mein Pferd nach dem Aufsitzen ab, bis ich ihm das

   entsprechende Kommando zum Loslaufen gebe?             Ja ☐       Nein ☐

3. Ist mein Pferd von Anfang an immer aufmerksam? Hat es die

   Ohren »bei mir«?                                       Ja ☐       Nein ☐

4. Läuft mein Pferd von der ersten Sekunde an entspannt? Ist es

   aufmerksam und hat trotzdem den Hals dabei abgesenkt?  Ja ☐       Nein ☐

5. Hält mein Pferd punktgenau aus der Bewegung an?        Ja ☐       Nein ☐

6. Geht mein Pferd genauso bereitwillig zurück wie nach vorn?   Ja ☐       Nein ☐

7. Kann ich mit meinem Pferd auf exakten Linien reiten, ohne dass

   es dabei abweicht und ohne dass ich dabei die Zügel zur Korrek-

   tur einsetzen muss?                                    Ja ☐       Nein ☐

8. Akzeptiert mein Pferd insgesamt den Schenkel? Lässt es sich

   ohne Widerstand biegen und stellen?                    Ja ☐       Nein ☐

9. Hält mein Pferd kontinuierlich das Tempo?              Ja ☐       Nein ☐

10. Kann ich punktgenaue Übergänge innerhalb einer Gangart reiten?   Ja ☐       Nein ☐

11. Geht mein Pferd anstandslos über Hindernisse?         Ja ☐       Nein ☐

12. Kann ich mit meinem Pferd über Brücken, Planen, durch Pfützen

    (oder Ähnliches) reiten?                              Ja ☐       Nein ☐

Wenn Sie die jeweilige Trainingseinheit abgeschlossen haben, nehmen Sie einen Stift zur Hand und haken den entsprechenden Punkt ab. So haben Sie Ihre Erfolge immer »schwarz auf weiß« vor Augen und bekommen nicht so schnell das Gefühl, überhaupt nicht weiterzukommen.

Wenn Sie diese einzelnen »Check-Points« nacheinander abarbeiten, werden Sie kaum der Gefahr unterliegen, sich bei Ihrem persönlichen Trainingsaufbau komplett zu verzetteln.
Natürlich ist die Liste erweiterungsfähig. Inwieweit Sie diese weiter ausbauen, hängt von Ihren ganz individuellen, reiterlichen Zielen ab.
Wichtig ist, dass Sie sich immer erst dann dem nächsten Schritt nähern, wenn der vorherige verinnerlicht wurde.
Das prüfen Sie am besten am nächsten Trainingstag. Wann immer eine Schwierigkeit auftaucht, lösen Sie diese zuerst, bevor Sie in Ihrem Programm weitergehen.
Bevor Sie sich zum Beispiel der Lektion des Rückwärtsgehens widmen, vergewissern Sie sich also, ob alle vorherigen Schritte (eins bis fünf) noch »sitzen«. Sobald Sie bemerken, dass etwas schlechter als vorher oder gar nicht mehr klappt, lösen Sie zuallererst dieses Problem.
Wenn Sie dafür längere Zeit benötigen, wird die Lösung dieser einzelnen Schwierigkeit zu Ihrer Tagesaufgabe, und Sie üben an diesem Tag nichts Neues mehr!

## Erstellen Sie Ihren eigenen Trainingsplan

Wenn Sie ganz sicher sein möchten, dass Sie sich wirklich schrittweise und effektiv nach vorn bewegen, haben Sie die Möglichkeit, Ihren eigenen Trainingsplan zu erstellen.
An dieser Stelle habe ich für Sie einen Basisplan erstellt, mit dem Sie weiterhin arbeiten können, wenn Sie möchten.

*1. Legen Sie Ihr Grobziel fest*
Formulieren Sie das Fernziel, welches Sie mit Ihrem Pferd erreichen möchten, zum Beispiel: »Ich möchte eine gute Grundausbildung für mein Pferd, damit ich in Zukunft entspannte Ausritte genießen kann.«

*2. Welche Lektionen benötigen Sie, um das Grobziel zu erreichen?*
Anhand der Übersicht (Kasten Seite 152) haben Sie zu Ihrer Orientierung noch einmal alle Lektionen auf einen Blick und können so besser feststellen, welche dieser Schritte zum Erreichen Ihres Zieles notwendig sind.

*3. Mit welcher Lektion beschäftigen Sie sich zuerst?*
Überlegen Sie sich, wo Sie am besten ansetzen, um Ihr Ziel zu erreichen (am besten erfahrungsgemäß am Boden)

*4. In welche einzelnen Sequenzen kann die Lektion unterteilt werden?*
Jede der einzelnen Lektionen, die ich beschrieben habe, lässt sich in mehrere, kleine Teilschritte zerlegen – so ähnlich, wie bei einem Puzzle-Spiel.
Orientieren Sie sich am besten an den Kurzbeschreibungen der einzelnen Lektionen. Es ist in manchen Fällen sogar möglich, auch diese noch zu splitten und in weitere Einzelschritte zu unterteilen, wenn es nötig ist.
Die Unterteilung der Lektionen ist wichtig, damit Sie sich wirklich schrittweise vorantasten und nicht etwa gleich drei oder vier Sequenzen auf einmal einüben.
Gehen Sie lieber langsam und dafür gründlich vor, als zu schnell und uneffektiv.

Wenn der Trainingstag unmittelbar bevorsteht, sollten Sie sich folgende Fragen beantworten:
*Fragen zur Vorbereitung*
1. Steht Ihnen genug Zeit für das Training zu Verfügung?
2. Sind gegebenenfalls Absprachen notwendig?

3. Müssen Sie mit irgendwelchen störenden Einflüssen rechnen, und haben Sie die Möglichkeit, diese zu vermeiden?
4. Welches Material benötigen Sie für Ihre Arbeit?

*Fragen zur Aufwärmphase*
1. Ist Ihr Pferd konzentriert und entspannt?
2. Läuft das Pferd im richtigen Tempo? Behält es die Richtung exakt bei?

*Fragen zur Arbeitsphase*
1. Hat Ihr Pferd die Übung der letzten Trainingssequenz verstanden? Welche Übungen müssen wiederholt werden?
2. Wie führen Sie die Trainingseinheit durch? (Welche Hilfen sind notwendig?)
3. Könnten Schwierigkeiten während des Trainings auftauchen? Und wenn ja: Wie reagieren Sie?

*Fragen zur Abschlussphase*
Wann ist die richtige Zeit, die Arbeitsphase zu beenden?
(Denken Sie daran, dass die Konzentrationsgrenze Ihres Pferdes nach ca. 20 Minuten erreicht ist! Beenden Sie die Arbeit immer nach einem Erfolg!)

*Die Reflexion*
1. Haben Sie das Trainingsziel des heutigen Tages erreicht? Falls nicht: Wo lag der Fehler?
2. Haben Sie einen Vorsatz für das nächste Training?
3. Müssen Sie weiter an dieser Trainingssequenz arbeiten? Ist es notwendig, die Erwartungen ein wenig tiefer anzusetzen oder können Sie zur nächsten Einheit übergehen?

## Meine »Top 20«: Die Lektionen in der Übersicht

### Das Bodentraining:

Lektion  1:  Das Boxen-Training
Lektion  2:  Das Training auf der Koppel
Lektion  3:  Die richtige Führposition
Lektion  4:  Das punktgenaue Anhalten aus der Bewegung
Lektion  5:  Die Aufmerksamkeit des Pferdes
Lektion  6:  Das Stehen an einem zugewiesenen Platz
Lektion  7:  Das »Cool down« – Die vertikale Kopfkontrolle

### Das Training im Sattel:

Lektion  8:  Das Aufsitzen
Lektion  9:  Das Stillstehen unter der Reiter
Lektion 10:  Die Aufmerksamkeit des stehenden Pferdes
Lektion 11:  Das »Cool down« beim stehenden Pferd
Lektion 12:  Die Aufmerksamkeit des Pferdes in der Bewegung
Lektion 13:  Die Entspannung des Pferdes in der Bewegung
Lektion 14:  Das flüssige Rückwärtsgehen
Lektion 15:  Punktgenaues und zuverlässiges Anhalten
Lektion 16:  Die Richtungskontrolle
Lektion 17:  Zirkel-Arbeit
Lektion 18:  Die Geschwindigkeitskontrolle
Lektion 19:  Die Bewältigung von Hindernissen
Lektion 20:  Das Gehen über Plastikplanen (Brücken, durch Pfützen oder Ähnliches)

# Nutzen Sie die Grundsätze!

Ganz gleich, ob Sie sich dazu entschließen, mit der empfohlenen Trainingsanleitung zu arbeiten oder nicht … Allein mit Hilfe der Grundsätze können Sie Ihre Arbeit schon wesentlich verbessern. Hier sind noch einmal die wichtigsten Merksätze für Sie auf einem Blick:

### Betrachten Sie die Welt mit den Augen Ihres Pferdes!

Vergessen Sie nie, dass Sie es mit einem Beutetier zu tun haben, das in ständiger Angst lebt und zu seiner eigenen Sicherheit ständig fluchtbereit ist. Bieten Sie ihm daher immer die gleiche Sicherheit wie das ranghohe Tier in der Herde!

### »Be strict« – Bleiben Sie konsequent!

Täglich und bei allem, was Sie mit Ihrem Pferd machen! (Nie: heute »Hü« und morgen »Hott«!) Pferde halten sich gerne an feste Regeln, lieben ihren klaren Platz in der Rangordnung und sind glücklich, wenn sie sich 100 % darauf verlassen können!

### Nehmen Sie Ihrem Pferd die Wichtigkeit der Dinge und bieten Sie ihm Sicherheit!

Ohne Führungsqualitäten des Reiters gibt es kein Vertrauen!

### Ein Pferd, das in seinen Menschen nicht den Ranghöheren gefunden hat, wird seine Entscheidungen selber treffen!

Nehmen Sie Ihrem Pferd deshalb auch »kleine« Entscheidungen ab. Dann wird es sich auch im Ernstfall immer auf Sie verlassen!

### Konzentration ist das unsichtbare Band zwischen Mensch und Pferd. Dieses Band ist stärker als jede Longe und zerbrechlicher als Glas!

### Strafen Sie nie, weil Sie glauben, Ihr Pferd veräppelt Sie!

Pferde denken einfach! Komplizierte Denkprozesse sind für sie nicht nachvollziehbar! Auch vorausschauendes Denken ist für Ihr Pferd unmöglich! Ein Pferd, das sich widersetzt, hat entweder nichts verstanden, leidet unter Schmerzen oder fühlt sich bedroht und unwohl! Jede ungerechtfertigte Strafe bestärkt das Pferd in seiner Angst und in seinem Verhalten.

### Trainieren Sie nie länger als 20 Minuten!

Trainieren bedeutet nicht, das Pferd »nur« zu bewegen. Trainieren heißt: Dem Pferd ein vorher genau definiertes Lernziel beizubringen!

### Pferde lernen am besten durch Wiederholung, positive Bestärkung und durch Versuch und Irrtum!

Belohnen Sie Ihr Pferd während des Trainings, indem Sie Ruhepausen einlegen und reiten Sie in kurzen Sequenzen, wenn Sie ein größeres Problem zu bewältigen haben. Kleine Schritte sichern langfristig großen Erfolg!

### Mit menschlichen Gefühlen kann Ihr Pferd nichts anfangen!

Werden Sie nie zornig, vermeiden Sie Frust und werden Sie nie gewalttätig. Vertrauen ist kostbar. Was Sie in drei Monaten erreicht haben, können Sie in drei Sekunden auch wieder zerstören …

### Reduzieren Sie Ihre reiterlichen Hilfen auf ein Minimum!

Impulsartige Hilfen werden Ihr Pferd sehr sensibel und gleichbleibend aufmerksam machen. Bedenken Sie immer, dass Sie Ihrem Pferd durch zu starke Zügelhilfen Schmerzen zufügen können!

### Betrachten Sie Probleme nie isoliert!

Kehren Sie immer an die Wurzel der Schwierigkeit zurück! Nahezu jedes Problem hat seine Ursache in der ungeklärten Rangordnung; und die Rangordnung stellen Sie am einfachsten und besten durch gezielte Basisübungen her.

**Sie trainieren nie für heute, sondern immer für morgen!**
Trainingserfolge können Sie am besten am nächsten Tag bei Ihrem Pferd ablesen!

**Beenden Sie jedes Training nach einem Erfolg und reflektieren Sie Ihre Arbeit!**
Bestrafen Sie Ihr Pferd nie, indem Sie es mehr arbeiten lassen als nötig wäre!

## Noch ein paar Sätze zum Abschluss …

Wie erfolgreich Sie mit dem Konzept arbeiten werden, liegt ganz bei Ihnen …
Wenn Sie der Auffassung sind: »Also … 100%-ig konsequent werde ich nie im Leben!«, dann ist das vollkommen okay!
Vielleicht steigern Sie Ihre Konsequenz »nur« um 20% oder um 30% …
Doch selbst dann werden Sie immerhin um 20 bis 30% erfolgreicher sein als bisher!

Vielleicht beginnen Sie morgen schon, mit 80%iger Konsequenz zu arbeiten, übermorgen sind es dann nur noch 60% … Und nächste Woche reduziert sich das Ganze noch einmal um die Hälfte …
Trotzdem: Irgendwas bleibt immer »hängen« – und manchmal kann gerade dieses Quäntchen »Irgendwas« ein Meilenstein sein!
Niemand sitzt Ihnen im Nacken und sagt: Du musst ab sofort die ganze Geschichte 1:1 umsetzen!«
Es sind viele Informationen, die ich in diesem Buch für Sie zusammengetragen habe. Sie werden eine Weile brauchen, bis Sie alles verarbeitet haben.
Doch wenn Sie langsam anfangen, werden Sie bemerken, wie schnell sich die Erfolge einstellen; mit dem Erfolg kommt der Spaß an dem Training, und Sie werden bald bemerken, dass sich die Beziehung zwischen Ihnen und Ihrem Pferd immer mehr vertiefen und verbessern wird.
Ich wünsche Ihnen von Herzen, dass Ihnen dieses Buch helfen wird, Ihrem Ziel ein ganzes Stück näher zu rücken und dass Sie zu dem Erfolg gelangen, den Sie sich wünschen!
Machen Sie das Beste daraus …!

Viel Erfolg, Ihr Michael Geitner

**Kontaktadresse
von Michael Geitner:**

**Internet: www.be-strict.de**

Urte Biallas
Bodenarbeit
*Reihe: Die Reitschule*
Verlag Müller Rüschlikon, 2015

Kerstin Diacont
Horsemanship-Training
*Reihe: Die Reitschule*
Verlag Müller Rüschlikon, 2016

Vivian Gabor
Mensch und Pferd auf Augenhöhe
*Pferdegerecht kommunizieren*
Verlag Müller Rüschlikon, 2018

Sandra Gockenbach/Ralf Heil
Entspannt ausreiten
*Basiskurs für Pferd und Reiter*
Verlag Müller Rüschlikon, 2018

Yvonne Gutsche
Gelassenheits-Training
Pferde-Typen richtig trainieren
Verlag Müller Rüschlikon, 2018

Yvonne Gutsche
Probleme mit dem Pferd gemeinsam
lösen – *Der Praxis-Guide*
Verlag Müller Rüschlikon, 2018

Susan E. Harris
Pferde in Bewegung
*Gangarten – Balance – Anatomie*
Verlag Müller Rüschlikon, 2016

Antje Heimsoeth
Mental-Training für Reiter
Verlag Müller Rüschlikon, 2017

Corinna Lehmann
Bausteine Dressurreiten
*Mit Logik zur Leichtigkeit*
Verlag Müller Rüschlikon, 2018

Sabine Nägler
Mein erstes eigenes Pferd
*Expertenrat zum Pferdekauf*
Verlag Müller Rüschlikon, 2018

Sabine Nägler
Reiten geht immer
*Ratgeber für erwachsene Anfänger
und Wiedereinsteiger*
Verlag Müller Rüschlikon, 2018

Antonia Schwarzkopf
Motivierte Pferde
*Cleveres Training*
*Reihe: Die Reitschule*
Verlag Müller Rüschlikon, 2015

Sally Swift
Reiten aus der Körpermitte, Band 1
*Pferd und Reiter im Gleichgewicht*
Verlag Müller Rüschlikon, 2011

Sally Swift
Reiten aus der Körpermitte, Band 2
*Perfektion im Sattel*
Verlag Müller Rüschlikon, 2011

Inga Wolframm
7 Schritte zum angstfreien Reiten
*Reihe: Die Reitschule*
Verlag Müller Rüschlikon, 2015

## Stichwortverzeichnis

# Weitere interessante Bücher und DVDs von Michael Geitner

Michael Geitner
Be strict – Denken wie ein Pferd
168 Seiten, 132 Bilder
Format 170 x 240 mm
ISBN 978-3-275-01771-3
€ 24,90 / € (A) 25,60

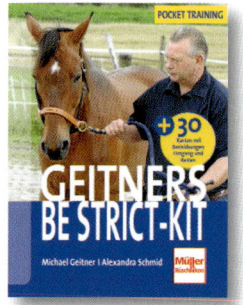

Michael Geitner/Alexandra Schmid
Geitners Be strict-Kit
Booklet mit 30 Übungskarten
32 Seiten, 80 Bilder, 30 Karten
ISBN 978-3-275-01966-3
€ 14,95 / € (A) 15,40

Michael Geitner
Dual-Aktivierung geritten
144 Seiten, 150 Bilder
Format 170 x 240 mm
ISBN 978-3-275-02146-8
€ 24,90 / € (A) 25,60

Michael Geitner
DVD – Dual-Aktivierung
Aufbaukurs
70 min.
ISBN 978-3-613-30569-4
€ 29,90 / € (A) 29,90

Michael Geitner/Alexandra Schmid
EquiClassic-Work
Bodenarbeit nach Michael Geitner
216 Seiten, 147 Bilder, 223 Strichzeichnungen
Format 170 x 240 mm
ISBN 978-3-275-02119-2
€ 29,90 / € (A) 30,80

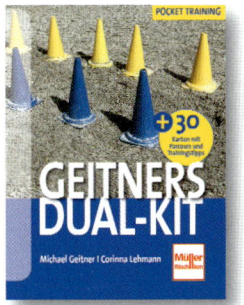

Michael Geitner/Corinna Lehmann
Geitners Dual-Kit
+ 30 Parcours und Trainings-Tipps
32 Seiten, 12 Bilder, 30 Karten
ISBN 978-3-275-01846-8
€ 14,95 / € (A) 15,40

Michael Geitner/Alexandra Schmid
Equikinetic
Pferde effektiv longieren
168 Seiten, 143 Bilder, 19 Zeichnungen
Format 170 x 240 mm
ISBN 978-3-275-02145-1
€ 24,90 / € (A) 25,60

Michael Geitner
DVD – Michael Geitner
Equikinetic – Gerittene Dual-Aktivierung –
Positionsarbeit
85 min.
ISBN 978-3-613-30805-3
€ 29,95 / € (A) 29,95

Änderungen in Preis und
Lieferfähigkeit vorbehalten

Überall, wo es Bücher gibt oder
www.mueller-rueschlikon.de
Service-Hotline: 0711-78 992 151